RAÍZES

Carrancas do
São Francisco

Carrancas do São Francisco

Paulo Pardal

Martins Fontes
São Paulo 2006

Copyright © 2006, Livraria Martins Fontes Editora Ltda.,
São Paulo, para a presente edição.

Este livro foi publicado por sugestão de Roberto Rugiero.

1ª edição 1974
Serviço de Documentação Geral da Marinha
2ª edição revista e ampliada 1981
Serviço de Documentação Geral da Marinha
3ª edição revista 2006

Acompanhamento editorial
Helena Guimarães Bittencourt
Consultoria
Maria Vittoria de Carvalho Pardal
Preparação do original
Célia Regina Camargo
Revisões gráficas
Alessandra Miranda de Sá
Ana Maria de O. M. Barbosa
Dinarte Zorzanelli da Silva
Produção gráfica
Geraldo Alves
Paginação
Moacir Katsumi Matsusaki
Capa
Katia Harumi Terasaka

Dados Internacionais de Catalogação na Publicação (CIP)
(Câmara Brasileira do Livro, SP, Brasil)

Pardal, Paulo
Carrancas do São Francisco / Paulo Pardal. – 3ª ed. rev. –
São Paulo : Martins Fontes, 2006. – (Raízes)

Bibliografia.
ISBN 85-336-2260-0

1. Carrancas de navios – História 2. Embarcações fluviais
– Brasil – Rio São Francisco – História 3. São Francisco (Rio) –
Navegação – História I. Título. II. Série.

06-1118 CDD-736.4098142

Índices para catálogo sistemático:
1. Carrancas do Rio São Francisco : Esculturas
populares : História 736.4098142

Todos os direitos desta edição reservados à
Livraria Martins Fontes Editora Ltda.
Rua Conselheiro Ramalho, 330 01325-000 São Paulo SP Brasil
Tel. (11) 3241.3677 Fax (11) 3101.1042
e-mail: info@martinsfontes.com.br http://www.martinsfontes.com.br

ÍNDICE

APRESENTAÇÃO DA 3ª EDIÇÃO IX
NOTA À 3ª EDIÇÃO XVII
PREFÁCIO DA 2ª EDIÇÃO XIX
NOTA À 2ª EDIÇÃO XXIII
APRESENTAÇÃO DA 1ª EDIÇÃO XXV
PREFÁCIO DA 1ª EDIÇÃO XXVII

CARRANCAS DO SÃO FRANCISCO

NOTA PRÉVIA | Figuras de proa, carrancas e *carrancas* 3

CAPÍTULO I | Histórico das figuras de proa

Figuras de proa na Antiguidade 11
Figuras de proa a partir da Idade Média 20
Figuras de proa no Brasil 26

CAPÍTULO II | A navegação no rio São Francisco

Geografia do São Francisco 37
Tipos de embarcação 41
Barcas – origem e número 69
Remeiros – suas superstições 81

Capítulo III | As carrancas

Denominação	93
Origem	104
Tipologia	126
Escultores	143
Quantidade	170
Histórico de sua coleta	179
Apreciação artística	183
Localização	193

Capítulo IV | Francisco Guarany

História	203
Obra	209
Estilo	216
Personalidade	227

Apêndice

A carranca nas artes	241
A carranca na literatura	245
Neruda e as carrancas	245
Drummond e as carrancas	250
O Comitê Internacional para o Estudo das Figuras de Proa	254
Abreviações das legendas de ilustrações	257
Bibliografia	259
Índice onomástico	267
Tradução das citações	271

APRESENTAÇÃO DA 3ª EDIÇÃO

O livro *Carrancas do São Francisco*, de Paulo Pardal, há muito esgotado, está sendo reeditado pela Editora Martins Fontes, que revitaliza, deste modo, o potencial de divulgação de uma das formas mais genuínas de expressão da arte popular brasileira – as Carrancas.

Lamentavelmente, o falecimento abrupto do autor privou-o da alegria de ver sua obra reeditada. Encontrei, entretanto, em meio a seus escritos, inúmeras anotações que seriam utilizadas em uma futura 3ª edição. Como não julgo oportuno alterar o texto para esta 3ª edição porque entendo que só ele, com o domínio do assunto e a meticulosidade que lhe eram característicos, poderia fazer com maestria, estar incluindo nesta apresentação um texto de sua autoria, que aborda o período subseqüente ao lançamento da 2ª edição, que foi lançada concomitantemente à exposição "Carrancas do Guarany – 80 Anos" e faz referência ao centenário e à morte de Francisco Guarany, respectivamente em 1982 e 1985:

> O precário estado de saúde não impediu Guarany de viajar de avião a Brasília em 1981, para a inauguração da mostra *GUARANY – 80 ANOS DE CARRANCAS*, quando autografou uma centena de catálogos.
>
> Essa bela exposição, a mais importante das realizadas sobre carrancas, foi montada pelo Serviço de Documentação Geral da Marinha, no Rio de Janeiro, Brasília, São Paulo, Salvador, Recife e Petrolina, gra-

ças ao apoio da Fundação Roberto Marinho – que lhe deu ampla divulgação – Mercedes-Benz do Brasil e CODEVASF. Teve catálogo assinado por Clarival Valladares e Paulo Pardal. Sua acolhida pela imprensa foi calorosa. Carlos Drummond de Andrade, em sua coluna do *Jornal do Brasil*, em ampla nota "Não Percam as Carrancas de Guarany" – assim se manifesta: "A exposição mais quente de agosto, a mais comovedora, a mais lírica, a mais funcional, a mais gratificante, a mais brasileira, a mais tudo, como diria Madame de Sevigné, é a de 'Carrancas de Guarany', no Serviço de Documentação Geral da Marinha. (...) Suas obras figuram entre as mais bonitas que encontrei no gênero" – escreveu Liliane Bedel, presidente do Comitê Internacional para Estudo das Figuras de Proa, órgão patrocinado pela Unesco.

A apresentação dessa mostra, com 30 carrancas, em Petrolina, foi acompanhada de palestra que fiz, com *slides* e filmes, assistida por dezenas dos 200 carranqueiros da região. Foi então lançado um concurso com prêmios substanciais para carrancas concebidas no espírito das genuínas. Participei do julgamento desse concurso, em julho de 1982, com cerca de 40 esculturas de boa qualidade artística, embora raras com soluções originais; a maioria das participantes inspirou-se em Guarany e várias peças muito se aparentavam com as daquele mestre, como algumas de Paulo Rocha. Este começou copiando a horrível *carranca-vampiro*; a da foto 95 é dele. Ao conhecer as de Guarany, mudou seu estilo. Isso ocorreu com vários outros carranqueiros do pólo Juazeiro–Petrolina, cujo número não aumentou nos últimos anos, embora tenham crescido sua produção e melhorado sua qualidade artística. Foi, assim, muito oportuna a citada mostra "Guarany – 80 Anos de Carrancas".

A admiração de Drummond por Guarany pode ser apreciada em trecho de carta que escreveu-me: "O velho Guarany me fascina, desde que a 1ª edição (desta obra) o tornou presente a meus olhos. Comovedor, o feito de justiça que o seu livro presta a essa grande figura humana, cuja carta ao filho (que encerra este capítulo), da página 166 (da 2ª edição), é o que se pode chamar de 'papel forte', para usar da expressão do Padre Antônio Vieira (...)". E também na poesia "Centenário", que lhe dedicou:

CENTENÁRIO

Francisco Biquiba Guarany
Conjurou os seres malévolos das águas.
Com o poder de suas mãos meio espanholas,
Meio índias, meio africanas,
Totalmente brasileiras.
Das mãos de Guarany surdiram monstros
Que colocados na proa dos barcos
Protegiam os viajantes contra os terrores do rio.
Eram monstros benignos, conjunção de forças milenares
enlaçadas na mente de Guarany.
As águas purificaram-se, as viagens
Tornaram-se festivas e violeiras.
E ninguém temia a morte, e o louvor da vida
Era uma canção implícita no cedro das carrancas.

Os tempos são outros. Onde as carrancas?
Onde os barcos, as travessias melodiosas de antigamente?
O Rio São Francisco está sem mistério e poesia?

A poesia e o mistério pousaram
No rosto centenário de Francisco, irmão moreno
Do santo de Assis, também ele miraculoso,
Pelo poder das mãos calejadas e criadeiras.

Da referida exposição resultou ter sido concedido a Guarany, pela prestigiosa Associação Paulista de Críticos de Arte, o prêmio Revelação de 1981, o que é curioso, considerando sua idade à época: 99 anos. Seu centenário em 2/4/1982, o que o levou, em 29/3/1982, de avião, a Salvador, para ser homenageado, na inauguração da referida mostra – que ali já estivera em janeiro – a convite do Governador da Bahia, Antônio Carlos Magalhães. Foi então entrevistado por *O Globo* e pela Rede Bandeirantes de Televisão.

Impressionou a todos por sua espontaneidade e presença de espírito. Retribuiu ao cumprimento elogioso de uma autoridade, com leve e elegante curvatura: "Muito obrigado, cavalheiro." Reagiu com naturalidade e satisfação aos beijos que recebeu da repórter, encantada, que o entrevistou, e das museólogas do Serviço de Documentação Geral da Marinha, respondendo com desenvoltura às observações levemente irônicas que então fiz. Declarou ser grande admirador do belo sexo, mas preferir "as damas de minha cidade; as daqui usam muita fantasia" (pintura na face).

Às 18 horas, perguntado se desejava alguma coisa, respondeu: "está na hora de caçar do que comer". Não conseguiu entender como no hotel em que se hospedou, em Salvador, de quatro estrelas, não havia feijão para servir.

Extraio da reportagem de *O Globo*: "Seus 100 anos de vida não conseguiram podar a vitalidade e imaginação (...) de temperamento reservado, mas de ironia sempre presente, ele responde com humor essas duas últimas perguntas:
– O senhor se considera o rei das carrancas?
– Não, carranca não tem rei, eu sou o artista das carrancas.
– Como o senhor se sente fazendo cem anos?
– Muito bem. Acho que vou ser feliz (...). Eu tenho uma coisa que vale mais que dinheiro, a ciência que Deus me deu. Eu pego um pedaço de pau duro, vou buscar ele no mato, trago, meto a ferramenta nele e faço surgir uma coisa (...) sento em cima da madeira, penso que ela vai sair boa, bonita, bem feita (...)."

Perguntei-lhe o que de mais importante havia feito na vida, nesses 100 anos. Não captando bem a pergunta, respondeu: "a consideração que estou gozando hoje". E, sobre a exposiçao de suas carrancas: "fico satisfeito, porque vi a minha arte". Enviei-lhe recortes de jornais, inclusive do estrangeiro, sobre suas carrancas, e Ubaldino escreveu-me, em 26/11/1982: "O pai passa os dias em uma rede, com os papéis (recortes) na mão."

A alegria de Guarany – vendo, após longo período de anonimato, seu valor reconhecido – foi coroada pela outorga da medalha Tamandaré, do Ministério da Marinha. Ela foi-lhe entregue em solenidade, no salão nobre da Prefeitura de Santa Maria da Vitória, em 10/10/1982, pelo Almirante Bernard David Blower, então Comandante do 2º Distrito Naval, que deslocou-se àquela cidade especialmente com esse fim.

Positivamente, 1982 foi um ano feliz para Guarany. Inclusive pelo aspecto material, pois viu então aprovado pelo Congresso Nacional o projeto de lei nº 5.850, de 2/3/1982, concedendo-lhe a pensão especial de três salários mínimos vigentes na Bahia, proposto pelo Presidente da República, com exposição de motivos do Ministro da Educação e Cultura, em decorrência da apresentação em Brasília, 1981, da mostra "Guarany – 80 Anos de Carrancas", a cuja inauguração compareceram o Ministro da Marinha, o Líder do Governo no Senado Federal, Dr. Nilo Coelho, possuidor de várias carrancas de Guarany, e outras altas autoridades.

A partir de 1983 agravou-se o estado geral de Guarany, pouco se levantava da rede, agravado pelo falecimento da esposa, em julho de 1984. A arteriosclerose, até então discreta, acentuou-se. Faleceu aos 103 anos de idade, em 4/5/1985[1], merecendo amplo noticiário: no programa *Fantástico*, da Rede Globo de Televisão, e em jornais: *O Globo*, *Jornal do Brasil*, *Jornal do Commercio*, etc. Este último publicou sentida e poética "carta", por mim traduzida, de outra sua entusiástica admiradora: Liliane Bedel, presidente do Comitê Internacional para o Estudo das Figuras de Proa, de Paris.

UMA CARTA DE PARIS A FRANCISCO BIQUIBA DY LAFUENTE GUARANY

Um senhor que eu não conhecia morreu, bem longe, no Brasil.

Seu nome: Francisco Biquiba dy Lafuente Guarany.

Foi uma carta em envelope com margens raiadas de amarelo e verde que, esta manhã, trouxe a triste notícia.

Esse homem também não me conhecia. Mas eu sei que ele se referia a mim como "... a mulher da França".

Francisco, você era uma espécie de "amigo de passagem" em minha vida. Sob o céu tão cinzento de Paris, com meu dedo sobre um mapa-múndi, eu tateio o Brasil, à procura do pedaço de terra onde seu corpo agora está sepultado.

---

1 Imediatamente foi escolhido patrono do Centro Cívico Mestre Guarany, do Colégio Maçônico Gonçalves Ledo, de Santa Maria da Vitória.

Nas águas do São Francisco navega a multidão de corações de carrancas às quais você deu vida, autor do maravilhoso.

Foi um golpe em meu coração, Francisco. Lembro ainda quando pela primeira vez, uma foto na mão, meus olhos se arregalaram de espanto e alegria, face a uma carranca nascida de tua imaginação e das tuas mãos. O imaginário de uma terra desconhecida, tão, tão longe, com as múltiplas harmonias de suas origens na correnteza das nuvens, azul e negro, e vermelho índio.

Eu te sentia um "Grande Sábio", pleno de conhecimentos, examinando as águas do rio, em silêncio.

Depois, aqui em Paris, você seduziu mais de um *blasé*, com suas carrancas. Posso dizer-te que vi escultores de renome e de grande técnica, silenciosos, boquiabertos face a fragmentos de tua obra, que o amigo Paulo Pardal me havia confiado. Depois, sobre ela me faziam mil perguntas, às quais eu tentava responder.

Agora corre a lenda que diz ser eu tua décima terceira noiva[2]. E eu, eu acho isso tão belo!

Esse potencial humano, vasto, que era o teu, me perturba, me assombra. Tua percepção me invade. Contigo foi-se um pedaço do passado, da identidade do Brasil.

Aqui nós explicamos que o coração duma árvore, sua alma, é habitado pelas amadríadas. Elas são o espírito da árvore verde. Cada árvore tem a sua. Mas ela morre com a árvore, cortada pela serra ou por morte natural.

Eu digo que você é essa amadríada bem viva, que se enrosca numa cabeleira ou numa sobrancelha de carranca.

Por isso eu te procurei sempre, Francisco Biquiba dy Lafuente Guarany.

L.B.
Paris, 11 de maio de 1985.

---

[2] Em "A minha história", adiante transcrita [na p. 236 desta edição] Guarany diz que teve doze noivas.

Cabe aqui uma explicação a respeito da data de nascimento de Guarany, fornecida por Paulo Pardal em 1986: "Na segunda metade de 1981, vi o copião de um filme documentário sobre Guarany, no qual ele declarava ser de 1882. Então fica invalidada a data de 2 de abril de 1884 para seu nascimento, conforme me dissera e consta de todos os seus documentos, bem como das edições anteriores desta obra. Soube então, por sua filha Radina, que ele fora registrado, em 1884, no dia em que completou dois anos de idade, o que não me fora revelado, provavelmente por naturais escrúpulos. Aliás, Guarany sempre considerou verdadeira, salvo para os filhos, a data oficial de seu nascimento. Assim, o centenário de Guarany ocorreu a 2 de abril de 1982, fato assinalado com destaque pela imprensa e pelo governo da Bahia."

Gostaria de agradecer à Editora Martins Fontes por esta iniciativa e a Maria Cristina Pardal pela colaboração na organização das fotos originais.

MARIA VITTORIA DE CARVALHO PARDAL

NOTA À 3ª EDIÇÃO

Esta 3ª edição de *Carrancas do São Francisco*, publicada agora pela Martins Fontes Editora, tornou-se realidade graças à colaboração de Maria Vittoria de Carvalho Pardal, filha do autor, que deu toda a assistência necessária para a produção da obra, assessorando o trabalho de edição realizado na editora. O trabalho de organização das fotos originais contou ainda com a colaboração de Maria Cristina Pardal, irmã do autor.

Algumas intervenções diferenciam esta das edições que a precederam: alteração da ordem de entrada das páginas iniciais, correção de alguns erros gráficos ou de redação que ainda existiam, tradução de citações e padronização do texto seguindo as normas adotadas pela Martins Fontes. As citações em português antigo não sofreram atualização ortográfica.

ID
PREFÁCIO DA 2ª EDIÇÃO

Após a publicação da primeira edição desta obra, as carrancas mereceram matérias de excelente apresentação gráfica, como os capítulos a elas referentes em *Abstração na arte dos índios brasileiros*, de Antonio Bento, e *São Francisco – O Rio da Unidade*, da Mercedes-Benz do Brasil S.A., bem como artigos, v.g., "Carrancas do velho Chico", de Maria Augusta Machado da Silva, in *Cultura*, nº 16, jan./mar. 1975. Outras pesquisas trouxeram importantes contribuições ao tema: as de Carlos Francisco Moura publicadas na revista *Navigator*, do Serviço de Documentação Geral da Marinha – no nº 10, de dez. 1974, o "Figuras de proa do Tocantins e carrancas do São Francisco", e no nº 11, de jun. 1975, o "Figuras de proa portuguesas e brasileiras" –, bem como as de Raymundo Laranjeira, "As carrancas do São Francisco", publicadas, em 1968, na *Revista dos Bancos*, de Salvador, BA. O material de Laranjeira, do qual eu não havia tomado conhecimento, provavelmente pela circulação restrita da referida revista, muito me teria valido na arrancada inicial, por sua riqueza bibliográfica e acuidade de observação. Embora divirjamos em detalhes, concordamos em algumas conclusões importantes, principalmente sobre a época e os motivos do surgimento das carrancas.

    Deocleciano Martins de Oliveira Filho, apaixonado por tudo que dizia respeito ao São Francisco, preparava a edição de um *Álbum de carrancas* quando a morte o colheu. Sua filha Aliana, a quem expresso meu reconhecimento, cedeu-me o material coletado, que incluía mais de cem fotos. Embora a maioria já constasse desta obra, algumas foram importantes por terem permitido identificar o nome de barcas a que pertenceram as carrancas, como a da barca *Tupan*, cuja figura de proa, da primeira fase de Guarany, é a da capa deste livro*. Deocleciano deixou ainda anotações de entrevista que fez com Guarany, algumas aproveitadas no capítulo IV. O material foi valioso, inclusive por permitir-me confirmar várias conclusões a que chegara.

Aliás, não encontrei motivo para alterar as conclusões básicas expostas na primeira edição desta obra, apesar de ter continuado a pesquisa bibliográfica e as entrevistas com quem participou, de alguma maneira, da problemática das carrancas. Dentre estas, destaco e agradeço as valiosas contribuições do prof. Octávio Lixa Filgueiras, da Universidade do Porto, autor do notável *A propósito da proteção mágica dos barcos*, feitas pessoalmente e por carta, da qual incluo trechos nesta segunda edição.

Agradeço também aos amigos que recentemente me encaminharam preciosos documentos, entre eles Carlos Drummond de Andrade, Clarival do Prado Valladares, Saul Martins, Maria Augusta Machado da Silva, Yves Ferreira Alves e Max Justo Guedes, que descobriu as mais antigas fotos (1909) e desenho (século XIX) publicados de carrancas. Quanto à má qualidade dessas fotos e de muitas outras desta obra – apesar do esmero em sua publicação pela direção do Serviço de Documentação Geral da Marinha, à qual renovo meu reconhecimento –, cabe lembrar que seu caráter é o de pesquisa – onde todo documento importante deve ser aproveitado – e não o de livro de arte.

Tudo isso originou algumas correções, numerosos acréscimos e importantes melhorias do texto original, resultando em sensível ampliação desta segunda edição, enriquecida ainda com Apêndices, As Carrancas nas Artes Plásticas e na Literatura, onde Pablo Neruda e Carlos Drummond de Andrade, expressões máximas de sensibilidade, de-

---

* Nesta edição, reproduzida na página II.

monstram, em poesias e artigos, seu apreço pelas carrancas. Esse apreço também comparece no último Apêndice, sobre a criação, em Paris, 1977, do Comitê Internacional para o Estudo das Figuras de Proa, sob o patrocínio da Unesco.

É com a mais profunda satisfação que agradeço as elogiosas referências surgidas na imprensa sobre *Carrancas do São Francisco*, entre elas as aqui selecionadas pela editora e assinadas por personalidades do maior destaque em nosso campo cultural. Embora possivelmente reflitam mais o interesse do assunto do que o valor da obra, foram altamente gratificantes e muito me motivaram para o preparo desta segunda edição.

PAULO PARDAL

NOTA À 2ª EDIÇÃO

Em 1974 publicou o Serviço de Documentação Geral da Marinha a primeira edição de *Carrancas do São Francisco*. Recebida com o entusiasmo dos especialistas e geral aplauso de todos aqueles (muitos) interessados na cultura popular brasileira, rapidamente esgotou-se.

Desde então, constantes foram as solicitações, oriundas de diferentes pontos do território nacional e dos mais variados países, para que o magnífico estudo de Paulo Pardal fosse, outra vez, dado à luz.

A necessidade de ser ele ampliado, em face dos múltiplos novos elementos colhidos pelo autor, cujo espírito inquiridor e meticuloso jamais se dá por satisfeito, retardou a presente edição bem mais do que desejaríamos, pelo que sinceramente nos desculpamos.

A *quelque chose malheur est bon**; fica-nos a certeza de que muito lucrou o texto com os acrescentamentos recebidos, dando ainda maior interesse à obra, hoje fundamental a vários ramos da cultura brasileira.

Na oportunidade de renovarmos ao autor nossos sinceros agradecimentos pela escolha do SDGM para editar *Carrancas do São Francisco*, desejamos estendê-los àqueles que, com suas contribuições espontâ-

---
* A tradução dos trechos citados em língua estrangeira encontra-se na página 271..

neas e desinteressadas, animaram-nos a, pela segunda vez, trazê-las a público.

MAX JUSTO GUEDES
Capitão-de-Mar-e-Guerra (RRm)
Diretor
Abril de 1981

APRESENTAÇÃO DA 1ª EDIÇÃO

Disposições regulamentares determinam que o Serviço de Documentação Geral da Marinha publique elementos de documentação sobre assuntos pertinentes à Marinha ou com ela relacionados.

O estudo das figuras de proa está, em conseqüência, incluído no âmbito de nosso interesse. Quando tais figuras assumem caráter popular brasileiro, aquele interesse transforma-se numa quase obrigação.

Esta a razão pela qual, ao tomarmos conhecimento de que o professor Paulo Pardal se dedicava ao estudo das carrancas do São Francisco e, conseqüentemente, cuidava das embarcações regionais que navegam no *Rio da Unidade Nacional*, entusiasticamente estabelecemos contato com o erudito pesquisador. Deste amável e bem-sucedido encontro nasceu a presente publicação.

Com ela, esperamos satisfazer anseios espirituais daqueles que vêem, no culto das nossas tradições e na preservação da cultura popular brasileira, um importante caminho para conseguirmos a integração que almejamos e haveremos de alcançar.

Ao dr. Paulo Pardal, os nossos sinceros e calorosos agradecimentos por doar à Marinha o fruto de muitos anos de intensos estudos e exaustivo trabalho.

Levy Araújo de Paiva Meira
Vice-Almirante (Ref?)
Diretor

Setembro de 1974

PREFÁCIO DA 1ª EDIÇÃO

As famosas carrancas do rio São Francisco constituem um enigma de nossa arte popular, na qual ocupam um lugar de especial destaque, tanto pela notável expressão artística como, principalmente, por sua dupla originalidade. As barcas do São Francisco são as únicas embarcações populares de povos ocidentais que apresentaram, de modo generalizado, figuras de proa, pelo menos nos últimos séculos. E estas parecem constituir exemplo único no mundo de esculturas de proa zooantropomorfas.

O sr. Luc Marie Bayle, diretor do Museu da Marinha, de Paris, impressionou-se com as fotos que lhe mostrei de carrancas do São Francisco e, em carta que me escreveu, após efetuar pesquisas nos arquivos e documentos do referido museu, diz que "nous n'avons pas trouvé trace non plus, dans le reste du monde, des figures de proue mêlant la représentation humaine et animale. Nous avons des documents des figures de proues d'art populaire représentant des hommes ou des animaux: aucune ne présente de caractère zooanthropomorfe".

A originalidade é o mais importante atributo de uma obra de arte. Segundo Arnold Hauser, "para tener en absoluto calidad artística, una obra de arte tiene que abrir las puertas a una visión del mundo nueva y peculiar"[1]. A originalidade das carrancas é incomparavelmente

---

1 *Introducción a la historia del arte*, p. 479.

superior à das demais realizações artísticas de nosso povo, inspiradas em modelos europeus, como a arte religiosa, ou de concepção universal, como os ex-votos e a escultura em barro do Nordeste.

Estas figuras de proa, por sua raridade, são muito pouco conhecidas; sobre elas praticamente nada se sabe, e o pouco que se tem escrito a respeito, em artigos sumários[2], é geralmente falho e fantasioso. "Ninguém sabe informar quando apareceram, nem de onde vieram, nem quantas eram[3]. Há uma ampla permissão para a fantasia das origens. Só não há possibilidade de pesquisa histórica, de encadeamento de fatos e confrontos capaz de mostrar uma aculturação ou a data de um começo."[4] É o que diz Clarival do Prado Valladares, em 1971, reiterado em 1972: "Como se vê, historiar a carranca sanfranciscana é tarefa talvez impossível."[5] Esta opinião de nossa maior autoridade em arte popular me absolve amplamente de não ter alcançado, para as perguntas do início deste parágrafo, senão a formulação de hipóteses, embora bem ancoradas.

Possuindo algumas carrancas, e não conseguindo informações válidas sobre elas, a curiosidade intelectual levou-me a procurá-las. Embora em livros sobre o São Francisco as referências a estas exóticas esculturas não sejam raras, elas são lacônicas. Entretanto, mais citações se encontram relativas a problemas correlatos e indispensáveis à compreensão da problemática das carrancas: navegação no São Francisco, superstições locais etc. Muitas foram aqui transcritas, respeitando sua grafia original, às vezes arcaica e mesmo errada, não devendo, pois, o leitor atribuir este fato a faltas de revisão. Entre as críticas que terá este primeiro trabalho sobre as carrancas, preferi evitar a de fantasista, in-

---

2 Artigos estes em jornais e revistas não especializados, pois em 2.468 títulos de livros e artigos que constam da *Bibliografia do folclore brasileiro*, de Bráulio do Nascimento, nem um só se refere a carrancas.

3 Ao que se pode acrescentar: nem por que e por quem foram feitas, nem o motivo de só terem sido usadas no médio São Francisco e somente no tipo de embarcação ali denominado *barca*, nem o porquê de sua original tipologia, nem...

4 *Jornal do Brasil*, 17/7/1971.

5 *Jornal do Brasil*, 2/12/1972.

cluindo a do abuso de transcrições. Mesmo fatos familiares a qualquer diletante em história da arte estão freqüentemente escorados em autores consagrados.

As entrevistas que fiz, com quem esculpiu ou era familiarizado com carrancas, há decênios, forneceram opiniões freqüentemente eivadas de distorções pessoais e, às vezes, contraditórias. Mas foram cuidadosamente anotadas e aqui ficam assinaladas.

Apesar das dificuldades, seis anos de pesquisa, não só de campo, mas principalmente bibliográfica, acompanhada da observação de mais de uma centena de carrancas do São Francisco[6], outro tanto de figuras de proa de todo o mundo, forneceram-me um amplo material para reflexão, do qual algumas conclusões serão aqui expostas.

A ordenação do material coletado, mais para melhor compreensão própria do assunto, gerou uma primeira redação, de caráter didático e sem qualquer preocupação formal, à qual fui acrescentando sucessivas informações posteriores, nem sempre no local mais adequado. Ao debitar-me o dever de divulgar este trabalho, o ideal seria sua total refusão. Mas, se o desafio da descoberta e a paixão da pesquisa moveram-me poderosamente, o mesmo porém não ocorre quanto à revisão minuciosa da redação.

O mérito que se puder encontrar nesta obra é o da pesquisa metódica e objetiva, atributo obrigatório ao espírito cartesiano de um engenheiro curioso em arte popular. Mais mérito haverá se o amplo material coletado servir de base a novas conclusões alcançadas por elementos capacitados em etnologia, sociologia, psicologia, história da arte etc. Nisto deposito minha esperança em conhecer melhor estas esculturas que tanto me fascinam.

Fascínio contudo que, creio, não toca o fanatismo, atributo que Jean Baudrillard diz existir em todo colecionador, e evidenciado pela opinião do sr. Fauron, presidente dos colecionadores de anel de cha-

---

6 Conforme será visto no capítulo III, carranca é a denominação consagrada, no Brasil, para as figuras de proa das barcas do rio São Francisco.

ruto, segundo o qual "tout individu qui ne collectionne pas quelque chose n'est qu'un crétin et une pauvre épave humaine"[7]...

Não é, porém, impossível que minha apreciação sobre as carrancas seja exagerada, pois "pour l'amateur, le curieux, le collectionneur, l'objet est sa seule passion, son unique but", conforme Maurice Rheims[8], que, aliás, consola a classe quando diz: "a notre époque les chimistes livrent aux pharmaciens des pilules tranquilisantes; il semble que depuis longtemps le goût de collectionner remplisse cet office".

* * *

Em todos os países é cada vez maior a preocupação na proteção de seus bens culturais, o que é especialmente válido quanto à arte popular, que desaparece progressivamente em virtude da produção industrial e da penetração dos meios de comunicação, que difundem o uso de produtos e idéias modernas.

Esta preocupação levou o Serviço de Documentação Geral da Marinha a não medir esforços para a publicação esmerada deste trabalho, ocupando-se mesmo de muitos detalhes que me caberiam providenciar, como fotografias e desenhos. À direção do referido Serviço, sem cuja decidida cooperação não seria possível esta publicação, meu sincero reconhecimento, a par de meus cumprimentos pela sensibilidade demonstrada no interesse por este aspecto inusitado de nossa arte popular.

Devo externar meus agradecimentos a todos que entrevistei, colhendo informações sobre as carrancas, em particular ao meu primeiro informante, Deocleciano Martins de Oliveira Filho; aos que me escreveram a respeito e aos que cederam as fotos aqui reproduzidas, especialmente o Instituto do Patrimônio Histórico e Artístico Nacional

---

7 BAUDRILLARD, J., Le système des objets, p. 106. Ver em Apêndice referência às coleções de Pablo Neruda – entre as quais a de carrancas – sem as quais "não podia viver".
8 La vie étrange des objets, pp. 5 e 20.

(MEC) e Marcel Gautherot, que tão bem e fartamente as documentou, quando ainda singravam o São Francisco, à proa das barcas.

Cabe comentar que muitas fotos tecnicamente falhas foram reproduzidas devido ao seu interesse documentário. Algumas, antigas, já esmaecidas; outras, tiradas em más condições, inclusive por mim, em viagem, com máquina fotográfica de 16 mm, quando ainda não imaginava que viesse a escrever este estudo.

Para sua publicação, muito me animaram os comandantes Paulo Lafayette Pinto e Max Justo Guedes; a este fico também devendo a leitura dos originais e as inúmeras e valiosas críticas e sugestões que apresentou para melhoria do texto, tarefa em que também cooperou, eficientemente, Maria Lúcia L. P. Revez. A todos, meu reconhecimento.

Finalmente, minha homenagem aos berços das carrancas: Minas Gerais e Bahia, que também o foram, respectivamente, dos geniais Aleijadinho e Chagas, o Cabra. E a expressão de minha admiração ao continuador da tradição dos grandes escultores populares do século XVIII, Francisco Biquiba Guarany, autor da maior parte das carrancas que já vi, e que continua a esculpi-las, aos 90 anos, com a mesma inspiração, habilidade, pureza, honestidade e entusiasmo com que fez a primeira, aos 17 anos de idade.

PAULO PARDAL

* * *

O autor agradece o envio de informações suplementares aos assuntos tratados neste livro, em seu nome, ao Serviço de Documentação Geral da Marinha, rua Dom Manuel, n° 15, Rio de Janeiro, RJ.

Solicita especialmente aos possuidores de carrancas que as acusem, informando data, local e condições da coleta da peça, bem como, se possível, juntando duas fotos, de frente e de perfil. Isto será de grande utilidade, inclusive para o proprietário da carranca, que ficará classificada no Serviço de Documentação Geral da Marinha, tendo em vista uma futura edição de catálogo relacionando todas as peças conhecidas.

"Che cosa conosciamo noi dell'arte popolare? In realtá ben poco (...) credo que il problema dell'arte popolare moderna sia veramente uno dei grandi problemi, forse il grande problema che la critica contenporanea deve proporsi (...)"[1]

GIULIO CARLO ARGAN

"No Brasil, o problema da arte popular identifica-se, pois, com o da própria arte nacional. Entre nós, só a arte e a literatura populares – ou a arte e a literatura a elas ligadas – são verdadeiramente brasileiras pelo caráter, pelos temas, pela forma."[2]

ARIANO SUASSUNA

"As carrancas das barcas de remeiros do rio São Francisco fazem o nível mais elevado da criatividade do arcaico, no Brasil."[3]
"É assunto de extrema importância na história da cultura brasileira."[4]

CLARIVAL VALLADARES

"Onde, porém, a escultura atinge proporções de maior significação é nas cabeças de proa das barcaças do rio São Francisco."[5]

RENATO ALMEIDA

---

1 Anais da XIV Reunião Internacional de Artistas, Críticos e Estudiosos da Arte (Rimini e Veruchio, Itália), in: *Dédalo* nº II (1965), do Museu de Arte e Arqueologia da Universidade de São Paulo.
2 *Catálogo da Coleção de Abelardo Rodrigues*, exposta no Palácio do Itamaraty, Brasília, 1972.
3 *7 brasileiros e seu universo*, p. 67.
4 *Artesanato brasileiro*, 2ª ed., p. 19.
5 *Revista Brasileira de Folclore*, nº 27, p. 101.

"Picasso fez ousadas figuras de mulheres, com rostos cavalares ou com alusões a outros bichos. São monstrengos ou quimeras, assemelhadas às zooantropomorfas esculturas são-franciscanas (...). Nossos carranqueiros criaram uma figura zooantropomorfa de notável qualidade artística."[6]

ANTONIO BENTO

"Hoje sabemos que uma pintura rupestre, um óleo de Rembrandt, uma estatueta votiva dos Senufo, uma carranca do São Francisco, um desenho de Paul Klee possuem igual grandeza no cosmo da criação, no universo das manifestações vitais."[7]

LÉLIA COELHO FROTA

CARRANCAS DO SÃO FRANCISCO

NOTA PRÉVIA | Figuras de proa, carrancas e *carrancas*

Parece-me útil, preliminarmente, fixar, embora de forma sucinta, alguns termos básicos da matéria tratada nesta obra, o que, inclusive, proporcionará aos que pretendem apenas folheá-la uma visão esquemática e didática das esculturas de proa.

Tarefa perigosa por abordar conceitos de arte controversos, cabendo observar que a classificação abaixo e sua terminologia valem exclusivamente para as figuras de proa.

FIGURA DE PROA é uma escultura, tradicionalmente de madeira[1], colocada à proa de embarcações de qualquer época, tipo e tamanho.

As figuras de proa primitivas são as dos povos em estágio primário de civilização[2], nos quais não havia uma arte superior, *erudita*, e outra, *do povo*. Os exemplos mais típicos e importantes são os de povos selvagens[3] da África Negra e da Oceania – onde ocorria a atitude anímica comunitária –, cujas fotos não constam desta obra por não terem, a meu ver, relação direta com as carrancas. Para exemplificar, ver as figuras I, XII e XIII, que podem ser consideradas primitivas, *lato sensu*, conforme G. Bazin, que mostra a escultura da figura I no capítulo sobre as primitivas civilizações artísticas do seu *Histoire de l'art*.

---

1 Há exemplos de caveiras, chifres, ídolos de palha e esculturas de metal.
2 e 3 Em nossa concepção ocidental.

A evolução da sociedade levou à diferenciação entre a elite e o povo, gerando a arte e as figuras de proa eruditas e as populares. As primeiras são executadas por um escultor com aprendizado formal nos cânones da arte greco-romana (ver foto 1), e as populares, por

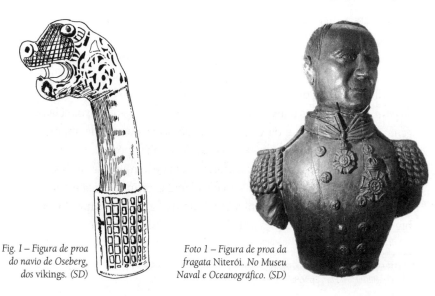

Fig. I – Figura de proa do navio de Oseberg, dos vikings. (SD)

Foto 1 – Figura de proa da fragata Niterói. No Museu Naval e Oceanográfico. (SD) quem teve um aprendizado informal, fora daqueles cânones, ou por um autodidata.

As figuras de proa populares podem ser muito assemelhadas às eruditas, que parecem querer *imitar*, embora com simplificações resultantes geralmente da inabilidade técnica do artesão – como a da foto 2 –, o que, aliás, ocasionalmente empresta maior expressividade à peça.

Podem ainda essas figuras ser *criadas* por inspiração das eruditas mas delas se afastando deliberadamente por seu intrínseco funcionalismo, o que acarreta a freqüente adoção de formas simbólicas e simplificações, como na arte primitiva, da qual, estilisticamente, às vezes muito se aproximam. Aí situam-se as boas carrancas são-franciscanas – ou simplesmente carrancas – cujos autores são artistas populares, pois criam, e não repetem, com eventuais pequenas modificações, como os artesãos.

Esta classificação corresponde à de A. Hauser[4]: *arte superior*; *arte popular*, urbana, que imita, amadoristicamente e sem originalidade, a arte superior; *arte do povo*, rural, que se inspira na arte superior, cujos modelos recria com originalidade e vigor. Hauser julga que "el arte del pueblo ha sido, la mayoria de las veces, un reflejo del arte superior (...)"[5] e cita o folclorista R. Forrer[6]: "Un arte del pueblo consciente, es decir, creado con intención, no lo ha habido nunca." Já H. Read[7] diz que a arte popular – que conceitua como a arte do povo de Hauser – obedece a uma tradição nativa "que nada deva às influências verticais de outras classes sociais".

Não cabe aqui discutir se a arte do povo é ou não autóctone, pois, como veremos, julgo que as carrancas foram inspiradas pelas eruditas figuras de proa oceânicas.

---
4 *Introducción a la historia del arte*, pp. 363-82 e 453-5.
5 Op. cit., p. 453.
6 *Von Alter und ältester Bauernkunst*, p. 6.
7 *O significado da arte*, p. 68.

Também foge ao escopo desta Nota – e mesmo à capacidade do autor – dar uma nomenclatura completa às diferentes categorias de figuras de proa populares, o que implicaria discutir e definir as variantes de arte popular, assunto altamente controverso, como já pôde ser sentido pelos dois autores citados acima. Arte popular, primitiva, neoprimitiva, ínsita, *naïf* ou ingênua, campesina, provincial, folclórica, marginal, periférica, arte de amadores, *kitsch*, estilismo etc., se cruzam, às vezes contraditoriamente, nesse campo.

Limito-me a classificar as figuras de proa da maneira mais simples possível, com o intuito de facilitar ao leitor a compreensão do assunto, deixando aos etnólogos e historiadores de arte interessados a tarefa de dar-lhes os epítetos de sua predileção.

Por falta de termo conciso utilizarei abaixo somente os conceitos de *arte genuína* e *arte liminar* – muito precisos e felizes – adotados por Clarival Valladares[8] e Lélia Coelho Frota[9], respectivamente.

CARRANCA, *lato sensu*, é a figura de proa não erudita (ver fig. II) e, *stricto sensu*, como será utilizado nesta obra, é a figura de proa originária do trecho médio do rio São Francisco, produzida até c. 1940 e utilizada em barcas até c. 1955. Por extensão, tambem usarei o termo "carranca" para as réplicas atuais que guardam relativa fidelidade ao modelo original, embora freqüentemente renovando-o.

CARRANCA é o termo que utilizarei para as réplicas atuais que não mostram essa fidelidade, deturpando o modelo original.

As carrancas genuínas, motivadas e consumidas em seu meio de origem, ornaram as barcas. Geralmente são zooantropomorfas, como nas fotos 3 e 8 – mas também as há zoomorfas, como nas fotos 31 e 32. Sua tipologia típica é a de apresentar pescoço e cara quase do mesmo diâmetro. Atípicas e raras são as que representam um busto humano – como nas fotos 4, 60 e 70.

---

8 Arte de formação e arte de informação. *Revista Brasileira de Cultura*, abr./jun. 1970, p. 11.
9 *Mitopoética de 9 artistas brasileiros*, p. 3. À autora fico devendo ainda a leitura da primeira redação desta Nota e as valiosas críticas e observações que fez para a melhor precisão de linguagem, o que, aliás, não implica sua concordância com minha classificação.

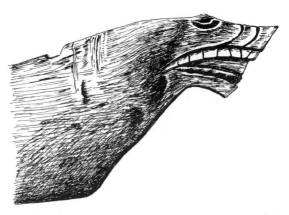

Fig. II – Figura de proa de barco norueguês. (SD)

Foto 2 – Figura de proa do brigue-escuna Laura II. (MC)

Foto 3 – Carranca que foi da coleção Mário Cravo Jr. Pertence a Maria Eston. (ME)

Foto 4 – Carranca antropomorfa, da coleção Gomes Maranhão. (PP)

As réplicas de carrancas – zooantropomorfas[10] e obedecendo à tipologia típica – surgiram, terminado o ciclo das barcas, pelo interesse aquisitivo de camadas superiores da sociedade, gerando a paulatina deculturação do modelo original, embora dois escultores lhes guardem forte fidelidade: Francisco e Ubaldino Guarany, pai e filho. O primeiro sedimentou o modelo por tê-lo largamente esculpido para as barcas, com função ritual, de 1902 a c. 1940. O segundo impregnou-se do modelo – e da visão do mundo em que este foi gerado – com o qual conviveu desde a infância, embora só tenha começado a esculpir em 1972. As peças desses dois artistas populares têm sacralidade (ver fotos 5, 46 a 51 e 100 a 102), o que já não ocorre com as réplicas de alguns artesãos que copiam um modelo conhecido – do qual pouco se afastam – geralmente de Francisco Guarany (ver foto 93).

As *carrancas* – réplicas sem fidelidade – inundaram o mercado de artesanato na década de 1970. A grande maioria não apresenta interesse artístico, embora mostre a solução geral típica das carrancas genuínas: zooantropomorfismo e pescoço e cara quase do mesmo diâmetro (ver foto 6). Raras têm espiritualidade, como algumas das réplicas inicialmente esculpidas pelo santeiro Pedro Paulino (ver foto 103).

Embora com menor freqüência, há exemplos de réplicas utilizadas em peças utilitárias: cinzeiros e vasos para plantas (ver fotos 104 e 105).

Uma apreciação do binômio carranca–*carranca* e a gênese desta última serão apresentadas no item Escultores, do capítulo III.

Finalmente, comento as raras esculturas de Agnaldo Manoel dos Santos tendo a carranca como tema, que podem ser classificadas *estudos de carrancas*, como fez seu autor com a da foto 7. São os únicos exemplos que conheço, no gênero, da arte liminar[11]: a de artista autodidata de alta originalidade, transcendendo os padrões da cultura popular vigente em seu meio e produzindo para uma camada social superior à sua, de norma culta.

---

10 Salvo as das fotos 120 e 121.
11 Que Lélia Coelho Frota também denomina arte primitiva, marginal ou periférica, e outros autores, arte primitivista, ínsita etc.

Foto 5 – *Carranca* Peroni, *de F. Guarany.* (SD)

Foto 6 – Carranca *no estilo Paulino.* (SD)

Foto 7 – Estudo de carranca, *de Agnaldo.* (CV)

Foto 8 – *Carranca cuja autoria pode ser atribuída a Afrânio. Da coleção José Carvalho.* (PL)

CAPÍTULO I | Histórico das figuras de proa

FIGURAS DE PROA NA ANTIGUIDADE

Os primeiros barcos foram pouco mais que cascas de árvores e troncos escavados, à semelhança da igara ou ubá de nossos índios. Sua utilidade inicial para o homem pré-histórico foi a de facilitar-lhe a subsistência, proporcionando-lhe caça e pesca mais abundantes. A fim de se aproximar de suas presas sem ser percebido, é possível que tenham sido usadas peles e caveiras de animais na proa dos barcos, como camuflagem. Há quem julgue até que "o primeiro esboço de vestimenta foi o disfarce necessário à caça primitiva, para permitir ao caçador aproximar-se do animal"[1].

Nas mais antigas representações de embarcações, originárias do Egito e algumas delas datando de cerca de seis mil anos, vê-se na proa uma saliência que certamente é a estilização de uma caveira de touro, pois distingue-se um par de chifres, nítidos e avantajados (fig. III). Por outro lado, desde os tempos pré-históricos, o touro parece ter sido um elemento importante no misticismo dos povos primitivos. Outra possível interpretação para estas cabeças de touro consiste em encará-las como homenagem a uma divindade, a fim de propiciar suas boas graças às expedições náuticas.

---

1 MAUDUIT, J. A., *Quarenta mil anos de arte moderna*, p. 111.

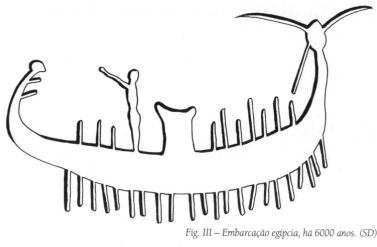

Fig. III – Embarcação egípcia, há 6000 anos. (SD)

Foto 9 – Barca do médio São Francisco, há 40 anos. (MG)

Aliás, mesmo se a primeira hipótese for a verdadeira, certamente o forte misticismo dos povos primitivos não deixaria de aparentar as cabeças de animais a deuses, invocando-lhes proteção para minorar seu medo do desconhecido[2]. De fato, mais que qualquer outro engenho fabricado pelo homem, o barco sempre foi exposto às forças da natureza ou dos deuses, na interpretação dos primitivos. Nada mais natural que, para homenageá-los e aplacar sua eventual ira manifestada em perigosas tempestades, fossem utilizadas suas imagens nas embarcações.

É interessante notar que ainda hoje existem portos de pesca onde se vêem chifres de cabra e de outros animais nos barcos, "como para conjurar os caprichos do mar"[3]. Na foto 9, vemos uma barca do São Francisco, cuja roda-de-proa (peça de madeira que prolonga a quilha da parte inferior da proa para cima) se alça mais que o habitual, terminando com um par de chifres de boi em vez da clássica carranca. Cerca de seis mil anos separam, no tempo, os ornamentos de proa das barcas que vemos na foto 9 e na figura III, mas uma grande força as aproxima: a semelhança estilística das manifestações de arte nas comunidades primitivas[4].

Quanto a esta semelhança, vale observar a figura IV, onde se vê uma embarcação popular irlandesa do século XVIII, com uma figura de proa de madeira ornada com chifres naturais e a citação, no capítulo III, de fato análogo, observado por Francisco de Barros Jr., em barca do São Francisco.

Retomemos o fio histórico, observando as figuras, de proa e de popa, de cabras selvagens com chifres recurvos, do modelo de uma barca do Nilo (fig. V) encontrada no túmulo de Tutancâmon (1350 a.C.), que possivelmente são de origem mística. As mesmas figuras

---

2 "La force bestiale parut à l'homme primitif un attribut de la puissance divine; le lion, l'aigle, le taureau et le serpent ont joué le plus grande rôle dans les mythologies primitives" (BAZIN, G., *Histoire de l'art*, p. 21).
3 *L'art dans la Marine*, p. 87, e *A propósito da proteção mágica dos barcos*, p. 36.
4 "Enfin il est arrivé aussi que, sans influence possible, des circonstances analogues aient fait naître des formes semblables à des distances considérables dans le temps et dans l'espace. Ce phénomène, en sociologie, porte le nom de *convergence*" (BAZIN, G., op. cit., p. 439).

Fig. IV – *Barco irlandês (século XVIII). (SD)*

Fig. V – *Barca do Nilo (1350 a.C.). (SD)*

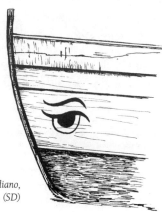

Fig. VI – *Proa de barco de pesca siciliano, com um olho. (SD)*

aparecem na barca sagrada do deus Amon-Ra, representada em baixo-relevo no templo de Sethi I, em Abydos (1300 a.C.).

Outra possível interpretação para esses primeiros ornamentos de proa consiste em observar que o animismo dos povos primitivos poderia estender-se ao barco, encarado como um ser vivo, dotado de alma, sendo a figura de proa a cabeça do próprio animal ou deus, simbolizado no barco. Reforça esta interpretação o fato de estes receberem, com freqüência, especialmente os populares, nomes de pessoas, em geral de mulher. Sendo masculinos os seus proprietários, há o desejo, de caráter afetivo, de navegarem e confiarem em um ser feminino, ou de caráter possessivo, de serem seu dono.

Também pode patentear a idéia dos barcos como seres vivos a pintura de um olho nos seus costados dianteiros, como para ajudá-los a encontrar o caminho. Esta decoração se encontra praticamente em todas as épocas, desde a Antiguidade, no Egito, Índia, China, Grécia, Roma e povos mediterrâneos, até nossos dias, especialmente na Europa, África e Ásia. Na figura VI vemos um exemplo deste olho, que originalmente era o de uma divindade: Hórus ou Osíris, dos egípcios, ou ainda Rhéa, a deusa-mãe dos cretenses da Idade da Pedra, protetora dos marinheiros[5]. A esta interpretação da "sacralização do barco pela sua consagração a uma divindade", O. Lixa Filgueiras[6] acresce que mais comumente se atribui ao olho a função de proteção contra o mau-olhado. Já quanto ao uso dos chifres, julga esse etnólogo que eles não seriam simples amuletos, mas remontam ao batismo ritual que os egípcios faziam em seus barcos, quando a estátua de Amon, na proa, era envolvida na pele – com os chifres – de um carneiro. "A identificação da vítima com a divindade, transferiria para a embarcação que ostenta sua *cabeça* a íntima relação estabelecida pelo ato sacrificial." Essa seria também a origem do batismo das embarcações com vinho – simbolizando o sangue – substituído pelo champanha nas classes de maior poder aquisitivo.

---

5 GOLDSMITH-CARTER, G., *Voiliers de tous les temps*, pp. 38-9.
6 *A propósito da proteção mágica dos barcos.*

Vejamos a ocorrência dessa decoração de proa no Brasil. Em Iguaba Grande (RJ) está freqüentemente ancorada uma embarcação, das que retiram conchas da Lagoa de Araruama, que apresenta, à proa, um olho, em relevo. É interessante observar que uma lenda de índios do Xingu, recolhida pelos irmãos Villas Bôas, apresenta uma canoa encantada, que se movia como um bicho e que "tinha olhos, um de cada lado da proa"[7]. Esta coincidência, bem como os chifres que ornamentam as embarcações da figura III e foto 9, evidentemente correm por conta da "característica mais espantosa da arte popular", a universalidade, conforme Herbert Read: "as mesmas formas e as mesmas técnicas parecem nascer espontaneamente da própria terra, em cada canto do mundo"[8]. Estão no inconsciente coletivo.

De fato, seria praticamente impossível, no São Francisco do século passado*, quando surgiram as carrancas, o conhecimento de chifres ornando proas de embarcações egípcias e, aos nossos índios do Xingu, a existência de olhos na proa de barcos de povos de outros continentes. Entretanto, quanto à existência das carrancas, não se pode admitir seu aparecimento espontâneo no São Francisco, pois, conforme veremos, no século passado a figura de proa era comum em nossos navios oceânicos. Decoração que deve ter sido imitada por fazendeiros do São Francisco.

Mas, retomemos o histórico das figuras de proa na Antiguidade. Também na Escandinávia, desenhos rupestres, especialmente da Idade do Bronze, mostram cabeças de animais, na proa de barcos, de difícil identificação, pela natural imprecisão do traçado sumário, mas que se assemelham às proas das mais primitivas embarcações egípcias.

Dos povos da Mesopotâmia, uma das primeiras representações de embarcações que se conhece é um baixo-relevo do Palácio de Sargão II, em Khorsabad (706 a.C.), que reproduz certamente um barco de

---

7 VILLAS BÔAS, O. e C., *Xingu: os índios, seus mitos*, p. 118.
8 *O significado da arte*, p. 69.
* Século XIX.

Fig. VII – Embarcação fenícia (706 a.C.). (SD)

alto-mar dos fenícios, então sob dominação assíria (fig. VII). Assim como nesta, outras representações de barcos fenícios também mostram o cavalo na ornamentação de proa. Possivelmente queriam representar, em suas frotas de comércio, as caravanas mercantes terrestres.

Com o desenvolvimento da civilização, as embarcações aumentaram de dimensões e aprimoraram seus ornamentos, sendo as figuras de proa os mais importantes. Se já não o era anteriormente, temos de admitir que sua finalidade, então, em muitos casos, era exclusivamente decorativa. Prova disto é que os barcos egípcios apresentavam decoração em muitos outros pontos e mesmo na proa também usavam, em vez de cabeça de animal, uma flor, a qual se atribui finalidade estética.

Os egípcios e, principalmente, os fenícios, grandes navegadores, expandiram o uso da figura de proa no Mediterrâneo, onde uma de suas finalidades foi indicar o Estado a que pertencia a embarcação: as de Atenas ostentavam na proa a deusa Palas Atena; as de Cartago, a imagem de Amon. Os romanos usavam principalmente animais, como o cisne da figura VIII, que representa a deusa Ísis, nome também do navio, que é do século II. Além dos animais já citados, conhecem-se figuras de proa da Antiguidade representando urso, pato, íbis etc.

Fig. VIII – Ísis, nave romana (século II). (SD)

Com o desenvolvimento artístico de gregos e romanos, certamente estas figuras adquiriram cada vez mais uma finalidade meramente decorativa, sem outras conotações. Elas, que em sua origem eram exclusivamente zoomorfas, decorrência da importância dos animais na religião e arte dos povos de mentalidade primitiva, começaram a ser também antropomorfas. Há representações, em proas de navios romanos, de bustos de famosos generais, quer para homageá-los, quer como demonstração de prestígio, por associação da embarcação a uma personalidade em evidência.

Citam-se também, em barcos de guerra da Antiguidade, figuras de animais, não só na proa como no esporão dianteiro, junto à linha-d'água, quando existente, com a finalidade de intimidar o inimigo. O primeiro leão que se conhece, ornando proa, aparece no baixo-relevo do túmulo de Ramsés III, onde se vêem seus navios em uma batalha naval no ano 1200 a.C. Figuras de proa representando leão foram conhecidas na Grécia e Roma antigas, sendo muito encontradas na Europa, desde a Idade Média, como se constata através do exame de desenhos e tapeçarias referentes, em sua maioria, ao norte do continente. Na figura IX vemos detalhe de uma tapeçaria de Bayeux, mostrando um barco de Guilherme, o Conquistador.

Fig. IX – Barco de Guilherme, o Conquistador. (SD)

Fig. X – Carraca (tipo de embarcação turca da Idade Média). (SD)

Na figura X temos a reprodução de um desenho medieval de uma *carraca* turca. Esta, como a anterior, apresentava interessante figura zoomorfa à proa.

FIGURAS DE PROA A PARTIR DA IDADE MÉDIA

Destas peças, as mais conhecidas na Idade Média são oriundas dos *drakkars*, barcos de guerra *vikings*. Representavam animais fantásticos, assemelhando-se mais comumente a dragões, e também a serpentes e cavalos (fig. XI). Essas figuras em geral eram móveis, sendo retiradas quando os barcos aportavam em cidades amigas, para não impressionar seus habitantes, ou como prova de que a viagem era de amizade. Daí, há quem julgue que uma de suas funções era a de atemorizar o inimigo.

Um melhor conhecimento do assunto só foi possível quando escavações em Gokstad e Oseberg, na Noruega, descobriram embarcações *vikings* muito bem conservadas, que foram completamente restauradas. Os navios de Gokstad e de Oseberg, descobertos em 1880 e em 1904, devem datar dos séculos X e IX, respectivamente. Ambos têm cerca de 22 m de comprimento por 5 m de boca (maior largura), devendo pesar, completamente equipados, cerca de vinte toneladas. Entretanto, os maiores navios *vikings* de batalha alcançavam o dobro deste comprimento, sendo impulsionados a remo ou a vela. Suas figuras de proa, conforme descrições da época, eram, em muitos casos, recobertas de folhas de ouro. O navio de Oseberg, apesar de não ser de batalha, tinha a proa encimada por uma figura de serpente (fig. I), admiravelmente trabalhada e com semelhança com proas de pirogas do oceano Pacífico e com esculturas maoris da Nova Zelândia[9]. Nas figuras XII e XIII vemos outras decorações de navios *vikings* do século IX, sendo a última também da embarcação de Oseberg.

---

9 HANSEN, H. J., *L'art dans la marine*, p. 93.

Fig. XI – *Barco* viking (1376). (SD)

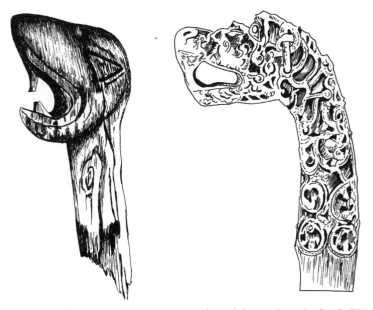

Figs. XII e XIII – *Esculturas de barcos* vikings (século IX). (SD)

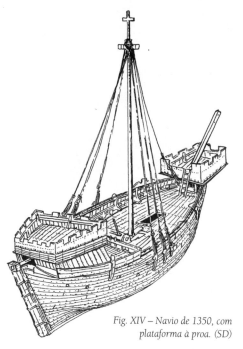

Fig. XIV – Navio de 1350, com plataforma à proa. (SD)

Fig. XV – Escultura de popa do navio Vasa (século XVII). (SD)

Foto 10 – Popa do navio Zeelandia (1662). (SD)

Fig. XVI – Figura de proa (Dinamarca, século XVII), assemelhada às carrancas do São Francisco. (SD)

Nos séculos XIII e XIV, as figuras de proa quase desapareceram, devido não só à forma arredondada da proa, então adotada para os navios de oceano, como à plataforma que lhe era sobreposta, geralmente com finalidade bélica (fig. XIV).

A evolução da arquitetura naval fez recuar esta plataforma, formando o castelo de proa e dando oportunidade à volta das figuras de proa, no século XVI. Nesse século, e no seguinte, a decoração naval conheceu a superabundância de formas, característica do estilo barroco. Na farta documentação da época referente aos grandes navios, nota-se a generalização não só destas figuras, ocorrendo várias na mesma proa, como também das esculturas na popa e em todo o barco. A foto 10 mostra a popa da maquete do navio *Zeelandia*, de 1662.

Para fazer idéia da importância dada à decoração naval no século XVII, podemos observar que, do navio *Vasa*, do rei Gustavo Adolfo, da Suécia, foram recolhidas setecentas esculturas e ornamentos, que ficaram enterrados, e assim protegidos, no lodo e na areia, desde seu naufrágio, em 1628, no porto de Estocolmo. Na figura XV vemos um detalhe do escudo de popa deste navio. É uma cabeça de leão, escultura de concepção erudita.

É interessante compará-la com a cabeça de leão da figura XVI, recolhida no século XVII, de um barco que encalhou na Jutlândia, Dinamarca. São duas esculturas aproximadamente da mesma época, sendo a segunda de caráter nitidamente popular e com remarcada semelhança, nos detalhes ideográficos, com as carrancas das barcas do rio São Francisco: olhos esbugalhados, sobrancelhas, boca aberta, e uma expressão aterrorizante. É curioso notar que, em mais de uma centena de fotos de figuras de proa que vi, das primitivas às eruditas, sendo muitas populares, esta é a única que se aparenta às do rio São Francisco. Entretanto seu estilo não deveria ser comum: na figura II vemos outra proa, provavelmente de pequena embarcação popular, da Noruega Ocidental, que difere totalmente da peça da figura XVI.

No século XVIII, as figuras de proa continuaram em uso nos grandes navios, mercantes ou de guerra. Sua finalidade era basicamente

Foto 11 – Barca Bonita, com sua carranca à proa. (IK)

Foto 12 – Figura de proa da corveta D. Januária. No Museu Histórico Nacional. (SD)

Foto 13 – Figura de proa de navio de guerra inglês (início do século XIX). (NM)

decorativa. Representavam, às vezes, a personalidade que deu nome ao navio, ou seu armador. Florence Nightingale foi madrinha de um veleiro cuja proa tinha sua estátua em tamanho 3/4; o navio *Salomon Piper* tinha o busto de seu armador como figura de proa. O *James Baine*, construído em 1850, em Boston, batizado com o nome do seu proprietário, levava sua figura à proa. O *Red Jacket*, lançado em 1854, nos Estados Unidos, foi assim denominado em homenagem a um famoso chefe pele-vermelha, cuja figura lhe encimava a proa[10]. Os navios da Espanha utilizavam, inclusive, imagens de santos à proa; os barcos ingleses freqüentemente tinham um leão (foto 13). Aliás, o leão imperava nos navios de guerra europeus, não só na proa como em outras partes.

O peso excessivo das figuras de proa, passando a comprometer a estabilidade do navio, levou as autoridades inglesas (em 1703 e nova-

---

10 GOLDSMITH-CARTER, G., op. cit., pp. 129-31.

mente em 1796) e francesas a proibirem-nas, o que porém não foi completamente obedecido.

Nos barcos mercantes dos Estados Unidos, no início do século XIX, as figuras de proa apresentavam influência chinesa e oriental, talvez para impressionar os povos do Oriente, onde o comércio estava sendo desenvolvido. O custo de uma destas peças era de cinqüenta a setecentos doláres, conforme suas dimensões, que podiam variar de 50 cm, para a proa de um pequeno barco de recreio, a uma figura humana de 3 m.

No século passado, em geral, as esculturas de proa apresentavam o naturalismo, a dureza de linhas e a inexpressividade características das obras de arte secundárias da época, impregnadas do estilo neoclássico e acadêmico então imperante. Dos melhores exemplos são as fotos 14 e 15.

Após o advento da navegação a vapor, e com o novo estilo de proa, vertical, estas peças foram perdendo sua importância a partir do século XIX, embora continuassem a ser usadas, especialmente nos veleiros, por força da tradição.

Atualmente, a forma côncava da proa voltou a permitir que lhe fossem acrescentadas figuras, e é interessante notar que a firma norueguesa Fred Olsen tem fundido em bronze um grande número dessas peças para decoração de proa. Essas figuras, que são soldadas ao navio, apresentam pouco relevo, diferindo bastante das antigas esculturas de madeira, que se projetavam para fora da embarcação.

FIGURAS DE PROA NO BRASIL

No esquemático resumo histórico apresentado, preocupou-me a evolução das figuras de proa nos povos ocidentais, pois esta é a origem das carrancas do rio São Francisco, conforme será visto nos capítulos seguintes. Nelas não há nenhuma influência formal da decoração naval de povos da África ou Ásia, onde provavelmente o contato com a

Fotos 14 e 15 – Figuras de proa do século XIX (NM). Sua imponência poderia ter inspirado Newton Tornaghi nesta sua bela poesia:

FIGURA DE PROA[11]

Entre a lâmina hostil do talha-mar
E o gurupês que se projeta em riste,
A figura de proa erecta assiste
Às convulsões de seu amigo, o mar.

São uma coisa só, a comungar:
A figura imponente que resiste
E o mar, vezes alegre, vezes triste,
Imbatidos, o tempo a dominar.

Mas um dia virá, quem sabe quando?
Em que essa nau há de enfrentar lutando
O vento, e talvez venha a soçobrar...

E a figura de proa, em seu descanso,
Tranqüila dormirá, leve, de manso,
Tendo a guardar seu sono o amigo, o mar.

---

11 *Jornal de Minas*, Suplemento Cultural, 17/6/1978.

civilização provocou, como no São Francisco, o desaparecimento dessas figuras, conforme a observação de O. Lixa Filgueiras: "Ainda que não tenha havido nenhuma influência no caso das Figuras de Proa no Brasil lembrarei a existência das importantíssimas canoas da Guiné (ex-Portuguesa), com cabeças de boi, peças únicas tiradas de um grande tronco de árvore e que desapareceram por volta dos anos 30." Duas dessas cabeças, de forte realismo, podem ser vistas em fotografia da obra *El universo de las formas* (tomo África Negra), da coleção dirigida por André Malraux e Andre Parrot, e são da tribo Bijogo ou Bissago, da ilha de mesmo nome.

É raro encontrar uma figura de proa nos numerosos livros sobre arte africana. Já nos referentes à arte de civilizações asiáticas e de povos da Oceania, são mais freqüentes as citações às decorações de proa, especialmente às tábuas vazadas e esculpidas dos neozelandeses. Na alentada (463 pp.) *Historia de la navegación primitiva*, de Dick E. e Julio A. Ibarra Grosso, excetuados os povos da Europa e do Egito, encontramos, para os demais povos primitivos de todo o mundo, setenta e duas fotos de embarcações sem adorno de proa, cinco com decoração – tábua recortada neozelandesa e quatro olhos, sendo três da Indochina e um da China –, somente três com figuras de proa, sendo duas zoomorfas – do Peru e das Molucas – e uma, chinesa, de difícil identificação pela má qualidade e reduzidas dimensões da fotografia, mas parecendo zoomorfa. Constata-se que só 10% das oitenta embarcações apresentam algum tipo de decoração de proa e só 3,8% (3/80) mostram uma figura de proa, zoomorfa. Conclui-se que, excetuados Europa e Egito, a decoração de proa era pouco freqüente – e a figura de proa menos ainda, não aparecendo nenhuma zooantropomorfa –, e sua ocorrência deu-se só em povos de razoável grau de civilização artística: Peru (inca) e orientais (China, Indochina, Malásia, Indonésia e Polinésia).

Em relação à Polinésia, os autores da referida obra transcrevem Federico Ratzel (*Las raças humanas*, Barcelona, 1888) e James Cook (*Viaje hacia el Polo Sur y alrededor del mundo*, Madri, 1921, e *Relación de su primer viaje alrededor del mundo*, Madri, 1922). Diz Ratzel: "en la proa se ponen adornos esculpidos..." e "Las embarcaciones de guerra de las islas del Oeste están profusamente adornadas con molduras."[12]

Cook[13] também assinala os adornos de proa e de popa das embarcações neozelandesas "compuestas de tablas talladas..." e informa que "La talla de los adornos de la popa y la proa de las pequeñas piraguas, que parecen unicamente destinadas a la pesca, consiste en una figura de hombre cuyo rostro es de lo más feo que pueda imaginarse, pues de su boca sale una lengua monstruosa, sirviendo de ojos unas conchas blancas de orejas de mar."[14] Esta é a única referência no texto a figura de proa, que também aparece, incidentalmente, como vimos, em três fotografias. Não há alusão às carrancas são-franciscanas, pois a obra refere-se somente a embarcações de povos primitivos, sendo bastante citadas as de nossos índios: canoas, balsas etc., sem nenhuma alusão à ocorrência de decoração de proa.

Quanto à China, a obra dos Ibarra Grosso cita o olho de Osíris em um junco chinês[15] e, em algumas embarcações, as "popas adornadas con delicadas pinturas y labraduras que representan figuras humanas, flores, plumas y en algunos casos hasta cuadros..."[16]

Nos povos ocidentais, ocorreu que a decoração foi evoluindo, das embarcações populares aos navios de maior porte, herdando estes as figuras de proa surgidas nas primeiras. Nos tempos modernos, somente os navios apresentaram esculturas e outros ornamentos considerados de luxo. Os barcos menores contentam-se geralmente com pinturas simples, como os já citados *olhos*. Em fotos de dezenas de barcos populares ocidentais, do século passado e deste*, não encontrei, fora as do rio São Francisco, escultura de proa, salvo as referências abaixo.

---

12 GROSSO, I., op. cit., pp. 233-6.
13 Op. cit., p. 139.
14 No capítulo III veremos em outra citação de Cook a figura de proa de leão em canoas de guerra neozelandesas.
15 Op. cit., p. 289.
16 Op. cit., p. 286.
* Século XX.

Em pesquisa exaustiva de textos sobre o assunto, inclusive relativa a barcos portugueses, encontrei desenho e fotografia de duas pequenas figuras de proa em barcas de Portugal, na obra citada de Lixa Filgueiras: uma cabeça humana, colocada de forma análoga à das carrancas do São Francisco, e uma cabeça de cobra, projetando-se da proa da barca em ângulo de 45°. A primeira foi julgada "de aparente ocasionalidade", pois no rio Guadiana, onde surgiu, não eram usadas figuras de proa; a segunda foi considerada um evidente amuleto, e, em sua simplicidade, não tem nenhuma semelhança com as carrancas são-franciscanas. O referido autor cita ainda ter recebido informação que, "na costa algarvia, entre Armação de Pera e Albufeira, eram usuais as figurações de animais nas proas dos barcos de pesca (leões, por exemplo)".

Outras referências a figuras de proa, em pequenas embarcações atuais, encontram-se no magnífico *L'art dans la Marine*. Na primeira, após exemplificar as figuras utilizadas pelos povos pré-românicos, cita-se vagamente que "a uma data mais recente", certas embarcações do lago de carda apresentam, entre outros ornamentos, uma figura de proa. Embora a "data mais recente" não seja explicitada, subentende-se, pelo restante do texto, que a referência é atual, certamente deste século. Porém, a restrição "certas embarcações", aliada às pequenas dimensões do lago de Garda, e o fato de uma só obra fazer esta referência, mesmo admitindo-a verídica, permite concluir que se trata de ocorrência esporádica, sem maior significado artístico ou social. A segunda das citações[17] diz que "Les fleuves du Brésil sont eux aussi parcourus par des embarcations à l'avant orné de têtes humaines et animales fantastiques, que les indigènes sculpent dans le bois." Ora, a iconografia não mostra canoas de nossos índios com esculturas de proa. A referência deve ser às carrancas do São Francisco. E nem cabe estranhar sua provável inexatidão que, infelizmente, é comum, mesmo ao pouco que aqui se tem escrito sobre o assunto.

---
17 Op. cit., p. 129.

Concluímos, pois, que, nos tempos modernos, as únicas embarcações populares de povos ocidentais que apresentaram figuras de proa de forma generalizada foram as barcas do rio São Francisco.

É interessante notar a evolução das esculturas de proa; das pequenas embarcações primitivas aos navios de maior porte. Entretanto a origem das carrancas do São Francisco deve ter sido a imitação da decoração de navios de alto-mar, vistos nas capitais da província da Bahia e do país, pelos pequenos nobres e fazendeiros do São Francisco, em suas viagens à civilização. Os exemplos abaixo mostram como as figuras de proa eram freqüentes em nossos navios do século passado.

A nau *Pedro I* tinha à proa o busto de seu patrono, esculpido pelo próprio imperador, que executava, nas horas de folga, trabalhos manuais "para os quais revelava excepcional habilidade"[18].

Na foto 12 vemos a figura de proa da corveta *D. Januária*, construída em 1842, na Bahia, e na foto 1 a da fragata *Niterói*, ex-*Sucesso*, portuguesa, incorporada à nossa Marinha quando da Independência. Esta última representa o almirante Taylor, que a comandou.

A foto 16 mostra a figura de proa do primeiro vapor de guerra do Brasil, *Dom Afonso*, assim batizado em honra do filho de D. Pedro II, que morreu criança. A embarcação foi construída na Inglaterra, em 1847, mas sua figura de proa foi feita no Brasil. Parece representar o príncipe morto, com rosto de criança e asas de anjo. Isto está de acordo com nossa tradição popular, que considera *anjos* os mortos em tenra idade.

Na foto 17 vemos a proa da galeota de D. João VI, construída na Bahia, no início do século passado, para uso da família imperial, no Rio de Janeiro. Aqui foi utilizada por ocasião do desembarque de visitantes ilustres, até recentemente, quando foi recolhida ao arsenal de Marinha, para preservação, em face do seu passado histórico. A referida embarcação, segundo Gean Maria Bittencourt, em artigo para *O Globo*, é uma "grandiosa obra da engenharia naval, jóia da época...

---

18 GREENHALGH, Juvenal, *O arsenal de Marinha do Rio de Janeiro na história*, v. 2, p. 1.

*Foto 16 – Figura de proa do vapor Dom Afonso.
No Museu Naval e Oceanográfico. (SD)*

*Foto 17 – Proa da galeota de D. João VI.
No Arsenal de Marinha, RJ. (SD)*

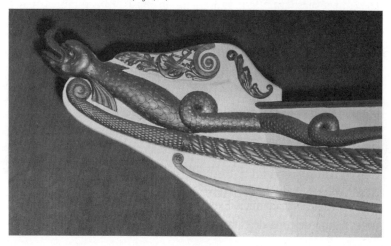

de fino acabamento técnico e artístico, é propelida a remos, não tendo, ao que consta, exemplar igual nas Américas". Note-se que a referida embarcação tem 24 m de comprimento, sendo pois pouco maior que as barcas do São Francisco, e apresenta um espaçoso camarim à popa, com janelas e cortinas. Ora, veremos, no capítulo II, que a barca *Santa Maria* tinha portas e janelas de vidro em seu camarote de popa (bem como a *Casa Vermelha* e outras). Não é difícil imaginar que a galeota de D. João VI, ou outra similar, tivesse inspirado um rico comerciante do São Francisco a imitar-lhe o camarim da popa e a figura da proa.

No estaleiro do arsenal de Marinha, criado no Rio de Janeiro, em 1763, o primeiro barco de maiores dimensões, construído em 1767, foi a nau *São Sebastião*, ornada com uma figura de dragão à proa.

Alexandre Rodrigues Ferreira, em *Viagem filosófica às capitanias do Grão-Pará, Rio Negro, Mato Grosso e Cuiabá*, apresenta ilustrações de várias embarcações. Uma, denominada *barco de guerra*, cujo modelo veio de Lisboa, mostra uma figura de proa que se assemelha à da galeota de D. João VI. Outra embarcação que, embora com a denominação de *canoa*, se parece com a referida galeota, tem à proa a figura de uma sereia. Ambas foram construídas na ribeira da cidade do Pará, em 1775 e 1773, respectivamente.

O Museu Arquidiocesano de Brusque expõe duas figuras de proa retiradas de navios estrangeiros, na costa de Santa Catarina. Uma pertencia a um veleiro grego de 30 m, vendido em 1892 como ferro-velho, pesando setenta e cinco toneladas. A outra, retirada de um navio abandonado no porto de Laguna, bela escultura do século XVIII, embora represente Vênus, foi adorada no início deste século como Santa Catarina, por falta de imagem desta santa, na Igreja Matriz de Nova Veneza. Ali aportando um padre mais esclarecido, fez recolher a peça ao porão da igreja, de onde foi recentemente retirada para o museu.

As figuras de proa acima citadas eram eruditas, realizadas por artistas de formação acadêmica. Excluindo as do São Francisco, creio que a única figura de proa de caráter popular atualmente existente em nos-

Foto 18 – Em primeiro plano a Ubirajara, com carranca da 2ª fase de Guarany. (MG)

sos museus é a que pertenceu ao brigue-escuna *Laura II* (foto 2), que se encontra no Museu Histórico e Antropológico do Ceará. Esta peça tem aproximadamente as dimensões das carrancas do São Francisco: 57 cm de altura e 31 cm na maior largura.

A referida escuna, matriculada em São Luís do Maranhão, pertencia ao português Francisco Ferreira da Silva, sócio de seus irmãos Luís e José, proprietários dos barcos *Laura I, II e III*, que faziam comércio ao longo da costa. Esta figura de proa foi conservada porque a embarcação a que pertenceu se notabilizou na história do Ceará. Seu capitão, contramestre e prático foram mortos pela guarnição, de cerca de vinte homens, a maioria escravos, que se amotinou, supostamente devido aos maus-tratos, em 1839. Após roubarem dinheiro e jóias, afundaram o barco e se dispersaram. Terminaram por ser presos e seis deles foram enforcados[19].

É óbvio que outras figuras de proa populares de barcos menores, não encontrando motivos históricos para serem recolhidas, perderam-se. José da Nóbrega, ao qual me referirei no capítulo III, citou-me ter visto em Belém do Pará, na residência de um proprietário de barcos do Tocantins que faziam transporte de Porto Nacional a Belém, uma grande figura de proa, de fatura popular, representando uma mulher. Podemos notar que a figura do *Laura* reproduz uma figura de proa erudita: o de uma mulher com o olhar perdido no horizonte. É um exemplo da arte popular urbana, na qual se reproduzem, simplificadamente, obras eruditas para um público "predominantemente urbano, semiletrado y tendente a la masificación". Freqüentemente são cópias malfeitas[20], que não apresentam a originalidade e o vigor da legítima arte do povo, que ocorre em "extratos sociales carentes de ilustración y no pertenecientes a la población industrial y urbana"[21].

Provavelmente, outras figuras de proa de barcos populares de nossa costa também resultaram de cópias de esculturas eruditas, vistas à proa de navios oceânicos.

Devemos agradecer ao isolamento em que viviam os habitantes do médio São Francisco o fato de terem criado um tipo de figura de proa inédito em todo o mundo: peças de olhos esbugalhados, misto de homem, com suas sobrancelhas arqueadas, e de animal, com sua expressão feroz e sua cabeleira tipo juba leonina.

* * *

---

19 BARROSO, Gustavo, *O livro dos enforcados*.
20 A deformação é intencional no bom artista, mas inabilidade no mau, cujas soluções toscas resultam de regressão das formas artísticas superiores e da falta de impulso criador. Subias Guálter, no *El arte popular en España*, assinala o fato na p. 67, dizendo que "el motivo decorativo del águila pierde la elegancia de sus formas y se convierte en el lamentable *pardal*..." (as reticências são do autor).
21 HAUSER, A., *Introducción a la historia del arte*, p. 363.

Fecha-se assim o ciclo: a evolução das embarcações primitivas levou as figuras de proa, surgidas basicamente com conotações místicas, aos grandes navios, onde sua função era decorativa. E a influência dos grandes navios levou à imitação de suas figuras de proa, com intuito inicialmente decorativo, em pequenas embarcações de uma sociedade rural primitiva. Seus membros, entretanto, deram freqüentemente a essas figuras uma conotação mística, conforme será explanado nos próximos capítulos.

Em linhas gerais, a evolução esboçada para as figuras de proa é a própria evolução da arte, como foi muito bem condensada por Arnold Hauser: "El arte, para detenernos en él, es, en un principio, un instrumento de la magia, un medio para asegurar la subsistencia de las primitivas hordas de cazadores. Más adelante se convierte en un instrumento del culto animista, destinado a influir los buenos y los malos espíritus en interés de la comunidad. Lentamente se transforma en un medio de glorificación de los dioses omnipotentes y de sus representantes en la tierra: en imágenes de los dioses y de los reyes, en himnos y panegíricos. Finalmente, y como propaganda más o menos descubierta, se pone al servicio de los intereses de una liga, de una camarilla, de un partido político o de una determinada clase social.

Sólo aquí y allá, en épocas de relativa seguridad o de neutralización del artista, el arte se retira del mundo y se nos presenta como si existiera sólo por sí mismo y por razón de la belleza, independientemente de toda clase de fines prácticos. Pero aun entonces, también el arte cumple todavía importantes funciones sociales al convertierse en expresión del poder y del ocio ostentativo."[22]

---

22 Ibid., pp. 17-8.

CAPÍTULO II | A navegação no rio São Francisco

GEOGRAFIA DO SÃO FRANCISCO

O artista é um produto do meio em que vive, do qual traduz, em suas obras, os valores tradicionais, a cultura e a mentalidade[1]. Se isto é válido, mesmo para os artistas nos grandes centros civilizados, onde adquirem certa independência resultante de intercâmbio cultural com outros centros avançados, torna-se predominante no estudo da produção artística de sociedades rurais. Assim, não poderíamos compreender as carrancas do São Francisco sem analisarmos como ali vivia o homem do século passado, e o papel social desempenhado pelas barcas, em cujas proas surgiram então essas figuras. "Hoy somos testigos de la hora dedicada à la interpretación sociológica de las creaciones culturales."[2]

O Vale do São Francisco, com 640.000 km², contava em 1973 com quase 7,5 de nossos então 100 milhões de habitantes, ou seja, 7,5% da população. Mas, na segunda metade do século passado, era uma região de forte concentração demográfica, um dos fatores que também pode explicar por que só ali surgiram figuras de proas em embarcações populares. Em artigo publicado em 1874, cita-se que "La vallée du San

---

1 A obra de arte resulta de "l'atmosphère materielle, morale et intellectuelle dans laquelle l'homme vit et meurt" (TAINE, H., *Philosophie de l'art*).
2 HAUSER, Arnold, op. cit., p. 14.

Francisco est un des points les plus peuplés du Brésil: elle renferme le sixième[3] de la population de l'empire (evalué a 1.500.000 âmes)."[4]

A vida econômica e social no Vale só era possível através do rio, que ligava seus centros produtores e consumidores. A navegação era, pois, o fator de desenvolvimento, como ainda o é hoje, em que pese o desenvolvimento do transporte rodoviário. Mesmo o interior da Bahia está cortado por boa rede de estradas que, quando não pavimentadas, são geralmente bem conservadas. Mas o rio ainda impera. "Homens e bichos vivem exclusivamente dele. Nasce-se, vive-se e morre-se na dependência de suas águas."[5]

No século passado, ainda mais se vivia em função do rio. Não só de sua piscosidade e de suas enchentes e vazantes, que determinavam a fertilidade das plantações, como principalmente da via de comunicação que garantia a troca dos produtos. Entre estes se incluíam as notícias, os jornais e as *novidades* transmitidas pelos tripulantes das embarcações ribeirinhas. As embarcações de maior porte tinham uma função social proeminente, sendo compreensível que este destaque levasse seus proprietários a ornamentá-las, como veremos no próximo capítulo.

O São Francisco é o quinto rio em extensão do Brasil, com cerca de 3.000 km[6], mas "é o maior dos rios genuinamente brasileiros, denominado *rio da unidade nacional*, por servir, desde os tempos coloniais, como elemento de ligação entre o Sul e o Nordeste do País"[7]. João Ribeiro diz que, "excluído o mar, caminho de todas as civilizações, o grande caminho da civilização brasileira é o Rio São Francisco"[8], pois nele se aglutinaram os dois grandes fatores de povoamento: a procura das minas, especialmente nas cabeceiras do rio, e o impulso da criação de gado, principalmente em seus cursos médio e inferior.

---

3 17%.
4 Le rio San Francisco du Brésil, l'abbé Durand, p. 37, tomo 8, do *Bulletin de la Societé de Geographie*.
5 *Realidade*, mar. 1972.
6 Fontes (relatórios, estudos etc.), inclusive oficiais, dão extensões diferentes, variando de 2.660 a 3.268 km (*Realidade*, mar. 1972).
7 *Grande Enciclopédia Delta-Larousse*, p. 6128.
8 *História do Brasil*, curso superior, v. XV, p. 137.

O São Francisco se divide em cinco seções, sob o ponto de vista da navegação[9]:

1ª – do oceano Atlântico até Piranhas: 228 km de navegação franca;
2ª – de Piranhas a Jatobá: 128 km, completamente inaproveitável para a navegação (nesta seção se inclui a Cachoeira de Paulo Afonso);
3ª – de Jatobá a Sant'Ana do Sobradinho: 428 km, com numerosos rápidos e de navegação precária em muitos trechos;
4ª – de Sant'Ana do Sobradinho a Pirapora: 1.328 km de navegação franca;
5ª – acima de Pirapora: cerca de 800 km, com trechos navegáveis, separados por corredeiras.

As três primeiras seções constituem o baixo São Francisco. Sua pequena extensão caracteriza pouca importância econômica e social, relativamente ao médio São Francisco, que é a quarta seção acima. Além dos 1.328 km de navegação franca se podem acrescentar 1.277 km dos seguintes trechos navegáveis de seus afluentes[10]:

Rio Grande até Barreiras .... 300 km
Rio Preto até Formosa .... 264 km
Rio Corrente até Santa Maria .... 150 km
Rio Paracatu .... 422 km
Rio Urucuia .... 141 km

A quinta seção, acima de Pirapora, constitui o alto São Francisco, cuja navegação tem importância quase nula, não só por banhar uma região ligada comercialmente ao Rio de Janeiro como pelo pequeno volume de águas e relativa dificuldade de navegação.

---
9 MORAES REGO, O Vale do São Francisco, p. 181.
10 MORAES REGO, op. cit., p. 185.

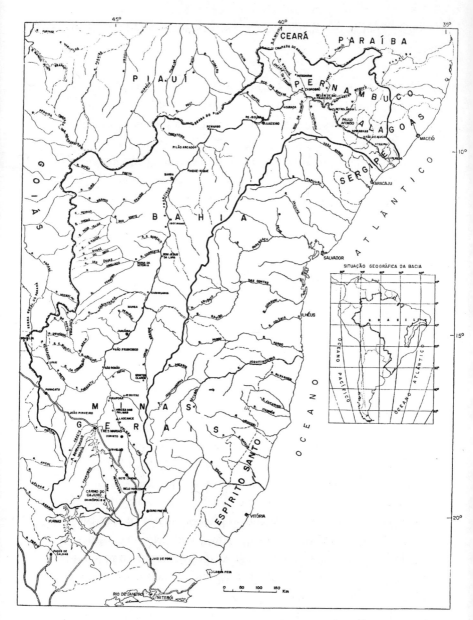

Bacia do São Francisco (IBGE).

Conclui-se, pois, que o médio São Francisco tem grande predominância sobre os outros dois trechos, dos quais se mantém relativamente isolado, devido às corredeiras, apresentando características próprias. Por este motivo, os mesmos tipos de embarcações utilizadas no baixo e no médio São Francisco diferem razoavelmente. Os autores adiante transcritos nem sempre fazem menção a que trecho do rio estão se referindo, o que, às vezes, dificulta a compreensão do assunto tratado. Na falta de especificação, devemos porém considerar que se trata do médio São Francisco, devido à citada forte predominância deste trecho sobre os demais.

A divisão apresentada obedece ao critério de navegação; geograficamente, o médio São Francisco tem para limite a cidade de Juazeiro, 50 km abaixo das corredeiras de Sobradinho, onde foi construída a barragem de mesmo nome, o que interrompeu por alguns anos a navegação no trecho Sobradinho–Juazeiro, até 1980, quando foi inaugurada uma eclusa de 120 m de comprimento por 17 m de largura – a terceira maior do mundo – que permite vencer um desnível, criado pela barragem, de até 33,5 m.

TIPOS DE EMBARCAÇÃO

Antes de prosseguirmos, é necessária uma descrição das principais embarcações utilizadas no século passado, no médio São Francisco: a *canoa*, conhecida em todo o Brasil, com variantes locais, consiste simplesmente de um tronco de árvore escavado; o *ajoujo*, misto de canoa e jangada, é a reunião de várias canoas por um estrado de paus roliços ou de tábuas e, conforme Alves Câmara, "usado em quase todos os rios do Brasil para transporte de cargas e travessias, de uma a outra margem, de grandes pesos, e até de gado em pé"[11]; e a *barca*, construída de tábuas, com cavernas.

---

11 *Ensaio sobre as construções navais indígenas do Brasil.*

Foto 19 – *Barca em construção, em Barra.* (IK)

Fotos 20 e 21 – *Barca Zolega e sua carranca, que é da 2ª fase de Guarany.* (MG)

É importante compreendermos como eram construídas e utilizadas essas embarcações à época do surgimento das carrancas. O engenheiro H. Halfeld, em seu relatório de 1860 sobre a navegabilidade do rio São Francisco, fez uma completa descrição das embarcações então usadas, da qual extraí os trechos abaixo, respeitando a grafia original, como ocorrerá com outros autores transcritos.

Respeito ás embarcações, usam-se: 1°, canôas ordinariamente de 100 palmos de comprimento, e largura até 15 palmos[12], geralmente feitas d'um só tronco, preferindo-se a madeira denominada Tamboril, Vinhático e Cedro á de Paróba e Gequitibá. Taes canôas são governadas por dous remadores e por uma pessoa que serve na popa de pilôto dirigindo o leme, se ellas o têm, ou que maneja, em substituição d'este, com um remo curto e largo.

Para a conservação dos objectos, mercadorias e mantimentos, que costumam conduzir nas canôas, levantam no interior de suas bordas, arcos de varas de páo armados transversalmente sobre o comprimento da canôa, unindo-se estes páos horizontalmente com ripas ou varas, cobrindo tal engradamento, feito em fórma de abobada, com couros crús, capim, palha de coqueiro Indaiá ou da Carnaúba, sendo esta última em todos os casos preferivel. Cada canôa está provida além d'isso de duas varas para poder dirigir o movimento da canôa, quando as circunstancias o exigem.

2°: Ajoujos de duas ou tres canôas unidas por páos roliços e amarradas a estes com alças ou tiras estreitas de couro crú. A superficie das duas ou tres canôas ajoujadas, é assoalhada transversalmente com páos roliços, ou longitudinalmente com taboas; em distancias convenientes, d'uma braça mais ou menos, e regularmente divididas na extensão dos ajoujos, deixão-se dos dous lados exteriores d'elles alguns d'aquelles páos sobresahir das bordas, isto é, no comprimento de 1 até 1 1/2 palmos, para servirem aquellas excrescencias de ambos os lados

---

12 O palmo tem 22 cm. O autor descreve as grandes canoas para transporte de cargas, existentes no século passado. São em grande número, até hoje, as pequenas canoas para pesca e transporte pessoal dos moradores ribeirinhos, como a que se vê à direita da foto 110.

do ajoujo d'apoio e assento de taboas, fixadas por meio de corrêas de couro crú sobre aquelles páos e parallelos à canôa, ficando um certo espaço do comprimento desta, tanto na prôa bem como na pôpa, livre d'aquelle tablado que tem o nome de coxias, para não impedir a acção dos remadores nem a do piloto. Taes coxias servem para os remadores andarem ao longo e exteriormente, quasi ao lume d'agua, na ocasião em que fôr necessário servirem-se das varas para dar impulso ao ajoujo; estes são cobertos de maneira semelhante às canôas, com a differença que todo o respectivo apparelho é executado em escala maior.

O pessoal da tripulação do ajoujo depende da grandeza do mesmo, e do peso da carga que leva. Os ajoujos de duas ou tres canôas levão um piloto e quatro remadores quando descem pelo rio, ou como vulgarmente se diz: *ir cabeça abaixo*, e seis pessoas para remar ou trabalhar com as varas, quando sobem o rio, isto é: *navegar cabeça acima*;

3º: barcas de todos os tamanhos de 60 até 105 palmos de comprimento, de 12 até 16 de largura e de 3 1/2 até 6 palmos de fundura; e segundo se me tem informado, existe uma barca no rio São Francisco, denominada *Nossa Senhora da Conceição da Praia*, que tem 112 palmos de comprimento e 8 palmos de fundura e a largura proporcional; não encontrei com ella. Todas aquellas barcas, geralmente com fundo raso, chato ou vulgarmente denominado *de prato*, o que é mais conveniente pelo motivo de conservar-se maior equilíbrio, tanto quando navegam sobre as águas do rio, bem como quando acontece ficarem sobre um banco de areia; mas sendo construídas mui bojudas, e com a quilha além d'isso projectada consideravelmente para baixo do fundo da barca, n'este caso ellas costumam tombar; circunstancia esta que põe em perigo as barcas e a carga que levam, como tem acontecido com a barca *Princeza do Rio*[13], que se acha construída d'esta maneira, e que comprei para o meu uso durante a exploração do rio, cujo dono anteriormente perdeu, em consequencia de sua inconveniente construcção, uma carregação de rapaduras e farinha de mandioca; mandou depois tirar, conforme me disseram, 6 pollegadas de grossura do fundo da quilha, e assim remediado algum tanto o inconveniente

---

13 Ultimamente, uma chata da Companhia de Navegação do São Francisco, que ainda navegava em 1963, recebeu o mesmo nome: *Princesa do Rio*.

Foto 22 – O tratamento do cabelo da carranca da Gentilesa é muito diferente do de Guarany. (MG)

andou a barca um tanto melhor, porém ainda era necessário muito cuidado na ocasião de passar por *pontas* d'água, onde a correnteza do rio é geralmente muito forte, que segura ás vezes a barca contra os barrancos do rio, ou rochedos, e ao mesmo tempo o impulso das águas que se dirige contra a barca na altura da sua quilha, a faz inclinar para um ou outro lado, de maneira que sempre era necessario applicar-se bastante força e cuidado para não tombar totalmente. A taes inconvenientes não são sugeitas as barcas com fundo chato ou de prato.

Ordinariamente as barcas demandam 6 palmos d'água sendo completamente carregadas; porém (como me disseram) algumas ha como a barca *Nossa Senhora da Conceição da Praia*, que cala 7 1/2 palmos[14].

---

14 Burton (*Viagem de canoa de Sabará ao oceano Atlântico*, tradução de Highlands of the Brazil, 1869) diz que ouviu falar desta barca, que fora construída em Salgado (atualmente Januária), mas que já havia naufragado. Sua fama, porém, perdura, pois em 1959 Joaquim Ribeiro cita em seu *Folclore de Januária* (p. 110) a seguinte cantiga de barqueiro:

As barcas que navegam sobre a parte do rio superior ás cachoeiras, têm algumas vezes na pôpa uma tolda de 10 a 14 palmos de comprimento e de largura correspondente á mesma barca; ás vezes ellas são feitas de taboas com gosto e mesmo com luxo[15], providas de pequenas janelas envidraçadas, e com portas; outras têm sómente a armação de madeira coberta de palha de coqueiro d'Indaiá ou Carnaúba, ou sómente capim, e abertas sem porta. Taes toldas servem de residencia ao proprietario da barca e de sua família, ou da pessoa que o substitue.

As barcas em uso para a navegação entre Piranhas e o mar, isto é, na parte inferior das cachoeiras[16], têm a tolda na prôa, contrariamente ás barcas em uso na parte do rio superior ás cachoeiras. O pessoal empregado no serviço das barcas depende da grandeza de suas dimensões; o número varia de 6 até 12 pessoas, para os remos ou varas, e mais um piloto; informaram-me que a barca *Nossa Senhora da Conceição da Praia* necessita 14.

A grandeza dos remos das barcas corresponde á grandeza d'essas embarcações, bem como a das varas. As ultimas são ainda mais grossas do que aquellas que se usam no serviço dos ajoujos, e têm o comprimento de 30 a 35 palmos.

Na parte do rio superior ás cachoeiras de Paulo Affonso, raras vezes usam de velas, pelo motivo que allegam de fortissimos vendavaes que na maior parte das estações do anno sopram atravez do rio e com refegas extremamente violentas, pelos navegantes vulgarmente denominadas *redemoinhos*, ou *pés de vento*; de maneira que estes empurram as embarcações, rapida e facilmente, para fóra do canal navegavel contra os barrancos nas margens do rio, ou sobre os bancos d'arêa; por outro lado estou persuadido que falta totalmente aos barqueiros a pra-

---

    Desce, desce, minha barca.
    – Senhora da Conceição
    Lá na praia do Salgado.
    Meu mano,
    Senhora de "mea" devoção.

15 Burton cita a barca *Baronesa de Minas*, de um rico comerciante, e a *Santa Maria*, que tinha portas e janelas de vidro em seu camarote de popa, onde se usavam toalhas à mesa de refeições.

16 Realmente, as embarcações, análogas às barcas, usadas no baixo São Francisco, eram, e são ainda, denominadas canoas, conforme, aliás, o próprio Halfeld assinala, em trecho transcrito adiante.

tica e aptidão no uso e manejo proveitoso de velas[17]. Na parte baixa do rio, entre Piranhas e o mar, são as velas constantemente usadas, particularmente na subida, sendo admiravelmente favorecida a navegação pelos ventos fortissimos de SE. para NO. que do mar para terra diariamente sopram, das 9 horas da manhã em diante. N'esta parte do rio costumam os navegantes cortar uma arvore, que com seu tronco e galhos amarram por cordas ou cepos á sua embarcação, de maneira que descendo o rio, arraste nas suas aguas, e serve sem inconveniente nem perigo a guiar a embarcação pelo canal mais profundo, ou *thalweg do rio*, durante dia e noite, entretanto que o pessoal empregado no serviço dellas vai-se deitar, e mesmo dormir.

Na parte do rio superior ás cachoeiras, usam ás vezes os navegantes, em falta de velas, sendo-lhes o vento favorável á direcção em que navegam as suas embarcações rio acima ou rio abaixo, de lençóes, panos, esteiras, ou couros crús, enquanto o vento sopra favoravelmente, cujos substitutos de velas costumam amarrar a uma espécie de mastro[18]. O carregamento das barcas não se contam por toneladas, mas sim pelo número de rapaduras que podem conduzir. Ha barcas que carregam 12.000 rapaduras grandes, das quaes cada uma pesa de 4 a 5 libras, ou levam 2.500 bruacas de sal, além dos mantimentos necessários para a tripulação e mais algumas mercadorias[19].

---

17 Burton e Montenegro (*A província e a navegação do rio São Francisco*) são da mesma opinião.
18 Embora Halfeld (1860) tenha citado o uso de velas nas barcas, especialmente no baixo São Francisco, Alves Câmara (1888) afirma que "não usam absolutamente de velas. Apenas no Joazeiro utilizam-se d'ellas em umas embarcações denominadas paquêtes, que atravessam diariamente d'alli para a Vila de Petrolina". E note-se que A. Câmara transcreve, em outra parte da sua obra, o trecho do livro de Halfeld que cita o uso de velas...
   Geraldo Rocha (*O rio São Francisco*) e Vítor Figueira de Freitas (*Na bacia do São Francisco*) julgam que as velas apareceram no fim do império, "senão com a época republicana", sem citar em que trecho do rio: se no baixo ou no médio. Podemos concluir que as velas tiveram seu uso mais generalizado neste século, embora tivessem sido pouco empregadas nas barcas do curso médio do rio.
   Em parênteses, observando algumas contradições citadas, cabe a reflexão das dificuldades em realizar uma pesquisa da natureza desta: sobre detalhes que, embora de menor interesse quanto aos objetivos dos autores consultados, apresentam importância para o estudo das carrancas, conforme veremos no capítulo III. Praticamente tudo visto nos primeiros capítulos será utilizado para interpretações que darei ao assunto.
19 Montenegro cita que, à época (1875), a carga das barcas era em média de quinze toneladas; na descida (para Juazeiro), constituída em ordem decrescente de importância, de café, rapadura, milho verde, farinha, arroz, açúcar, couro etc.; na subida carregavam principalmente sal e fazendas.

O ajuste do serviço dos barqueiros depende da respectiva convenção entre estes e a pessoa que fretar a barca, ou que necessita de seus serviços; geralmente ajusta-se os barqueiros por travessias, que variam no seu comprimento, porém que têm por termo médio 30 leguas maritimas; e sendo o serviço e viagem destinada rio abaixo ou rio acima, paga-se a um bom barqueiro da barra do Rio das Velhas para o Porto do Salgado, a quantia de 10$000; d'este para o porto da villa da Barra 30$000, e d'este ao porto da villa do Joazeiro 25$000. Os pilotos ajustam-se separadamente, não têm preços fixos para a importancia de suas gratificações, ella depende da convenção entre elles e a pessoa que os necessita, e da habilidade e conhecimento praticos d'elles ácerca dos canaes navegaveis e curso das aguas do rio; todavia paga-se, mais ou menos, a metade mais do que importa a gratificação que os barqueiros percebem. Além d'estes pagamentos, dá-se ainda sustento que deve ser muito substancial, isto é, carne tres vezes por dia, farinha de milho e mandioca, feijão e arroz muito bem temperados, peixe, café, aguardante, e ao meio dia jacuba, que é agua com farinha de mandioca e rapadura, etc., etc. Não ha duvida que o serviço de barqueiro é pesadissimo, e ás vezes é necessario que elles façam força extraordinaria no impulsar ou sustentar a embarcação com as varas, de maneira que muitas vezes é o corpo dos barqueiros horizontalmente estendido sobre as coxias, e só sustentam-se nos dedos dos pés, e com o hombro na ponta da vara. Em consequencia d'isso acontece que os seus peitos, proximos aos braços, quasi sempre ficam dilacerados com grandes feridas; porém tambem não ha duvida que um barqueiro come quatro vezes mais do que qualquer trabalhador no mais pesado serviço terrestre. Os serviços dos barqueiros começam ao romper do dia e terminam ao escurecer...

Cada uma embarcação leva comsigo uma bozina de chifre, concha grande maritima ou feita de folha de Flandres, não só para annunciar a chegada quando approximam-se a qualquer porto, mas também para se comprimentarem entre si na occasião de encontro, sendo estabelecido e observado com todo o rigor certa superioridade, de sorte que as canôas e ajoujos devem salvar as barcas, porém estas soberbamente passam por ellas e não respondem; as barcas entre si se salvam

Foto 23 – Italia, cuja carranca, da 2ª fase de Guarany, é quase idêntica à da Ubirajara (foto 18). Uma delas pertence a Geraldo Milton de Oliveira. (MG)

reciprocamente, bem como as canôas e ajoujos entre si observam a mesma cerimônia; enfim, é uma algazarra que os barqueiros acham mui agradavel. O aluguel d'uma canôa ou ajoujo importa por dia 500 a 800 rêis, o de uma barca 1$000[20]. As embarcações pernoitam ordinariamente em logares que offerecem segurança e abrigo contra os vendavaes, acautelando-se particularmente contra tempestades nas entradas inferiores das pontas de bancos d'arêa, os saccos, ou procuram os portos conhecidos que offerecem por experiencia seguro abrigo, preferindo n'este sentido os portos debaixo dos barrancos sempre á margem direita do rio, que os navegantes denominam: *banda da Bahia*, de cujo lado vêm geralmente as mais fortes tempestades, evitando elles cuidadosamente a margem esquerda: *banda de Pernambuco*, que é exposta a toda a força das tempestades.

---

20 1$000 à época correspondem, em 31/9/1980, a cerca de Cr$ 330,00. Esta atualização monetária deve ser encarada com forte reserva, devido ao grande espaço de tempo e à imprecisão dos índices econômicos. Foi utilizado, desde seu aparecimento, o índice de custo de vida (preços ao consumidor) na cidade do Rio de Janeiro, calculado pela Fundação Getúlio Vargas.

Na occasião de descer o rio não seguem as embarcações sempre o canal mais profundo ou *thalweg do rio*; ordinariamente procuram atalhar as voltas ou linhas curvas que este faz, e por isso acontece ás vezes que encalham sobre os bancos d'arêa existentes na linha interior do seguimento da curva, não tendo attenção em acautelar em tempo para endireitar o curso da embarcação para o principal e mais profundo veio, *thalweg do rio*, ou quando as suas aguas successivas e quasi imperceptivelmente se encostam a uma ou outra de suas margens.

Em taes casos, quando a embarcação encalha, saltam os barqueiros para fóra d'ella e para dentro do rio, procurando a profundidade necessaria em que a embarcação possa navegar, e a empurram sobre as arêas para tal logar que offereça profundidade sufficiente para pol-a a nado; entram depois para o canal mais profundo, e seguem a sua viagem. Raras vezes é necessario alliviar a embarcação de alguma carga para pol-a a nado, e só a barca *Nossa Senhora da Conceição* (como tenho sido informado) tem exigido aquella providencia.

Como o rio em todas as estações do anno, desde a Cachoeira de Pirapóra até a cachoeira do Sobradinho, na extensão de 239 leguas, é muito manso, posso por experiencia affirmar, que nenhum perigo correm as embarcações na ocasião de semelhantes encalhamentos, caso sejam os seus fundos chatos ou de prato.

Na occasião em que as embarcações sobem o rio, procuram os barqueiros encostarem-se aos barrancos ou ás corôas, trabalhando constantemente com as varas, e d'esta maneira providenciam em tempo para seguir o seu curso na profundidade d'água que demandam as suas embarcações. Usam de remos sómente quando acham conveniente atravessar o rio, e procurar a margem mais desembaraçada de impedimentos á navegação. Quatro balsas de madeira de construção e dimensões dependentes do comprimento e número de peças de madeira e taboado que levam, me fizeram observar que a maior d'estas balsas que vi, tinha 150 palmos de comprimento e 22 de largura; em geral ellas são dirigidas por duas pessoas, ás vezes quatro, e sómente na ocasião de encalharem é que se necessita de maior número de pessoas para pól-a a nado.

Transcrevo abaixo observações de Richard Burton[21], de sua viagem nos rios das Velhas e São Francisco, em 1867, referentes às embarcações que utilizou (ajoujo) ou que encontrou (barcas) e aos hábitos dos ribeirinhos.

Quarta feira, 7 de agosto de 1867, encaminhamo-nos ao Porto da Ponte Grande, onde se encontrava o ajojo (sic) ou balsa. Jamais vira embarcação tão decrépita, verdadeira Arca de Noé, semelhante a uma carroça de cigano flutuante, coberta por um toldo, cerca de dois metros e trinta centímetros de altura e um de comprimento, assentando-se sobre dois troncos ocos. O rio devia ser bem seguro, para que uma geringonça daquelas navegasse sem acidentes.

Com o embarque de quinze almas, a balsa ficou três palmos abaixo da plataforma de embarque, o que fez o comandante, ou piloto, Manuel de Assunção Vieira ficar bem preocupado; temia que a embarcação fizesse água, afundasse agora mesmo, ou acabasse despedaçada nas corredeiras.

O ajojo comum é uma junção de duas ou três canoas, sendo que, quando três, a mais comprida deve ficar no centro. As melhores madeiras são o forte e leve tamboril, o vinhático e o cedro brasileiro, que têm cerca de uma polegada de espessura; no entanto, o em que eu viajava era de peroba, com cerca de duas polegadas de espessura e consequentemente muito pesadas. Mesmo sem carga afundávamos quase dois palmos.

Às vezes, há um leme, que se fixa na mais comprida das canoas; na falta deste, o piloto tem que remar de pé ou sentado na popa. De preferência as canoas devem ser ligadas umas as outras por correias de couro, com intervalo de seis a oito polegadas entre elas, e não ligadas por barras de ferro na proa e na popa, como sucedia em minha balsa, pois isso elimina toda a elasticidade. Estacas cilíndricas ou quadradas, presas·por correias de couro à amurada, suportam o soalho ou plataforma, que deve ser bem ajustado lateralmente para impedir a penetração da água, quando a embarcação se inclina. Consta ela de dez tá-

---

21 Op. cit., pp. 13-5 e 171-4.

buas estendidas horizontalmente, projetando-se, aos lados, em coxias ou corredores de oito a dez polegadas de largura, onde os homens trabalham. Minhas canoas tinham cerca de onze metros de comprimento, e quando juntas, quase dois metros de largura; eram pois, sólida base para um toldo, conforto um tanto arriscado. Era ele feito de um tecido de algodão grosseiro, feito em Minas e protegido na frente, onde eu dormia, por um encerado de Morro Velho, para me proteger da chuva.

Perto da proa, em lugar mais fresco, havia uma prancha alta, que servia de escrivaninha, igualmente sujeita aos ventos. Atrás, de cada lado, um jirau que servia de sofá e cama. Ao centro, um caixote trancado, a um tempo mesa e lugar para guardar as provisões; a seu lado dois tamboretes.

Na popa estava a "cozinha": um jirau forrado de tijolos, ladeado por uma bateria de utensílios – chaleiras, panelas de ferro, xícaras e copos, não faltando, evidentemente, a valiosa frigideira. Grandes potes de barro poroso – talhas ou igaçabas – serviam para guardar a água, que era renovada todas as noites. Tinha sido aconselhado pelo Presidente de São Paulo a não beber a água do rio, mas, como todos a bebiam, fiz o mesmo.

Mr. Gordon havia fornecido à jangada uma vara provida de gancho, resistente, com uma âncora na ponta, o qual era motivo de admiração para a população ribeirinha, que jamais havia ouvido falar em Anacarse, o Cita, bem como fortes cordas inglesas para a sirga, o que foi de grande utilidade na travessia de corredeiras.

A tripulação constava de três pessoas, o velho Vieira e seus filhos. Recebiam, além da comida, cinco mil réis por dia. Dois deles se postavam nos lados da embarcação. Ao invés de remos, usavam estacas chamadas de varas ou varejões, que manejavam com facilidade. São das feitas de peroba ou paraibuna, têm de seis a sete metros de comprimento, por cinco centímetros de diâmetro. Sua ponta é revestida de ferro ou então aguçada, para dar firmeza na travessia de corredeiras.

Existem vários tipos de ponta: "ponta de diamante", uma longa pirâmide com anel de ferro; "pé de cabra", fendida; "congo", munida de um gancho para deter a marcha e a forquilha", raramente utilizada, também apresenta um gancho apropriado para prender-se às árvores, detendo a embarcação.

Os remos, usados nas águas mais profundas, são em geral toscos e variam de lugar para lugar. Vi-os em formato de espátulas retas e achatadas, há-os com cabos de um metro e trinta centímetros de comprimento, com as pontas em forma de losango rombudo, de 33 centímetros de largura, apoiados em orifícios na amurada, revestidos de couro; na junção de dois rios, encontrei remos flexíveis de madeira de taipoca, amarela, com veios, bastante parecida ao nosso freixo, com cerca de dois metros de comprimento e mais largo na extremidade inferior, arredondada, de forma a apresentar uma superfície lisa, podendo ser usado como vara contra a margem ou contra alguma árvore; outras vezes terminam com os galhos bem aparados de um pesado cactus, que afunda na água como chumbo.

Os tripulantes pareciam marinheiros de primeira viagem, nem de longe lembravam os hábeis navegantes do São Francisco. A qualquer obstáculo se enervavam – ou pelo menos fingiam ficar nervosos. Embora tivessem remado a vida toda, não sabiam remar de costas; temerários, remam com energia por alguns minutos, quando a correnteza é forte; mas quando esta é quase nula, levantam os remos e deixam a embarcação vogar preguiçosamente. Disto resulta que, embora se estenda o dia de trabalho de sete da manhã às cinco da tarde, percorre-se distância bem pequena a cada jornada. Não têm nenhuma técnica, nem vontade de adquiri-la; inutilmente se lhes sugere a colocação de rolos sob as canoas ou de alguma proteção na plataforma, quando em terra. Têm apetite de abissínios; chupam cana-de-açúcar como seus antepassados indígenas; sua divisa bem poderia ser:

> Au boire je prens grant plaisir
> A viande fraîche et nouvelle,
> Quand à table me voy servir
> Mon esprit se renouvelle. (sic)

Só demonstram energia ao tocar a buzina de chifre, herdada de seus selvagens antepassados; com ela, anunciam a chegada, saúdam os que estão nas margens, que geralmente apreciam o seu barulho.

Foto 24 – Nova Planta, *que também aparece no último plano da foto 18. Tem carranca da 1ª fase de Guarany.* (MG)

Em Manga, vimos pela primeira vez a *barca*, que fez com que meu companheiro se lembrasse da *yawl* do Mississipi. Só apareceu nos últimos quarenta anos; antes daquele tempo, todo o serviço era feito por ajojos e canoas. O formato provavelmente é copiado do Douro, mas aqui assumiu mais o estilo holandês, arredondado, para se adaptar melhor ao rio; falta-lhe, também, a imensa quilha de deriva portuguesa, embora de modo algum esteja privada de um leme grande e forte. As pranchas são das melhores madeiras da região, cedro ou vinhático, a quilha é de aroeira e as costelas ou cavernas, do mesmo modo que as peças transversais e os passadiços, são da dura e resistente rosca. O comprimento médio é de uns 15 metros por 5 de largura, calando 1,1 ou 1,6 metros quando carregada, e podendo transportar 400 arrobas, calculadas em rapaduras, cada uma de 2 quilos aproximadamente. Em Salgado, foi construída a Nossa Senhora da Conceição da Praia, agora fora de serviço; tinha 27 metros de comprimento e dois metros de calado. Essas grandes embarcações são sempre de fundo chato (de prato), por causa dos baixios. As quilhas são perigosas, pois provocam inclinações e desequilíbrio, quando a corrente leva a embarcação para os lugares rasos, as proas e popas são elevadas, como nas antigas caravelas, e o carregamento é coberto com esteiras ou couros, no meio da barca, deixando uma estreita passagem de cada lado. Acima de Paulo Afonso, o toldo é colocado, muito erroneamente, na popa, de modo que recebe todo o sopro de vento. Os moradores do curso inferior do rio preferem a cabine na proa[22], e reduzem suas dimensões. É feita em forma de túnel, parecendo com os barcos da costa da Guiné, e merece ser imitada pelos moradores do curso superior. A cabine de popa, com 2,5 metros de comprimento no mínimo, às vezes ocupa uma quarta parte da extensão da barca e é feita de pranchas resistentes e, nas embarcações mais pobres, coberta com folhas das palmeiras indaiá ou carnaúba, ou mesmo com capim; as extremidades da cobertura, prolonga-se dos dois lados, para proteção contra a chuva. O dono de barca mais rico adota uma denominação pomposa para sua barca, como *Baronesa de Minas*, e ostenta uma bandeira com uma *Santa Maria*, e portas e janelas de vidro. Sua cabine, que é também sua casa de comércio, é guarnecida de prateleiras para as mercadorias; ele se balança comodamente em uma rede e não faz as refeições em uma mesa sem toalha.

A tripulação de uma embarcação de tamanho médio é, aproximadamente, de dez homens, sendo os extremos seis e quatorze. O piloto fica sentado ou de pé junto do leme, na popa elevada. Os homens, vestidos de saiotes brancos e, às vezes de camisas esfarrapadas, com chapéus de couro ou de palha, trabalham pesadamente. Suas varas, de 7 metros de comprimento, são muito mais pesadas do que as do ajojo, e, como as lanças dos beduínos, seu manejo exige mão adestrada. Usam também enormes ramos, semelhantes aos ramos de galeras, que

---

22 O autor refere-se à canoa do baixo São Francisco (ver nota 16).

um homem puxa, enquanto outro empurra. Durante as cheias, podem fazer a embarcação avançar à média de duas léguas por dia, à custa, como dizem, de buracos em seus peitos e exposto a todos os insetos das praias; por isso, via de regra, só fazem uma viagem por ano, e, no começo das chuvas voltam para casa, onde cultivam a terra, para si mesmo ou para outros.

Fiquei surpreendido pela ausência de velas; elas só foram vistas em dois lugares, Pilão Arcado e Juazeiro, e, mesmo assim, eram limitadas a embarcações usadas para a travessia do rio. Dizem que o canal além de cheio de pedras, é muito tortuoso. Isso, contudo, está longe de ser verdade. Também receiam as ventanias (pés-de-vento ou redemoinhos), suscetíveis de provocar acidentes. A principal razão, sem dúvida, é a ignorância. No Baixo São Francisco, onde a brisa marítima de suleste sopra regularmente às 9 horas da manhã, todas as barcas sobem o rio utilizando vela e com a marcha de um vapor.

Todos os homens desta região são mais ou menos *anfíbios*; a canoa, como dizem, é o seu cavalo. O barqueiro de verdade é um tipo tão característico como o barqueiro dos velhos dias da Inglaterra; é também um homem que nasceu livre; poucos viajantes gostam de empregar escravos. Mais industriosos que os nossos marinheiros, como o africano, ele está inteiramente familiarizado com todas as pequenas atividades necessárias ao seu bem-estar; é capaz de construir sua casa ou seu abrigo e de fazer telha ou sua roupa – artes que, entre os civilizados, exigem a divisão do trabalho. Assim sendo, ele é, em geral, inferior aos de sua própria classe nas terras mais adiantadas, onde a sociedade dividiu-se em camadas mais estreitas. Aqui, como alhures, é surpreendente verificar como os homens quase não dizem palavrões. O mesmo se nota nos homens do interior da América do Norte, e os aborígines de ambos os países, sabe-se, jamais praguejavam, sendo *homem mau* o pior insulto. O barqueiro exemplar é sossegado, inteligente, razoavelmente forte, e muito respeitador do patrão, o proprietário ou possuidor da embarcação. Habitualmente evita beber em companhias de outros, receando as brigas que as bebedeiras acarretam. Os piores são os viciados incuráveis em cachaça e mulheres, no samba e pagode noturno, as orgias da terra. Minha última turma seria um bom exemplo dos maus elementos.

Todos são cabeçudos, um tipo de *autônomos*, que seguem seu próprio caminho e não gostam de ser dirigidos ou contrariados. Fui aconselhado a levar comigo bastante cachaça e fumo, para impedir que os homens desembarcassem diante de cada casa que vissem. Têm um apetite enorme, que vem, dizem eles, do balanço do barco. É provavelmente, uma herança dos índios; como se sabe, os selvagens sacrificavam tudo pelo alimento, e comiam com a voracidade de um jaguar. Embora soubessem que lhes fazia mal, os barqueiros, como os peruanos com a *chancaca*, deleitavam-se com a rapadura; vi um homem comer um quilo de rapadura de uma assentada. Têm, pelo leite fresco, o horror habitual dos portugueses e dos habitantes das regiões tropicais; por outro lado a forma azedada, aqui chamada coalhada, e no Industão, daí, é altamente apreciada; sem dúvida, é antibiliosa. O resto de sua dieta é jacuba, que foi mencionada, carne seca, melancia e feijão com toucinho. Quase todos fumam, poucos tomam rapé e pouquíssimos mascam fumo.

Uma característica do barqueiro é sua aptidão para a zombaria leve e a caçoada, o que repugna, em geral, ao brasileiro. "O senhor é muito caçoador" quer dizer "O senhor não é muito simpático." Têm também o hábito do hindu carregador de liteiras que, quando impertinente, improvisa canções acerca do patrão. A língua facilita a rima, mas o estrangeiro fica atônito diante da facilidade com que homens e mulheres, acocorados, respondem uns aos outros, em versos corretos, sem um momento de hesitação. Embora tenhamos tido um Pastor de Ettrick, muitos zombam das pastorais, onde os rústicos preferem a poesia à prosa. Deveriam ouvir o barqueiro do São Francisco cantando um desafio com sua *moça* e fazendo canções a respeito de tudo; mas os negros da África Central mostram cantando quando seu sofrimento é profundo e os botocudos sul-americanos demonstram a excitação cantando, em vez de falar. *Ils ne parlent plus; ils chantent* – diz o viajante.

Naturalmente o assunto dos cantos é quase sempre o amor. O barqueiro deleita-se em ouvir, *a largas goelas*, com a voz mais alta, versos assim:

Ontem vi uma dama
Por meu respeito chorar

Exalta, eternamente, a cor de canela destas regiões e é severo para as mulheres que se atrevem a enganar o desventurado tropeiro ou barqueiro:

> Mulher que engana tropeiro
> Merece couro dobrado.
> Coitadinho do tropeiro, coitado! (Coro)

Assim manda mariquinha pôr a panela no fogo:

> Bota o frango na panela
> Quando vejo a coisa boa
> Não posso deixar perder.
> Ô piloto! (Coro)

Algumas das canções ainda ressoam nos meus ouvidos, especialmente uma muito parecida com *Sam'All*. Quanto mais alto eles cantam, melhor para a viagem; parece que revivem com elas, como os burros com os cincerros da madrinha.

Durval Vieira de Aguiar, em suas *Descrições práticas da província da Bahia* (1888), cita pitorescamente as barcas, pelas quais não nutria grande admiração:

O 3º systema é o da legendaria barca, que entre canôas, paquetes e ajojos gosa por lá das honras e preferencias, que aqui entre nós, comparando mal, gosão os vapores em relação aos barcos de vela. Sinto faltar-me habilitação profissional para dar ao leitor uma idéia perfeita da construção e condições nauticas d'esse especimen ante diluviano. Entretanto para poder o leitor fazer uma idéia aproximada, comparo-o com a barca de Noé, tal como está litographada em qualquer compendio de historia sagrada, sem o accrescimo de nenhum melhoramento. Immergida de prôa, suspensa de pôpa parece ao longe um grande pato preto á nadar.
Vista de perto assemelha-se grosseiramente a uma das lanchas de nossa cabotagem maritima, porém sem mastros; tendo á ré alto e com-

Foto 25 – Aquidabam, com as varas de impulsão atravessadas na proa. Sua carranca é muito semelhante à da segunda barca da foto 18: Valdete. Ambas de autoria de Guarany. (MG)

prido camarote, comportas e janellas, e de um tamanho que absorve, pelo menos um terço da barca, em cujo camarote fazem armações internas para os generos, si, por ventura, a barca é de negocio; havendo algumas em que o camarote fórma como que uma grande arca quasi do comprimento da barca, afim de melhor abrigarem as fazendas.

Se, porém, a barca é de família, ou conduz pessoa grada, então da-se logo a conhecer pela bandeira á popa, pelo aceio da pintura, e pela uniformidade e aceio das tangas, e regularidade curiosa do movimento das varas.

Para satisfazer a nossa curiosidade penetremos no interior do camarote, onde por um simples olhar veremos que estamos em um mixto de quarto, – dispensa, – sala de jantar e praça d'armas, onde habitão tantas pessoas quantas rêdes estiverem armadas.

Em tudo isto o piloto representa um papel passivo de um occióso, calado e encostado á canna do leme, o qual, ia-me esquecendo de dizer, é de uma forma especial, pela muita largura e pouco comprimento, nunca passando da quilha da embarcação, que só o obedece depois de tomar algum impulso. Em uma occasião em que viajavamos de toa, á noite, em um paquete, só com grande esforço e a custa de muitas lèmadas, podemos conserval-o no canal, para impedir que o bixo andasse a valsar, ás quédas, e aos tombos pelo rio á baixo, em risco de ficarmos espetados em algum galho saliente das barrancas, ou irmos ao fundo, com algum choque, regalarmos o buxo das piranhas; tudo isso porque a tripulação dormia profundamente!

Assim, pois, não é difícil a escolha do melhor meio de transporte, porque incontestavelmente a barca é preferida para quem póde pagar as commodidades que ella offerece.

Uma vez, fretada simplesmente a barca por 1$500 ou 2$000 diarios, contratão-se os barqueiros a 1$000 e o piloto a 1$500 ou 2$000, visto que o preço depende da importancia do passageiro, dos seus recursos e urgencia da viagem, da qual se aproveitão para tirar o maior lucro, afim de compensarem-se do tempo occioso que gastão nos sambas e nas tavernas dos povoados.

Não obstante o salario, é preciso fornecer-se o rancho, que se compõe, em abundancia, de carne secca, feijão, toucinho, farinha e raspadura, a indispensável raspadura, sem a qual torna-se impossível a viagem. Por segurança também ninguem deixa de munir-se de algumas armas de fogo, com as quaes perfeitamente se ageita a tripulação. Essa precaução é indispensável, porque os senhores jagunços não raras vezes chamam as barcas á falla, e as revistão. Por esta rasão as barcas sempre navegão pela margem opposta áquella em que julgão os barqueiros haver agglomeração d'essa gente.

E, adiante, Aguiar descreve o almoço "que, para a nossa tripulação, consiste no bom feijão cosinhado durante a noite, permitam que encostemos para jacubar, sem o que nem mais um passo dão.

Como sempre, atracão a barca a uma corôa ou enseada; onde se fique abrigado do vento e dos frequentes desabamentos da barranca, o que constitue alli um dos maiores perigos.

Isto feito mune-se cada qual de enorme Cuia, que enche da agua do rio, com a precaução curiosa de afastar-se a da superfície, afim de tirar-se a debaixo por mais pura; depois adoção essa agua com muita raspadura raspada e carregão-lhe a mão na farinha: eis a jacuba com a qual se resfolegão os nossos barqueiros em uma quantidade capaz de acalmar-lhes a grande sêde e somma de fadiga das viagens. D'esse agradável regálo ninguem os priva, pois é uma das primeiras condições do contracto.

No principio da viagem o passageiro encara isso admirado, depois com algum interesse e no fim de alguns dias não despensa sua dóse de jacuba."

T. Selling Jr. em *A Bahia e seus veleiros*[23] descreve admiravelmente o sistema de propulsão das barcas: "Era interessante, para quem via, é claro, o passar de uma barca na zinga; três ou quatro varejistas em cada bordo iam pelas *coxias* arrastando n'água a extremidade inferior de seus varejões; chegando à proa, todos, a um só tempo, e ritmadamente como num bailado, levantavam-nos acima de suas cabeças, cruzavam-nos, batendo no alto, no correspondente do bordo contrário, descruzavam-nos e, mergulhando-os no rio, sempre em cadência, davam um primeiro impulso para firmá-los no leito do rio. Fincando a outra extremidade sobre o calo do peito, com o corpo completamente fora da barca, apoiados unicamente na ponta do varejão e nos pés, andavam pela *coxia* em direção à popa impelindo a pesada embarcação rio acima e contra a correnteza. Com o esforço e peso do corpo, o varejão vergava e, quando partia, o que acontecia algumas vezes, produ-

---

23 Op. cit., p. 95.

zia ferimentos graves no seu vareiro, quando suas lascas não o trespassavam, como se fosse lanceado. Então a barca contava menos um tripulante e seus companheiros explicavam depois: – a vara quebrou-se e antonce o remeiro estrepou-se na passage do Sobradinho. – Pagou com a vida a necessidade de ganhá-la. Quando a profundidade do rio não permitia o uso da vara e a correnteza o do remo, usavam uma espécie de croque, que chamavam de *gongo* e, pela margem, pegando as árvores e galhos, iam puxando a barca rio acima[24]. Cabeça abaixo, ou seja, descendo o rio empregavam remos, *descendo nas vogas*."[25]

E, adiante, diz Selling, comentando o desaparecimento das barcas, devido à fiscalização das Capitanias dos Portos em Juazeiro e Pirapora, no cumprimento das leis: "com elas desapareceu mais uma tradição e uma profissão dura, desumana e brutal. Não resta dúvida que o regulamento da Capitania tinha seu lado humanitário".

Oswaldo de Souza[26] observa que o remeiro "é apelidado de *burro d'água* pelos barranqueiros, expressão pejorativa criada pela antipatia que os habitantes ribeirinhos têm por eles, antipatia nascida dos gracejos e xingamentos que o remeiro lhes dirige quando passa, em viagem, pelas margens do rio". E descreve muito bem as qualidades vocais dos remeiros, conforme os trechos abaixo:

Há barcas que viajam com 8, 10 e 12 remeiros, divididos metade de cada lado. Todos cantam, e a distribuição de vozes é feita por um *regente*, dentre êles o que tenha mais musicalidade. A tripulação da barca em que desci o rio Corrente era composta de quatro remeiros. No começo estavam ariscos, mas depois de vários tragos de *januária*, de que haviam feito boa provisão, largaram a voz, e era um gosto ouví-los cantar. Na verdade, o conjunto era muito harmonioso. Cantavam a

---

24 Às vezes, a subida das barcas só era conseguida com o emprego de cordas que os remeiros puxavam pelas margens do rio. O sistema também é utilizado nos moliceiros da Ria d'Aveiro, em Portugal, onde esta corda ou cabo chama-se *sirga* (DIAS, Diamantino, *Moliceiros*, p. 9).
25 *Vogas* eram os remos, usados um em cada lado da barca.
26 O remeiro do rio São Francisco, in: *Arquivo do Instituto de Antropologia de Natal*, dez. 1964, pp. 116, 118-23.

quatro vozes, com sutileza e fantasia; o solista era seguido pelo coro polifônico, do qual se destacava uma voz muito alta, em desencontro com o resto do conjunto, como se fosse uma réplica, processo que tirava a monotonia das toadas quase sempre curtas e de melodia pouco variada. Os remeiros improvisavam contracantos com facilidade e virtuosismo, dentro de perfeita afinação e equilíbrio vocal.

São assim as toadas dos remeiros, de uma ternura comovente. É bonito ouvir-se o barulho compassado das remadas misturando-se com a voz saudosa dos remeiros. O silêncio do grande vale é quebrado pelas toadas plangentes, cada estrofe terminando por uma nota prolongada, cujo eco se repete pela imensidão da várzea.

Esse costume tradicional dos remeiros está desaparecendo. Hoje eles se acanham de cantar suas ingênuas melodias, principalmente quando se avizinham das cidades e povoações, porque os *modernos* caçoam deles...

É mais uma bela tradição brasileira que tende a desaparecer, como tantas outras, lamentavelmente.

Praticamente, tudo que se transcreveu acima se refere à navegação no médio São Francisco, que é o trecho que nos interessa analisar, pois só ali é que surgiu a *figura de barca*. No baixo São Francisco, utilizavam-se lanchas e sumacas; eram porém mais importantes as grandes e rápidas canoas, conforme se compreende pelo trecho abaixo, de Halfeld:

> Immediato abaixo do porto da cidade do Penedo se constroem canôas grandes, barcos, lanchas e sumacas, de soffriveis dimensões, porém as madeiras são buscadas fóra da comarca. A navegação é feita no rio por grandes canôas de 60 a 70 palmos de comprimento, e 8 a 10 palmos de largura, e de 4 a 5 palmos de altura, que para carga, sendo ella muita, são unidas, ou ajoujadas, duas ou mais. Uma coisa notavel é o commodo para os viajantes. A chamada *tolda* na prôa faz com que a lancha, ou canôa grande offereça a fórma de uma chinella ou tamanco. As velas são de grandes dimensões, duas para cada uma d'estas canôas, com as quaes só viajam com vento á pôpa rio acima. As virações ou ventos só cahem de 9 para 10 horas da manhã, e sopram com cada

Foto 26 – *Carranca da 2ª fase de Guarany trazida de Juazeiro pelo engenheiro Gastão Prati de Aguiar, junto com a carranca da foto 73, c. 1942, e adquiridas pelo autor, c. 1962.* (MG)

Foto 27 – *Barca de passagem de gado.* (TS)

vez mais crescida violencia até ás 11 e 12 horas da noite impulsando as embarcações com rapidez, como se fossem movidas por vapor, cortando a sua prôa com grande ruido as agoas contra a correnteza mais forte do rio em espumantes ondas jogadas a cada lado de suas bordas, até a alta noite, quando apparece a chamada *callada*, que põe tudo em silencio. Tambem usam de pôr a canôa á toa descendo pelo rio, trazendo um arbusto na pôpa, cujo pezo com a corrente das agoas a faz seguir em direcção do canal mais profundo. Os fretes são caros, regulando os pilotos e barqueiros 1$000 a 1$200 por dia, alem do bom tratamento, e as canôas $640 a 1$000 de aluguel diario, regulando conforme o logar e a necessidade.

Selling[27] julga que a canoa acima descrita é "um legado da ocupação holandesa, pois em suas linhas gerais assemelha-se à embarcação usada nos canais da Holanda, e sua bolina, com a forma de sola de sapato, e usada nos dois bordos, é característico das embarcações lá usadas... Eram fortes concorrentes dos vapores, com os quais podiam competir em velocidade e, não raro, vencê-los na corrida, e assim tomar parte ponderável da carga disponível".

As velas destas canoas são trapezoidais, como se pode ver na foto 28 e onde se percebe a bolina suspensa, presa no bordo da canoa, em seu centro, o que também se nota na foto 29. As bolinas serviam para que a canoa pudesse bordejar, quando se usavam velas, na descida; quando não, utilizavam-se somente remos. Pelas fotos acima e pela descrição de Halfeld, constata-se que as canoas do baixo São Francisco eram de construção e utilização semelhantes às das barcas, embora geralmente de menores dimensões. A diferença de denominação era local.

Retomemos a descrição das embarcações do médio São Francisco, apresentando outros tipos ali utilizados, embora de menor importância para este trabalho. Já vimos uma referência de Halfeld à *balsa*, que se assemelhava a uma grande jangada, e que era de pouco tráfego no

---

27 Op. cit., p. 98.

Foto 28 – *Canoa do baixo São Francisco, com velas trapezoidais e bolinas suspensas em ambos os bordos, no centro da embarcação.* (C)

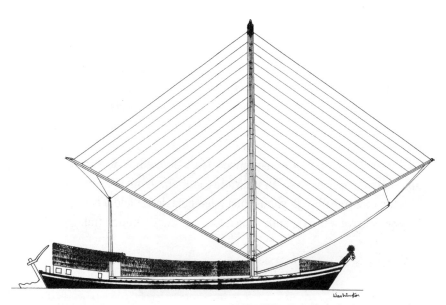

Fig. XVII – *Barca do médio São Francisco.* (TS-SD)

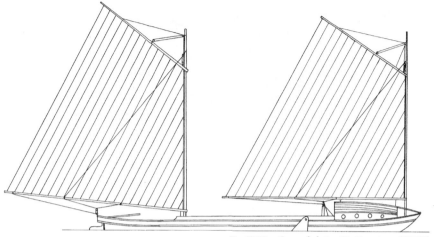

Fig. XVIII – Canoa do baixo São Francisco. (TS-SD)

Foto 29 – Canoa do baixo São Francisco com coberta na proa. (W)

Foto 30 – À esquerda da barca, cuja carranca se pode melhor apreciar na foto 42, vemos dois batelões. (MG)

São Francisco, sendo mais encontrada no rio Preto. Outras embarcações no médio São Francisco eram o *paquete* e o *batelão*.

O paquete era construído tendo como fundo uma peça inteira, escavada em tronco de árvore, sendo os costados constituídos por tábuas seguras pelas costaneiras. Quanto às dimensões, tinha de 0,60 a 1,20 m de largura por 5 a 12 m de comprimento. Era muito usado para a travessia de pessoas e pequenas cargas, entre Juazeiro e Petrolina, onde empregavam velas. Em pesquisa realizada, em 1959, em Januária, Joaquim Ribeiro[28] cita que os meios populares de transporte e de pesca eram a canoa e o paquete. No primeiro plano da foto 114, vê-se um paquete com a vela recolhida.

O batelão era de construção análoga à da barca, sendo de menores dimensões, só tendo cobertura ao centro, e apresentando a roda-de-proa menos alçada. Na foto 30, vemos, à esquerda, dois batelões.

---

28 *Folclore de Januária*, pp. 36-47.

Quanto ao batelão, diz Selling que "são vários os tipos de embarcação sob esta denominação, indo da barca média, sem coberta, à canoa grande ou rachada ao meio e tendo intercalada uma ou mais tábuas, fixas por cavernas. Acima de Juazeiro, são chamadas também de paquetes". Como vemos, havia grande variação na denominação de embarcações do São Francisco, conforme o local. Disseram-me, por exemplo, que, em Juazeiro, o que não era *barca*, era *paquete* ou *paquetinho*, incluindo-se nesta classe as pequenas canoas.

Outro tipo de barca era a de passagem de gado (foto 27), que tinha o porão cercado por grades, para impedir que os animais caíssem no rio. Nela não se usava vela nem carranca.

BARCAS – ORIGEM E NÚMERO

Como as figuras de proa só foram praticamente usadas nas barcas do médio São Francisco, deter-me-ei ainda na descrição deste tipo de embarcação, procurando desvendar quando surgiram e quantas devem ter sido construídas na citada região.

Burton, em 1869, escreveu que a barca só foi introduzida "nos últimos quarenta anos"[29], logo após a Independência, o que concorda com as opiniões de Vítor Figueira de Freitas, de James Wells[30] e de Edilberto Trigueiros. Este último diz que a primeira barca no baixo São Francisco foi construída em Penedo, após a Independência; o modelo foi levado para o curso médio do rio, onde, pela falta de estaleiros aparelhados, a estrutura das barcas ficou tosca e pesada. "Acrescentaram-lhe, porém, um esdrúxulo ornamento que não existia no símile do baixo São Francisco – a figura de proa."[31]

Já segundo Paranhos Montenegro[32], as barcas do médio São Francisco surgiram em fins do século XVIII, tendo a primeira delas, a *San-*

---
29 Op. cit.
30 *3.000 Miles Through Brasil*, 1886.
31 TRIGUEIROS, E., *A língua e o folclore da bacia do São Francisco*.
32 Op. cit., p. 134 (conservei neste parágrafo, para os nomes próprios, a grafia original do autor).

ta *Maria I*, pertencido a João Maurício da Costa e a seu irmão José de Matos, de Sento Sé. Depois foi construída a barca *Claro Dia*, pertencente a Antônio de Souza e Mendonça da Cunha. A terceira barca foi a *São José*, de José Lopes, da fazenda Jequitiaia, de Sento Sé[33]. No princípio do século XIX, foram construídas as barcas: *Conceição de Maria*, de D. Anna Michaella (Pilão Arcado); *Santa Bárbara*, de José Mariani (Barra do Rio Grande); *Santo Antônio de Valença*, de D. Anna do Patrocínio (Barro Alto), construídas por Francisco Longuinhos; *Bambuhy*, de Estêvão Pereira (Xiquexique); *Lampadosa*, de Manoel Aniceto (Passagem); *Fumaça*, dos Guerreiros (Pilão Arcado); *Mussungu*, do português Luís Antônio, que era a maior, e muitas outras[34].

De fato, a opinião de Montenegro quanto à origem das barcas datar de fins do século XVIII é a mais verossímil, pois, segundo Spix e Martius, que viajaram na região, entre 1817 e 1820, "a navegação no São Francisco faz-se, ora em simples barcaças, ora em ajoujos"[35]. Obviamente, o que o tradutor denominou *barcaça* só podia ser o tipo de embarcação denominada *barca* no médio São Francisco.

Note-se que em documentos anteriores há referências[36] a barcas em rios do Nordeste, não se podendo contudo afirmar que fossem do

---

33 José Casais cita que as primeiras barcas do São Francisco foram a *Santa Maria* e *São José*, pertencentes, respectivamente, a João Maurício da Costa e José López (El rio San Francisco. *Revista Geográfica Americana*, n.º 95, p. 86).

34 É curioso notar que os nomes de santos predominam nas primeiras barcas, enquanto os de origem geográfica são mais freqüentes nas deste século. Nas fotos deste estudo constam os seguintes nomes de barcas: *Zolega, Paraíba, Itú, Minas Geraes, Aquidabam, Itabajara, Itajubá, Bahia, Capixaba, Nova York, Almirante, Gentilesa, Italia*. Outras barcas que portavam carrancas: *Aracati, Paracatu, Ramalho, Barcelona, Mississipe, Dardanelos, Venezuela, Cotegipe, Amaralina, Gonçalves, Javaly, Luzitânia, Rio de Janeiro, Paracambi, Manaus, Guaraciaba, Oliveira, Petrolina, Humaitá, Fraternidade, Januária, Baleia, Babilônia, São Salvador, Turiaçu, Andes, Indiana, Campo Novo, Rainha do Rio, Marajoara* e *Rizonha*.

35 SPIX e MARTIUS, *Viagem pelo Brasil*, p. 400.

36 Em *Memórias históricas da província de Pernambuco*, José Bernardes Fernandes Gama (1884), na p. 282 do tomo I, conta que "Mathias d'Albuquerque fez entrar (1634 a 1635) no rio dos Algodoaes tres *barcas* carregadas de viveres sob a direcção do Alferes Diogo Rodrigues, o qual sahindo do porto ao pôr do sol, chegou incolume á meia noite, passando debaixo do alcance da artilharia hollandeza, e assim poude salvar da penuria a guarnição da fortaleza de Nazareth". Em *Documentos para a história do açúcar* (2.º v., p. 295), referindo-se às contas de 1643 do engenho de Nossa Senhora da Purificação, em Sergipe, citam-se os seguintes pagamentos:

"It. Por hũa canoa q̃ se comprou p.ª seruico do emg.º a g.lº Rebello 14v
It. Por hũa Barca que comprei a fran.co Botelho p.ª este emg.º 230v

mesmo tipo das que nos ocupamos aqui, pois sempre houve variedade na denominação local de embarcações, bastando comparar as barcas do rio São Francisco com as barcas a vapor da antiga Companhia Cantareira e Viação Fluminense, que faziam a travessia Rio–Niterói.

* * *

O coronel Ignácio Accioli de Cerqueira e Silva, em sua *Informação ou descrição topográfica e política do rio São Francisco*, editada em 1847, confessando "seu estado sobremaneira valetudinário", diz que, no tempo de sua estada naquele rio, havia cinqüenta e quatro barcas, desde Juazeiro até a barra do rio das Velhas, e que "as grandes canoas para ajoujo eram em grande número e infinitas as de menor porte".

Segundo T. Paranhos Montenegro[37], em 1875 se podia calcular em mais de duzentas o número de barcas que navegavam no São Francisco e seus afluentes.

O primeiro navio a vapor que sulcou o rio, em 1871, foi o *Saldanha Marinho*, construído em Sabará, pelo governo de Minas Gerais. Em seguida, em 1872, foi lançado, em Juazeiro, o *Presidente Dantas*, iniciativa do governo da Bahia. Desde então, se vem desenvolvendo a navegação a vapor.

É interessante ouvir Burton[38] a respeito dos primórdios da navegação no São Francisco, onde viajou em 1867. O engenheiro Henrique Dumont, a que ele alude, foi o pai de Alberto Santos Dumont.

A navegação a vapor do Rio das Velhas esta na iminência de ser iniciada. A 25 de junho de 1867, o Presidente de Minas Gerais, Conselheiro Joaquim Saldanha Marinho, firmou um contrato com o Enge-

---

It. por hũ Barquo de cuberta p.ª este emg.º e fazer viagem aos Ylheos 170v
It. por 7 dusias e 7 taboas de buraem para os fundos das Barcas com o mais q nelas se ouue mister a 7500 e a 8v rs duzia 57v260
It. Por 2 duzias de taboas de potomugu p.ª os altos das barquas . . . . 8v"
(lv = 1.000 réis = 0,10 centavos de cruzeiros).

37 Op. cit.
38 Op. cit., pp. 187-8.

Foto 31 – "O barqueiro era um comerciante ambulante..." Talvez as cabeças de cavalo recordassem as tropas do sertão, cujas madrinhas, muito enfeitadas, levavam um pequeno espanador. Nas carrancas ele tinha também a função de espantar o mau-olhado. Com a mesma finalidade usavam um pé de cróton pendurado no teto da cabine de comando. Isso ainda vi em 1977, em embarcação da Companhia de Navegação do São Francisco. (MG)

nheiro Henrique Dumont, pelo qual o Governo Provincial se compromete a pagar, até 30 de junho de 1867, a importância de 4.000$000 (£400); até 15 de julho, 33:000$000 (£3.300); 19:000$000 (£1.900), quando um rebocador a vapor de 25 H.P. no mínimo chegar ao Rio de Janeiro e o restante de um total de 75:500$000 (£7.550), depois da viagem inaugural e satisfatória da embarcação. A contar de 25 de junho de 1869, o engenheiro terá 10 anos para usar o vapor, depois do que o barco será entregue, em boas condições, ao governo provincial. Este último também assumiu a responsabilidade de solicitar a entrada, com isenção de impostos, de todos os artigos importados, tais como vapor, barcos, ferramentas e maquinaria, necessárias para limpeza do canal, ou, no caso de não conseguir tal isenção, assumir ele próprio a responsabilidade pelo pagamento de tais impostos. As desobstruções do leito terão de ser executadas de acordo com as estimativas de Liais, informando-se que uma importância correspondente a £160.000 seria destinada à execução dos trabalhos, imediatamente.

Dumont, por outro lado, comprometeu-se, sob pena de multa, a colocar, a partir de dois anos da data da assinatura do contrato, um rebocador a vapor em Sabará. O barco terá de fazer duas viagens por mês, de ida e volta (viagens redondas) na parte do rio em que a desobstrução do canal permitir, na média de dez léguas por dia. A passagem custará 1$000 por légua e o frete das mercadorias será de 0$100 por arroba, ao passo que os funcionários públicos só pagarão a alimentação. O concessionário obriga-se a manter o vapor em boas condições e será responsável por acidentes pessoais e perdas de mercadorias (exceto por motivos de força maior) até que a linha passe à propriedade do Governo Provincial. O rio será reformado entre Sabará e Jaguará, de acordo com os planos de M. Liais, e será tornado navegável, se a situação do erário público permitir, até a sua confluência com o São Francisco.

Dumont não perdeu tempo. Em março de 1868, trouxe, de Bordéus para o Rio de Janeiro, as seções do *Conselheiro Saldanha* e do *Monsenhor Augusto*. Os vapores são, respectivamente, de 40 e 24 H.P. e sua velocidade será de 8 milhas por horas, com um calado de 25 centímetros. No começo do próximo ano, deverão entrar em serviço no Rio das Velhas. Já me referi ao *horse boat*, com planos inclináveis que impulsionam rodas de pás, e espera que esse melhoramento acompanhe sem demora o aparecimento dos vapores.

Já em 1865, sua excelência, o Conselheiro Manuel Pinto de Souza Dantas, então Presidente da Província da Bahia, resolveu colocar um vapor no Rio São Francisco. O pequeno *Dantas*, de 30 por 5 metros e cerca de 94 toneladas, foi construído por Hayden, nos Estaleiros de Ponta de Areia em frente ao Rio de Janeiro. As chapas e o motor foram divididas em peças numeradas e mandadas com um modelo e desenhos pormenorizados, a Juazeiro, por terra. A estrada, contudo, era imprópria para veículos de rodas, mesmo para carro de boi; dos 346 bois utilizados, 60 morreram em curtíssimo intervalo de tempo e o mesmo aconteceu com os cavalos. É lamentável que a ótima madeira do Rio São Francisco tenha sido preterida pelas chapas de aço, e que os ciúmes regionais, sobre os quais terei mais a dizer, tenham atrasado a execução de um grande projeto.

Em 1937, Carlos Lacerda cita que trafegavam no rio vinte e cinco navios de quatro companhias, algumas centenas de barcas e balsas e inúmeras canoas e paquetes. Julga que, além do frete em navios a vapor ser excessivamente caro, "nem tudo no São Francisco pode ir de vapor"[39]. O sal, por exemplo, não poderia viajar nos navios de ferro, porque o sal corrói, mesmo se seu frete fosse condizente com o modesto preço da mercadoria.

A navegação a vapor, embora não tenha constituído uma concorrência muito forte às barcas, obviamente fez com que seu número não crescesse proporcionalmente ao desenvolvimento do Vale. O progresso tecnológico, a propulsão a vapor e o motor a explosão teriam que ditar a morte das barcas, mais cedo ou mais tarde. Conforme já vaticinava Durval Vieira de Aguiar, em 1888, descrevendo as barcas, "as quaes terão de desaparecer, porque sua má construcção não permite andar à vela, nem supportar o reboque".

Agenor Miranda[40] diz que em 1924 havia trinta e cinco barcas só para o transporte de rapadura de Lapa para Juazeiro, donde concluímos que, em todo o médio São Francisco e seus afluentes, o número de barcas devia ultrapassar amplamente uma centena.

Moraes Rego[41] cita que em 1936 era intenso o tráfego de barcas que transportavam a maior parte dos produtos de exportação. Havendo à época vinte e cinco navios, o número de barcas devia ultrapassar ainda uma centena.

Na opinião de Jorge Zarur[42], "os vapores e os regulamentos da Capitania do Porto diminuíram a importância dos barcos menores, que antes eram o único meio de navegar no Vale". Informa ainda que, dos

---

39 *Desafio e promessa, o rio São Francisco.*
40 *O rio São Francisco.*
41 Op. cit.
42 *A bacia do médio São Francisco*, p. 125.

Foto 32 – A cabeça da Itu provavelmente é de Guarany. (MG)

barcos menores, "o maior deles é a pitoresca barca, com uma figura esculpida na proa".

Segundo Geraldo Rocha[43], as barcas vinham vencendo a concorrência de navios a vapor, como os do tipo *Yarrow*, da Empresa de Navegação do São Francisco, que chegavam a arquear sessenta e seis toneladas, pois estes tinham grande dificuldade de navegação, sujeitos a naufrágios nas corredeiras e a encalhes, devido à constante diminuição de profundidade do rio. Isto era provocado pelo desbarrancamento das margens, desprotegidas pelo abate de árvores para fornecer lenha aos vapores e pelo contínuo desaparecimento dos travessões interceptantes.

Conforme ainda G. Rocha, o declínio das barcas começou com a instalação de dependências da Capitania dos Portos em Juazeiro e Pirapora, que passaram a fazer cumprir regulamentos ali então ignora-

---

43 Op. cit.

dos pelos proprietários de barcas. Em Juazeiro foi criada uma Agência em 1919, elevada a Delegacia em 1922; em Pirapora, uma Capitania de 3ª classe foi instalada em 1926. "Pretenderam regulamentar a profissão de remeiros e o serviço de barcas, e tal atividade desaparece do grande rio... O barqueiro era um comerciante ambulante que subia de porto em porto vendendo sal ou tecidos de importação, e descia em sentido inverso, mercadejando gêneros de produção local. Assim, uma barca passava às vezes seis meses para ir de Joazeiro a Barreiras e regressar. Permanecia um mês ou mais em frente a uma engenhoca aguardando que se ultimasse a safra de rapadura. Os remeiros, porém, são hoje matriculados, e o capitão do porto em Joazeiro exige que uma viagem redonda se faça no máximo em três meses, bem como não permite que o barqueiro permaneça em um porto retalhando a sua carga. A barca perdeu assim seu papel de casa comercial ambulante, que vai de fazenda em fazenda comprando couros e peles, plumas de aves ou sobras de pequenas lavouras, para ser apenas um veículo de transporte a longas distâncias. Como, porém, tais embarcações são demasiado pesadas e rudimentares, os processos de navegação e o determinismo econômico se opõem à existência das barcas, e este tradicional meio de transporte se retrai da circulação. Informações últimas orçam em menos de 50 o número de barcas que trafegam no rio São Francisco."[44]

Esta estimativa está aproximadamente de acordo com o que observou Marcel Gautherot que, em 1943, tendo viajado de Pirapora a Juazeiro, viu cerca de meia centena de barcas.

O Regulamento do Tráfego Marítimo, baixado por decreto em 1940, com 651 artigos e milhares de parágrafos e itens, com pesadas multas para infrações, veio trazer grandes restrições às operações das barcas, inclusive porque estabelecia que o pessoal devia trabalhar em quartos, de modo que, enquanto uma turma trabalhava, outra folgava. Grande dificuldade foi também o Decreto-Lei nº 5452, de 1943, sobre a Consolidação das Leis do Trabalho, que instituiu novas normas so-

---
44 ROCHA, Geraldo, op. cit., 1941.

bre a jornada de trabalho, sobre períodos de descanso, bem como sobre o trabalho marítimo. A aplicação da legislação trabalhista acarretou inclusive o pagamento de salário por diária e não por viagem, como antigamente, tornando extremamente onerosa a operação das pesadas barcas. Começaram então a ser adotadas as grandes canoas, provindas do baixo São Francisco. Mais leves, velejavam com vento de qualquer quadrante e com ótima velocidade (fotos 28 e 29). Sua tripulação habitualmente era de dois ou três homens, em vez dos cinco a quinze de uma barca.

Este tipo de embarcação, chamado no baixo São Francisco de *canoa*, e no trecho médio do rio de *canoa sergipana* ou *sergipana*, foi aí introduzido por Manuel Vieira da Rocha (foto 33), que tinha indústrias de beneficiamento de algodão e de arroz em Propriá, cidade sergipana às margens do baixo São Francisco. Cerca de 1944, Manuel Rocha mudou-se para Juazeiro, a fim de comerciar no trecho médio do São Francisco, onde imperavam as pesadas barcas, antieconômicas, especialmente após a citada Consolidação das Leis do Trabalho de 1943. Rocha contratou mestres de construção das canoas do baixo São Fran-

Foto 33 – *Manuel Rocha, que introduziu no médio São Francisco a* canoa sergipana *(1944)*. (C)

Foto 34 – Carranca da 2ª fase de Guarany. (MG)

Foto 35 – Carranca da 2ª fase de Guarany, da barca Anhangá, pertencente ao Instituto Nacional do Folclore. (MG)

cisco, levando-os a Santa Maria da Vitória, onde a primeira embarcação desse tipo foi lançada ao rio, em 1944. Recebeu o nome de *Sergipana*, denominação que depois se generalizou.

Diz Cícero Simões dos Reis, genro de Rocha, que este se recusou a utilizar uma carranca na proa da *Sergipana*, desprezando os conselhos supersticiosos dos que vaticinavam que sua canoa poderia afundar na primeira curva do rio.

A *Sergipana* desceu de Santa Maria a Juazeiro em três ou quatro dias, e ali foi batizada em 5/1/1945. Era rasa, de fundo liso e com bolina, para poder bordejar, usando sempre dois traquetes, que permitiam velejar com qualquer vento. Embora tivessem as canoas, em média, metade da capacidade de carga das barcas, pois tinham menor boca, faziam o mesmo percurso em 1/4 do tempo, devido à proa e popa afiladas e à sua leveza, pois o madeirame tinha cerca de metade da espessura em relação ao das pesadas barcas.

Foram um sucesso. Estava próximo o fim das velhas barcas, chamadas pejorativamente de *emas* pelos sergipanos.

A segunda canoa construída por M. Rocha foi a *Aragipe* (contração de Aracaju e Sergipe), que recebeu um motor auxiliar de quarenta cavalos. Em seguida, Rocha construiu a *10 de Setembro*, data do seu nascimento. Faleceu pouco após o renovador da navegação do médio São Francisco que, tendo desafiado o prestígio das carrancas, cooperou indiretamente para seu desaparecimento, pois, a partir de então, só se construíram no médio São Francisco canoas *sergipanas* a vela e, a partir de 1950, a motor, e nenhuma com carranca.

Seguindo o exemplo de Rocha, os barqueiros sergipanos emigraram para o médio São Francisco levando suas canoas, para as quais escasseava trabalho no trecho baixo do rio, que começava a ser rasgado por estradas. Na foto 36, vemos a barca[45] *Iracema*, de Aracaju, com aproximadamente 18 m de comprimento por 2,20 m de boca, de propriedade de Cícero dos Reis que, em 1950, transportou-a em cami-

---

45 Embarcação de mar, semelhante à *canoa* do baixo São Francisco.

Foto 36 – Transporte de embarcação do baixo para o médio São Francisco. (C)

nhão até Juazeiro. Diz ele que em alguns lugarejos o povo caía de joelhos ao ver passar a *Arca de Noé*...

A introdução dessas canoas acelerou o desaparecimento das barcas, o que se consumou praticamente na década seguinte, quando essas pesadas embarcações foram reformadas e aliviadas de sua superestrutura (cobertura, carrancas etc.) para diminuírem de peso, podendo adotar motor a explosão ou ser rebocadas por navios e barcos motorizados. Aliás, à mesma época, até as rápidas canoas *sergipanas* começaram a abandonar as velas por motores a explosão, como foi dito atrás.

Um exemplo das transformações sofridas pelas barcas: a grande *Mississipi* foi reformada, reduzida em suas dimensões, e rebatizada como *São José*. Outra reforma posterior metamorfoseou-a num pontão para travessia de caminhões, movido a motor de explosão[46].

Atualmente, o transporte de grandes cargas no São Francisco, sob responsabilidade da Companhia de Navegação do São Francisco, se faz sobretudo por modernos *comboios de empurra*, que consistem em

---

46 Informação de Cícero Soares da Silva, filho de Agostinho *paqueteiro*, proprietário da *Mississipi* em 1943-44.

um conjunto de chatas, sem propulsão nem leme, empurrado e dirigido por um possante rebocador tipo *empurrador*. A Companhia operou, em 1973, com quatro desses empurradores, todos apresentando na antepara de vante da ponte de comando uma carranca, como homenagem às velhas tradições[47]. Dessas carrancas, feitas recentemente, duas são de autoria de Francisco Guarany e outras foram esculpidas por um marceneiro da Companhia, Davi Miranda, imitando as antigas.

Atualmente são essas esculturas praticamente as únicas que ainda se podem ver no velho São Francisco que paga, pela eficiência atual, a perda das pitorescas barcas com suas impressionantes figuras de proa. Contudo, me foi citado ter sido vista, em 1973, ao longo de todo o médio São Francisco, somente uma embarcação popular com carranca nova à proa. Algumas outras surgiram, mas creio que não atingem uma dezena. Infelizmente, as carrancas passaram. Estão irremediavelmente sepultadas como manifestação coletiva. Conforme remarca Cecília Meireles: "não se pode, por outro lado, impor a um povo formas de arte já vividas por ele mesmo, se elas não foram sustentadas por sua sensibilidade. Não se pode reatar uma tradição interrompida... E repeti-los seria fazer perdurar um texto ininteligível, mal copiado, sem nenhuma eficácia. Letra disforme e espírito perdido"[48].

REMEIROS – SUAS SUPERSTIÇÕES

Abordarei ainda os tripulantes das barcas do São Francisco e sua mentalidade, para que melhor se compreenda a interpretação que muitos deles, como a população ribeirinha a que pertenciam, deram às figuras de barca.

---

47 Esses *empurradores* foram construídos na Ilha do Fogo, em frente a Juazeiro, e começaram a navegar a partir de 1964. Cada um desloca cerca de 250 toneladas, e empurra um conjunto de quatro *chatas*, que totalizam até mil toneladas. A Companhia operou ainda, em 1973, com cinco *gaiolas* e duas modernas *lanchas* para passageiros, estas últimas construídas também nos estaleiros da Ilha do Fogo.
48 *As artes plásticas no Brasil*, p. 115.

Embora se possa compreender na denominação de barqueiros todos os que trabalhavam na barca (como faz Halfeld), a rigor, barqueiro era o proprietário, ou seu preposto que, em alguns pontos, era chamado de encarregado. Piloto ou timoneiro era o responsável pelo leme, que acionava de pé, sobre uma plataforma, acima da cobertura da popa. Esta servia de camarote ao barqueiro e sua família. Remeiros, ou vareiros, eram os tripulantes que manejavam a vara na subida do rio, e os remos, na descida, pois, como foi dito, no médio São Francisco, raramente as barcas navegavam a vela.

O trabalho desses homens era dos mais árduos, pois, desnudos ao sol, vento ou chuva, impulsionavam, cerca de 30 km por dia, uma carga de dez a quarenta toneladas, freqüentemente entre escolhos e corredeiras. Isto exigia uma atenção e esforço redobrados para impedir encalhes, que eram freqüentes, obrigando os embarcadiços a se lançarem ao rio para empurrar a barca nos ombros, muitas vezes após descarregá-la, para facilitar sua flutuação.

Carlos Lacerda diz que "fincam as varas no fundo do rio, apoiam-nas no peito, e andam ao longo do rebordo da embarcação, em monótono compasso"[49]. O cabo da vara, no fim de pouco tempo, provocava no peito uma ferida, cuja terapêutica era toucinho quente, até que se formasse o calo, marca do remeiro veterano. Orlando Carvalho observa que "às vezes, como eu vi, o calo se racha e a gente enxerga em baixo a carne viva latejando"[50]. Para tão árduo trabalho, a paga era ínfima; em 1936, Orlando Carvalho verificou que um remeiro, por viagem de sessenta dias entre Juazeiro e Pirapora, ganhava cerca de 100$000 (correspondentes, em 31/9/1980, a Cr$ 2.000,00) sendo ainda a alimentação fornecida pelo dono da barca.

Nessas condições, compreende-se que "o remeiro é uma singular personagem surgida do cruzamento entre si dos elementos mais humildes, já afeitos à vida profissional nas águas dos grandes rios, ou en-

---
49 Op. cit., p. 135.
50 Op. cit.

tão de agricultores das vazantes, agregados e camaradas das fazendas de plantação"[51]. A humilde condição social era recompensada no trabalho másculo com que se enobrecia. "Comparado ao labor dos tripulantes das embarcações do São Francisco, os decantados serviços dos barqueiros do Volga perdem a importância como esforço."[52] As condições de vida no São Francisco ainda são penosas. "O desconforto é uma herança no Vale (...). Até hoje ainda há muitos fazendeiros, mais ou menos ricos, descendentes das velhas famílias dos povoadores, que vivem uma existência miserável, dormindo em camas de couro."[53] Em 1959, Joaquim Ribeiro[54] observava que, em Januária, "a vida material, no seu aspecto popular, é quase primitiva, desde a habitação aos instrumentos e utensílios de trabalho, quase todos fabricados no local".

Talvez por isso os remeiros não sentiam tanto sua desdita, pois enfrentavam seu trabalho com otimismo. De gênio folgazão, quando a barca parava nas cidades ribeirinhas, compensavam os sacrifícios sentindo sua importância de viajantes em contato com as cidades maiores, veículo das novidades e das novas modinhas que dedilhavam ao violão, nos bordéis, onde eram recebidos com alvoroço.

Em viagem, cantavam freqüentemente para compassar seu trabalho como também, após o jantar, no barranco onde aportavam para pernoitar, pois nunca viajavam à noite. Amavam a barca onde viviam. No romance *Carnaubal*, de Demósthenes Guanaes Pereira, filho da região, há a seguinte toada por ele recolhida e posta na boca de um remeiro, personagem do romance, que canta à viola:

Qui é qui tem *casa vremeia*
Qui é qui tem qui tá chorano
Qui é qui tem *casa vremeia*
Qui é qui tem nu coração

---

51 Barqueiros do São Francisco, *Revista Brasileira de Geografia*, n° 4, ano V, 1943.
52 ROCHA, G., op. cit.
53 LINS, Wilson, *O médio São Francisco*, 1960.
54 Op. cit., p. 19.

Foto 37 – *Carranca recolhida no São Francisco por Othon Leonardos e pertencente à sua viúva.* (PP)

Foto 38 – *Carranca de Guarany pertencente ao Museu da Inconfidência, de Ouro Preto.* (MI)

Ao que ele mesmo respondia pela barca:

O meu dono mi vendeu
Cum toda carregação
Ê... Ê...
Lê – lê diá
Ê – êêê...

A toada refere-se à *"Casa Vermelha*, a barca mais bonita e perfeita do tempo, pois desfrutava o luxo de possuir camarote", como diz o autor, em 1942, quando escreveu o romance. Esta barca, já com o nome de *Minas Geraes*, aparece nas fotos 56 e 57.

Do primitivismo das condições de vida, concluímos que a superstição tinha um campo de ação fertilíssimo. A ingenuidade dos rudes remeiros buscava uma explicação sobrenatural para tudo que os atemorizava, especialmente os perigos do rio: encalhes, naufrágios, afogamentos etc.

É Wilson Lins[55] quem nos diz que nas noites de conversa, após o jantar, isolados em um barranco, contavam histórias de assombração e

---

55 Op. cit.

Foto 39 – *Representação amazônica do Caboclo-d'Água, com caracteres zooantropomorfos.* (SD)

encantamento. "Religiosos e cheios de temores pelo desconhecido: se é remeiro, o seu remo quase sempre tem uma cruz ou símbolo de Salomão desenhados na pá." E acrescenta que a crendice é muito forte, mas as assombrações locais não têm os requintes de perversidade das de outras regiões do país. "Dos mitos aquáticos do vale, o Caboclo-d'Água e a Mãe-d'Água são os mais conhecidos." Mas ainda há o Minhocão (ou Surubim-Rei). Estes três "enchem de leves pavores noturnos a gente da beira do rio (...)".

Burton[56] cita os seguintes personagens mitológicos do São Francisco: Duende ou Goiajara, Lobisomem, Anhangá, Angaí, Alma, Esqueleto, Galo Preto, Capetinha, Cavalo-d'Água, Cachorrinha-d'Água, Mãe-d'Água, e o clássico Minhocão. Vejamos, na íntegra, o trecho em que Burton[57] aborda o assunto: "As superstições dos barqueiros são tão nu-

---
56 Op. cit., p. 174.
57 Op. cit., pp. 174-5.

merosas quanto as suas canções. Acreditam firmemente no Duende ou Goiajara, mágico e feiticeiro, no Lobisomem de Portugal, no Angaí ou Anhangá, nas almas, na aparição do Esqueleto, no Galo Preto em que se transformou um mau padre, no Capetinha. Contam casos curiosos a respeito do *Cavalo-d'Água* e outros animais fabulosos. Aquela besta é do tamanho de um poldro, com cascos redondos, pêlo vermelho e gosta de pastar nas margens dos rios. O Menino afirma que já o viu em um poção abaixo da Cachoeira dos Gerais, no Rio das Velhas, e que um moço atirou nele. Talvez seja o manatim, tão conhecido nas águas do Amazonas, mas não creio que o peixe-boi (*Manatus amazonicus*) seja encontrado aqui. O Cachorrinho-d'Água tem pêlo branco e uma estrela cor de ouro na testa; quem o avistar terá o dom da fortuna. O Minhocão, que corresponde à Midgard, à grande Serpente do Mar, à Dabbat-el-Arz dos árabes, representa um papel tão importante quanto o dragão da China. Tem 40 metros de comprimento por 70 centímetros de diâmetro, a forma de barril, sem escamas, cor de bronze e uma boca pequena e bigoduda. É um *Verme de Wantley*, no que diz respeito à antropofagia. St. Hil. (III, ii.133) ouviu falar a seu respeito na Lagoa Feia de Goiás. A princípio, ele acreditava tratar-se do *Gymnotus carapa*, um gigantesco lepidosirenídeo, pois. O Coronel Accioli (p. 8) afirma que se trata de um monstro extinto. Castelnau (ii. 53) fala a seu respeito no Araguaia. Tinha de 30 a 40 metros de comprimento e sua voz terrível ressoava por muitas léguas. Halfeld (*Relatório, 119*) conta que seus homens tomaram um tronco pelo Minhocão, que considera fabuloso. Mais abaixo iríamos passar em uma parte da margem do rio estragada pelo Minhocão e muitos homens instruídos ainda não têm opinião formada sobre o assunto. Essa superstição é, evidentemente, de origem indígena.

Todas essas lendas têm um traço de tupi, selvagem grotesco, que se enfeitava espalhando sobre o corpo untado a plumagem de aves vistosas, que inventou o sistema de *alcatrão e penas*, aplicando-o a si mesmo; 'experimentum in corpore vili'. Clássica, no entanto e digna de ombrear com as histórias de fadas do mar, é a da Mãe-d'Água, um espírito, uma náiade, uma sereia, que aspira tornar-se uma matrona do mar, e que habita o fundo dos rios brasileiros. De formas perfeitas, desdenhando de todo a cauda de peixe e vestida apenas pelos fios dourados da cabeleira, é também uma sereia. Seus olhos exercem uma fascinação irresistível e ninguém consegue livrar-se da atração de sua voz. Gosta de rapazinhos, como acontece com seu sexo quando atinge certa idade, e seduz os barqueiros bonitos. Ao contrário das intratáveis Ondinas e Melusinas da Europa, quando propõe uma troca, despede-se dos amantes oferecendo-lhes grandes riquezas.

O poeta Gonçalves Dias tornou-a uma fada malévola, uma Lorelei, cujo objetivo consistia em afogar os jovens; isso, porém, não a privou de seus encantos.

Olha a bela criatura
Que dentro d'água se vê."

Joaquim Ribeiro[58], em 1959, observou as seguintes entidades que freqüentavam as águas do São Francisco, em Januária, pelo menos: Caboclo-d'Água, Mãe-d'Água, Cachorro-d'Água, Cobra-d'Água, Cavalo do Rio, Serpente do Rio, Bicho d'Água e um Carro de Boi encantado, que canta, de noite, no fundo do rio.

O Minhocão impressionou viajantes do século passado. Halfeld diz que o desmoronamento de um barranco, em certo ponto, era atribuído ao Minhocão "que alguns dizem ter visto; porém apesar de toda a atenção para obter certeza sôbre a existência de semelhante monstro, nunca tenho encontrado, e parece que é um animal fabuloso, que a extrema simplicidade e superstição de um ou outro povo, que mora à beira do São Francisco, inventou. Quando os barqueiros que me acompanharam na minha barca com espanto me disseram que em tal e tal paragem descia pelo rio abaixo o Minhocão, que ora subia sôbre as águas do rio, ora mergulhava nellas, e quando mandei em taes occa-

---
58 Op. cit., p. 119.

siões examinar tal bicho, que parecia com uma grande pipa, rolando, sobre as ondas do rio, foi-se encontrar um tronco de pao de dimensões enormes em grossura e comprimento, que fluctuava sobre as suas águas"[59]. Halfeld cita também outras superstições do São Francisco, como a Mãe-d'Água, a Cachorrinha-d'Água, o Cavalo-d'Água etc.

Se o engenheiro Halfeld, com seu espírito cartesiano, transformou o Minhocão em um mero tronco de árvore, o mesmo não ocorreu com o coronel Ignácio Accioli de Cerqueira e Silva, cujo trabalho foi escrito em virtude de ordens imperiais, a fim de informar um projeto apresentado por Mr. Tarte, que requereu ao imperador o privilégio exclusivo da navegação no rio São Francisco. O referido trabalho é endereçado ao presidente da província da Bahia e consagrado ao imperador, e traz interessantes detalhes sobre o Minhocão, afirmando o coronel que "nada há de mais certo e verídico em tal existência, em que pese a opinião de outros".

Falando da lagoa Feia, onde nasce o rio Preto, assim se expressa: "O melancólico da paragem, unido á côr negra que dentro da lagoa tem suas águas, cobertas de musgo, e o servir de viveiro a inmensos jacarés, sucuriús, e minhocões, justificão a denominação por que é conhecida (...). Quanto ao Minhocão ouvi em Goiaz a pessoas muito circunspectas e sesudas, que tem mais de 120 pés de extensão: com dous de diâmetro em sua grossura; sua bôca é sobremaneira pequena, orlada de compridos cabelos mais grossos que os fios de piassaba: não tem escamas, e sua pelle é de côr bronzeada, bem como a das minhocas ou vermes da terra, das quais tomou o nome, dilata-se ou comprime-se à vontade, apresentando neste segundo estado a configuração e grossura de uma pipa."[60]

Carlos Lacerda se refere a "inesperados contrastes, como acabar de ouvir alguém trautear, com entonações locais, uma legítima melodia carnavalesca do Rio de Janeiro, e depois falar a sério no 'Bicho d'Água' ou no 'Minhocão'"[61].

---

[59] Op. cit.
[60] Op. cit., p. 8.
[61] Op. cit.

Transcrevo adiante um trecho pitoresco, inclusive por sua grafia, sobre as lendas do São Francisco, de conferência feita no Rio de Janeiro, em 1917, por Alfredo dos Anjos, e publicada em seu *O rio São Francisco*.

Os abitantes (sic) do Vale do rio S. Francisco são na sua maioria muito supersticiosos e dão crédito a varias lendas extravagantes taes como: Aparições de Santos nas serras e grutas, Fantasmas bons e maus que aparecem nas florestas, em algumas serras e sobretudo nos rios em certos e determinados logares. D'estas as de maior vóga são as do Bicho d'Água e da Mãe d'água. O *Bicho d'Água* é, segundo eles dizem, um gigante todo coberto de pelo, com dentes enormes, preto, que vive nos logares mais fundos dos rios, é traiçoeiro e malvado, passando a vida a virar embarcações sobretudo á noite, a derrubar barreiras nos barrancos dos rios quando as canôas passam perto, e a comer gente. No rio São Francisco existem varios pontos onde os remeiros dizem morar bichos d'água, e nesses logares não á quem os convença a dormir com medo que o bicho os venha devorar como já tem feito a outros. Certa noite dormia eu e o meu camarada remeiro no logar denominado Carrapicho perto de São Francisco quasi em frente á fazenda da Mata, sobre o barranco, e ás tantas da noite fui despertado pelo camarada que me disse ao ouvido baixinho e tremendo: Patrão, olhe um Bicho d'Água que quer virar a canôa!... Estamos perdidos! e d'esta vez se elle nos vê não escapamos! mas eu não sabia que aqui tinha bicho! – Qual bicho qual carapuça. – Fale baixinho que ele não ouça – Você está sonhando, durma. – Pois o senhor não o vê a puchar a canôa? ora repare?... Levantei a cabeça e vi efetivamente um grande vulto preto com os dentes a relumbrar apezar do luar estar encoberto. Peguei na espingarda com geito e apontei ao bicho que ao dar do gatilho deu um rugido de dôr e tombou para o lado. Dei mais dois tiros para o vulto e deci o barranco para ver o tal bicho. Era realmente um bicho valente e capaz de virar facilmente a canoa, mas era uma grande Ariranha cuja pele me rendeu 25$000 depois de curtida.

A *Mãe d'Água* é uma moça esbelta de longa e farta cabeleira, sendo da cintura para baixo peixe. É a protetôra das moças que lhes fazem

Fotos 40 e 41 – Barca Almirante, com carranca da 2ª fase de Guarany, em cuja boca foi espetado um curioso ferro recurvo, em forma de anzol. Conheço outras carrancas com a mesma solução, que talvez tenha um significado. (MG)

presentes e orações para obter formosura e amores felizes. Os logares onde dizem que moram algumas são frequentados constantemente pelas moças indígenas até que consigam casar, as quaes lhes levam á noite seus presentes. No logar denominado Pedra Grande perto de São Romão dizem que mora uma.

Esta forte crendice[62] permite melhor compreender por que o povo ribeirinho, inclusive escultores de carrancas, atribuiu às figuras de proa a missão de espantar os duendes do rio. Daí o freqüente aspecto assustado e assustador das carrancas; de quem se apavorou com o duende que viu e, ao mesmo tempo, quer aterrorizá-lo com sua fisionomia retesa, de olhos esbugalhados.

Não se deve, porém, confundir esta *interpretação popular* com o *motivo* que originou as primeiras carrancas, conforme será explanado no capítulo seguinte.

---

62 Isso subsiste, mesmo em nossas maiores cidades. Em 1969, de uma nossa cozinheira baiana que, embora com 25 anos somente, apresentava tal grau de misticismo que tinha a prestigiosa posição de *Mãe Pequena* de um candomblé nos subúrbios cariocas, ouvi a deliciosa descrição de uma sereia que ela havia visto por duas vezes, junto com todos os passageiros da embarcação que fazia o transporte entre cidades do Recôncavo baiano. Em tom absolutamente natural e compenetrado, inúmeros detalhes me foram fornecidos: tamanho da sereia, cor de seus cabelos, tipo de canto que desenvolvia etc. – o que lhe fora fácil observar, pois a referida entidade mitológica demorou-se alguns minutos a somente 20 m da embarcação.

CAPÍTULO III | As carrancas

Denominação

CARRANCA, segundo o *Pequeno dicionário brasileiro da língua portuguesa*, é "rosto sombrio ou carregado; cara feia; aspecto indicativo de mau-humor; maus modos; cara disforme de pedra, madeira ou metal, com que se adornam algumas construções; peça de ferro, que fixa o caixilho ou veneziana pelo lado externo da parede, para que não bata, quando aberto, pela ação do vento; máscara; (ant) açamo". O *Dicionário de língua portuguesa*, de Francisco Fernandes, diz que é "cara ou cabeça, geralmente disforme, de pedra, metal etc., que serve de ornato arquitetônico".

Embora essas obras não citem também o significado de figura de proa, isto já ocorria no *Dicionário da língua portuguesa*, de Antônio de Morais Silva, que em sua 9ª edição, realizada entre 1891 e 1922, no verbete carranca explana amplamente o significado habitual de coisa feia, acrescentando porém: "carranca de navio: figura tosca na proa". O mesmo dicionário, em sua 10ª edição, posterior a 1945, cita no verbete "carranca": "(...) cara disforme (...) com que se adornam as frontarias, os chafarizes, as argolas e aldravas das portas, as puas (sic, por *proa*) dos navios, etc." E introduz ainda outro verbete: "Carranca de proa. Figura de proa."

Foto 42 – Soberba carranca de 1ª fase de Guarany, da barca que se vê na foto 30. O penacho de espanador era um enfeite freqüente. Hoje esta carranca pertence ao Museu da Fundação Castro Maya (Alto da Boa Vista, RJ). (MG)

Foto 43 – Carranca da 1ª fase de Guarany, de notável arcaísmo. Da coleção Francine Biberia. (MG)

O *Novo dicionário da língua portuguesa*, de Aurélio Buarque de Holanda, 1975, além dos significados de semblante de mau humor e de cara disforme, informa, no verbete "carranca", que ela também é "grande figura de madeira, geralmente disforme, que ornamenta a proa de certos navios ou barcos à vela: *As carrancas do rio São Francisco fazem parte do patrimônio artístico do Brasil*".

Na Marinha, a denominação corrente para as esculturas decorativas da proa de embarcações é de figura de proa, que é também a melhor tradução para *figure de proue* e *figurehead*, como são denominadas em francês e inglês[1].

No São Francisco, estas peças eram conhecidas como figuras de barca, conforme o escultor Francisco Biquiba Dy Lafuente Guarany, de Santa Maria da Vitória, que entrevistei várias vezes, de 1968 a 1977, e responsável por grande número de interessantes informações.

Em Juazeiro, as carrancas eram também denominadas leão de barca ou cara de pau, conforme o trecho abaixo, de Edilberto Trigueiros, que ali viveu no período 1920-1931: "(...) a figura de proa, esculpida em madeira, representando uma fantástica cabeça de cavalo adornada com grandes bigodes, de aspecto sanhudo, a que deram o nome pomposo de leão de barca, embora não o seja, ou de cara de pau, que o é muito mais. Há quem queira ver nessas toscas e pobres esculturas uma representação totêmica e quem descubra linhas fenícias no conjunto desarmonioso da barca São Franciscana"[2].

Devo a Carlos Drummond de Andrade o trecho adiante transcrito, do romance *Totônio Pacheco* (1935), de João Alphonsus, que cita a *mulher de pau*, símile da *cara de pau*, embora situando-a num paquete, que raramente portava uma pequena figura de proa: "Na Januária enrabichei-me com o dono de um paquete e fiquei morando com ele, rio abaixo, rio acima. Ele queria até casar, não fazia questão; eu é que não

---

1 O *Dicionário da Marinha*, de A. Tiberghien, de 1872, dá as denominações de *figure de poulaine* e *beak head figure*. Em *Artesanato* (CNI/Sesi), carranca, no Nordeste, aparece como "tipo de coronha de espingarda".
2 Op. cit.

quis: passar a vida em cima d'água... Ele era maneiro, menina; não cansava de gabar minha boniteza; que ia me botar nua no lugar da *mulher de pau* que estava na proa do paquete; que isso valia mais pras águas serem camaradas (...)."[3]

Segundo Trigueiros, em Juazeiro um indivíduo muito feio era chamado de *Leão de Barca*. Carlos Moura nota que em Portugal "como se lê numa notícia publicada pela *Gazeta de Lisboa*, em 1778, e aliás referente a um navio da carreira do Brasil, leão designava a figura de proa: "(...) e com todas estas infelicidades, a náo ficou sem fazer água, e só se achou rendida a lingote do béque, onde acenta o *leão*"[4].

O termo carranca firmou-se após 1947, como veremos adiante, por ter uma indissolúvel conotação com coisa feia, disforme, caráter que ressalta à primeira vista a quem tem pouca sensibilidade para a arte popular. Em Minas, há uma localidade na serra da Mantiqueira denominada *Carrancas*. Conforme artigo de *O Globo*, "as escavações que os garimpeiros fizeram na serra que cerca a cidade, associadas a duas grandes rochas que existiram no local, formavam, vistas de longe, duas carantonhas horrendas, daí o nome de Carrancas dado primeiro à serra e depois, à povoação".

Antonio Francisco Lisboa, o Aleijadinho, possuía um irmão – padre Felix Antonio Lisboa – que "tinha-se applicado a estatuária sob as vistas do Aleijadinho que delle dizia que só podia esculptar *carrancas* e nunca *imagens*"[5]. Refere-se Bretas às carrancas de chafarizes, obras secundárias, propositadamente disformes, que se deixavam a cargo de auxiliares. O próprio Aleijadinho esculpiu quatro leões de essa – que se encontram no Museu Aleijadinho, em Ouro Preto – muito aparentados às carrancas (ver foto 44). Esta conotação de carranca como escultura disforme, produzida por mãos inábeis, é, com raras exceções, totalmente falsa. A foto 45, de um Cristo esculpido por Guarany, demonstra isso.

---

3 Op. cit., p. 160. O que o autor denomina "paquete" deveria ser uma barca, em cuja cabine de popa um casal poderia viver.
4 Figuras de proa do Tocantins e carrancas do São Francisco, *Navigator*, dez. 1974, p. 75.
5 Traços biográficos relativos ao finado Antonio Francisco Lisboa, de Rodrigo José Ferreira Bretas, *Revista do Archivo Publico Mineiro*, ano 1, 1896, p. 173.

Foto 44 – Leão de essa, do Aleijadinho, com a simplificação e o vigor expressivo das melhores carrancas. Do Museu Aleijadinho, de Ouro Preto. (MA)

Foto 45 – Cristo esculpido por Guarany, em sua mocidade, mostrando completo domínio da escultura barroca. (SD)

As figuras de proa das barcas do São Francisco foram citadas, pela primeira vez, em livros publicados em 1888 por Antônio Alves Câmara e por Durval Vieira de Aguiar. Este último diz que "na proa vê-se uma carranca ou grypho de gigantescas formas (...)"[6]. Alves Câmara cita que "As proas são adornadas com a figura de um pássaro, ou de uma moça, grosseira obra de talha, enfeitada com colares e outros adornos de barro pintado."[7]

---
6 Op. cit., p. 24.
7 Op. cit., p. 125.

Noraldino Lima (*No Vale das Maravilhas*, 1925) assinalou "a proa recurva, desenhando uma cabeça de touro, de cavalo ou de um animal fantástico", e Sousa Carneiro (*Furundungo*, romance que se passa no primeiro quartel do século XX) cita que a barca *Flor da Aurora* tinha, "no bico, a figura de um meio corpo de onça, a boca arreganhada servindo de remate"[8].

"Acima de Paulo Affonso navegam barcas, de calado reduzido, mais ou menos longas e bojudas, de proa arqueada e ornadas de figuras extravagantes, manipanços horrendos", escreveu Moraes Rego[9], em 1936. Um ano após, Orlando M. Carvalho[10], cita as "barcas de figura de proa sem virtude (...) misto de careta de homem, corpo de animal, com aparência de dragão". Note-se a imaginação do autor, pois as figuras eram só pescoço e cara. E adiante: "a figura de proa é a garantia do barco. Com toda a sua feiura, ela dá três gemidos, quando a barca vai afundar".

Aliás, em matéria de imaginação, eram férteis muitos artigos sobre carrancas escritos antes da década de 1970, conforme o trecho abaixo, da *Enciclopédia Bloch*, de junho de 1969: "Foi só depois que morreu o Padre Paulo Afonso que as barcas passaram a levar uma carranca na proa. Antes, as carrancas eram adoradas em altares, dentro da casa de cada vareiro." De fato, há uma lenda, embora pouco difundida, que diz que um padre Paulo Afonso, acompanhado de um índio ou, segundo outros, de uma índia por quem se apaixonara, descia o rio, quando o barco entrou numa grande corredeira onde pereceram, batizando-se a corredeira de Cachoeira de Paulo Afonso. A ausência da carranca, que teria dado seus providenciais três gemidos ao pressentir o perigo, foi, pois, fatal para o pobre padre, assim castigado por sua descrença na figura de proa. Quanto à possibilidade da adoração de carrancas em altares, certamente é idéia jamais cogitada, mesmo pelos mais supersticiosos habitantes do Vale.

---

8 Conforme MOURA, Carlos, *O cavalo como figura de proa no Brasil*. Micromonografia n? 94. Centro de Estudos Folclóricos do Instituto Joaquim Nabuco de Pesquisas Sociais, jan. 1980.
9 Op. cit., p. 187.
10 Op. cit., 1937, pp. 44-87.

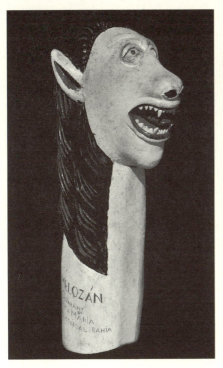

Fotos 46, 47 e 48 – Melozán, Salaô e Jerome, carrancas da 3ª fase de Guarany. (SD)

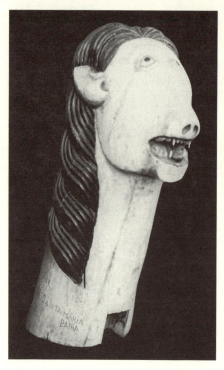

Fotos 49, 50 e 51 – Muturãn, Aratuy e Medostantheo, *também da 3ª fase de Guarany.* (SD)

Continuando nossa resenha cronológica, Francisco de Barros Jr., em seu *Caçando e pescando por todo o Brasil*, escrito no início da década de 1940, impressionou-se bastante com a figura de barca. Ele, que não era da região, denominou-a *carantonha*, que não fica longe de *carranca*. Do livro acima citado, vale a pena transcrever o pitoresco trecho que descreve as figuras de proa.

> Uma estranha particularidade, também somente observada neste rio, é a carantonha, que, à guisa de "rostro", enfeita as proas, se enfeite se pode chamar a coisas tão horrorosas.
> São figuras teratológicas, que representam cabeças de animais com cara de gente e vice-versa. Quanto mais horripilante é a figura, tanto melhor. As esculturas são coloridas, predominando as cores vermelha, azul e preta. Uma que muito me impressionou, pela perfeita concordância dos elementos heterogêneos reunidos, foi uma cabeça de carneiro ornamentada de grandes chifres naturais[11] e que tinha cara de homem barbado, com orelhas de burro e nariz de porco! A figura era pavorosa, mas tudo tão bem ajustado, que nos recordava certos tipos muito nossos conhecidos...
> Os autores são inegavelmente artistas, mas só uma imaginação doentia será capaz de criar e harmonizar característicos tão dessemelhantes.
> São curiosos os espantalhos. Mais curioso ainda é, porém, o motivo desses monstrengos. São propositadamente compostos para... para afugentar o diabo, permitindo-lhes viagens seguras e felizes! Pelo que se vê o diabo dos baianos tem medo de caretas...

José Casais[12], à mesma época, foi bem mais benevolente com as carrancas, fotografadas para ilustrar o artigo que escreveu sobre o São Francisco. A legenda para a foto de uma barca com cabeça de cavalo foi: "Barcas típicas del río San Francisco con el infaltable mascarón de

---
11 Vale lembrar a figura IV, em que se vê uma figura de proa em madeira, ornada com chifres naturais, de um barco popular irlandês do século XVIII.
12 Op. cit., nº 95, ago. 1941, pp. 87-94.

proa, que da a la embarcación el llamativo aspecto de un carruaje acuático arrastrado por un nervioso cabalito." E, para outra foto, a legenda dizia: "(...) curioso mascarón de proa (...)".

Cavalcanti Proença comenta: "Depositam sua confiança na figura de proa, imagem de monstro, toscamente falquejada, ora uma cabeça de dragão, ora de leão ou cavalo, a qual avisa aos remeiros, por meio de três gemidos, que a barca vai afundar."[13]

D. Guanaes Pereira, em seu romance *Carnaubal* (1949), mantém a denominação de figura de proa: "Na curva do rio apareceu, então, uma barca, chata, com a sua figura de monstro à proa (...) rangendo e gemendo ao impulso dos remos."

Pelas citações acima, verificamos que as esculturas eram remarcadas por seu aspecto insólito, porém não eram consideradas obras de arte. Mesmo a sensibilidade de Gustavo Barroso, embora reconhecendo nelas um forte interesse, não ousou emprestar-lhes maior valor artístico, como se compreende pela transcrição abaixo, de trecho de uma nota assinada G. B., no volume II, 1941, dos *Anais do Museu Histórico Nacional*:

> (...) Figuras leoninas e humanas ao mesmo tempo (...). A tôdas une um parentesco estilístico (...). A afirmação ora antropomórfica, ora zoomórfica (...). Se uma ou outra trai no colorido, nas sobrancelhas em parêntesis, nos bigodes e na cabeleira o traço dos imaginários e santeiros coloniais, a maioria nos espanta pelo seu quê oriental e enigmático.

Arthur Ramos[14] assinalou-lhes a presença, de modo lacônico: "A embarcação é típica: um barco tosco, com dois toldos de palha de burití; na proa, em forma de emblema a figura da cabeça de um animal. Sobrevivência totêmica? Antiga tradição romana ou assíria? Quem o sabe?"

---

13 *Ribeira do São Francisco*, 1944.
14 *A aculturação negra no Brasil*, p. 227.

Na primeira metade deste século, a única menção mais benevolente que encontrei foi a de J. V. da Costa Pereira[15], que as julga curiosas, sugestivas e bem trabalhadas, conforme o parágrafo abaixo:

A nota característica das barcas do São Francisco reside na proa recurva, terminada por uma cabeça de animal (touro, leão, ou animal fantástico) geralmente bem trabalhada, e indispensável na tradicional embarcação do rio brasileiro. Nessa figura de proa se encontra – para os "barqueiros" – a garantia da barca. A propósito da mesma, há inúmeras lendas. Uma delas diz, por exemplo, que a figura dá três gemidos ao ser inevitável o afundamento da barca... Mas, em verdade, até hoje ainda não se conseguiu obter uma explicação segura para aqueles curiosos e sugestivos enfeites de proa.

A originalidade das carrancas provocou artigos na imprensa, especialmente em revistas, bem ilustradas por fotos, que passaram a tornar conhecidas estas peças, atraindo a atenção de críticos de arte e começando, assim, a ser reconhecido seu valor artístico.

A primeira reportagem em revista de grande circulação de que tenho notícia foi em *O Cruzeiro*, de 30/8/1947, intitulada "Carrancas de proa do São Francisco", com fotos de Marcel Gautherot e um bem cuidado texto de Theóphilo de Andrade, que empregou a denominação carranca de proa ou simplesmente carranca. Não lhe atribuía valor artístico, como atestam as frases abaixo: "e as carrancas, como são pobres e feias (...). Aquelas esculturas rudes, talhadas sem regras nem pretensões (...). Entretanto constituem uma manifestação artística, uma tentativa de arte plástica dos rudes carpinteiros que as construíram (...)".

Anteriormente, só Durval Vieira de Aguiar havia empregado o termo "carranca" ou "grypho". Mas, a partir deste artigo, da única grande revista de circulação nacional à época, generalizou-se a denominação carranca, embora um filho da região, como Wilson Lins, usasse, ainda em 1960, a denominação figura de proa.

---

15 Barqueiros do São Francisco, *Revista Brasileira de Geografia*, nº 4, ano V, 1943.

Em 1954, nos festejos do IV Centenário da Cidade de São Paulo, foi armado, no Parque do Ibirapuera, um pequeno pavilhão rústico, onde houve a primeira exposição de carrancas, com cerca de uma dezena dessas peças, adquiridas para a Exposição do IV Centenário, e das quais três remanescentes estão expostas no Museu de Artes e Tradições Populares, do Parque do Ibirapuera. Com isto, as carrancas ganharam um atestado oficial de peças de arte popular.

Com Ruy Santos, em seu romance *Água barrenta* (1953), se inicia a valorização artística, no trecho onde diz que "a cabeça da *Boa Sorte* era de mulher (...). Não sei qual o artista que a fêz, mas era um artista mesmo".

Osório Alves de Castro e Carlos Lacerda reconheceram o valor artístico das carrancas ao reproduzirem-nas na capa de seus livros, publicados, respectivamente, em 1961 e 1964. Osório de Castro, filho de Santa Maria da Vitória, já usa a denominação carranca, em vez de figura de proa, conforme o trecho abaixo:

> No correr do porto a fileira de barcas embalando na corrente, cobertas de palha e couro, com suas carrancas de monstros misteriosos, dentes de ferro e penachos coloridos, assombrava. Vergas, cordames emaranhados nas trouxas das empanadas caídas no banco das chumaceiras. No topo do mastro, vadiando ao vento, a bandeira do santo padroeiro "protegia"... Na baixa da Sambaíba, dimpanada aberta, uma barca tocada de refregas era uma grande borboleta branca riscando o rio.

Origem

Como foi dito, as primeiras citações sobre as figuras de barca aparecem em livros de 1888. Dos autores anteriores[16], inclusive estrangeiros, ávidos por exotismos, vários percorreram demoradamente o rio e

---

16 Halfeld, Burton, Wells, Montenegro etc.

descrevem longamente as barcas, com riqueza de detalhes, sem citar as carrancas. É válido concluir que elas não estavam ainda em uso ou rara era sua ocorrência.

D. V. de Aguiar diz que "na proa vê-se uma carranca (...)", e A. A. Câmara afirma: "as proas são adornadas (...)", compreendendo-se um uso generalizado, o que entretanto é difícil de aceitar, pois Paranhos Montenegro, em 1875, tendo viajado muito em barcas, cujo número avaliou em mais de duzentas, não citou a existência de carrancas.

J. Wells, em livro publicado em 1886, descreve sua viagem no São Francisco sob forma de diário, verificando-se que isto ocorreu em 1875. Ele alugou a barca *Villa Pastoura*, da qual informa até as dimensões do camarote de popa: seis pés de largura, nove pés de comprimento, seis pés de altura, com janelas e portas[17], acrescentando ser a referida barca bem menor que as maiores existentes no São Francisco, que tinham, inclusive, janelas de vidros, algumas bem pintadas com azul, vermelho e verde, com proas e popas "rounded and raised like a spoon"[18]. Vemos que, descendo a tais detalhes, as carrancas deveriam ser citadas, se já existissem. Aliás, elas não aparecem em várias ilustrações de barcas, no referido livro de Wells.

Ora, não seria possível em apenas uma década, que separa as observações de Wells e Montenegro da publicação dos livros de Câmara e Aguiar, supor que tivessem sido feitas cerca de duzentas carrancas. Como veremos adiante, certamente foi pequeno o número de escultores dessas peças. A forte sensibilidade estética que revelam, aliada à dificuldade técnica em esculpir um grande tronco, exigia um artista com atributos difíceis de encontrar.

Concluímos que existiam carrancas em 1888, mas não de modo generalizado, considerando imprecisas as informações de Aguiar e Câmara, fato inevitável neste último autor, pois sua obra descreve embarcações populares de todo o Brasil. Outra sua possível imprecisão é

---

17 Op. cit., v. II, p. 59.
18 Op. cit., v. I, p. 408.

afirmar que, "nos rios do interior, onde não é forte a ação dos ventos, há canoas que são adornadas com um pássaro, ou outra figura na proa, e têm camarim envidraçado na popa, remadas a pás, e servem para transporte de passageiros e famílias de ricos senhores de engenho"[19]. A citação refere-se, provavelmente, às barcas do São Francisco, pois neste rio as canoas não ostentavam figuras de proa nem camarim envidraçado. E se as tiveram, de modo generalizado, em algum outro rio do Brasil, no século passado, é altamente improvável que tivessem desaparecido sem deixar notícia.

Wilson Lins[20] julga que só no nosso século começaram os barqueiros a enfeitar as proas com figuras, conclusão a que chegou consultando velhos documentos e conversando com moradores do Vale. Porém, além dos testemunhos de Aguiar e Câmara, Francisco Guarany lembra-se de ter visto, quando garoto, cerca de 1895, muitas barcas com carranca. Informou ainda que seu pai, carpinteiro de barcas, falecido em 1898, já havia feito algumas carrancas. Referiu-se também a um fato com sabor lendário, anterior mesmo às carrancas de seu pai, de um barão que quis seu busto na proa de sua barca, e que recusou a primeira escultura feita porque não reproduzia um caroço que o barão tinha na testa, exigindo uma segunda escultura "que respeitasse seu caroço".

Pode-se conjecturar por que as primeiras carrancas devem datar de 1875-1880 o que, aliás, não contradiz o seguinte fato: o almirante Olavo Dantas Itapicuru Coelho, pouco antes de 1950, recolheu a carranca existente no Museu Naval (foto 52). Soube por um suboficial, pessoa de confiança, que a peça tinha, à época, mais de cinqüenta anos e foi das primeiras carrancas feitas no rio São Francisco.

A Academia de Belas-Artes da Bahia foi fundada em 1876, sendo possível que a repercussão deste fato, no São Francisco, tenha influído na decoração das barcas. Influência também pode ter tido o fato da navegação a vapor no São Francisco se ter iniciado em 1871, como já as-

---
19 Op. cit., p. 39.
20 Op. cit.

Foto 52 – Carranca do século XIX. Do acervo do Museu Naval e Oceanográfico. (SD)

Foto 53 – Carranca quase idêntica à da foto 52. (IK)

Foto 54 – Carranca muito semelhante às duas anteriores. Do acervo do Instituto Feminino da Bahia (Salvador). (PP)

sinalado. É curioso observar que Subias Guálter no *El arte popular en España*, diz que os mascarones, como manifestação da arte popular, "deben basearse en la marina del ochocientos". O que obviamente pode se inferir para Portugal, acarretando possível influência no surgimento de nossas carrancas.

Há quem diga que as carrancas são anteriores a 1875 e que "os índios do Rio São Francisco, principalmente na Bahia, teriam usado pequenas esculturas nas suas pirogas e outras embarcações (grandes e pequenas jangadas) (...) algumas até nos dois lados da embarcação, à proa e popa (...)"[21]. Entretanto, pequenas esculturas, talvez de uso local, utilizadas, inclusive em jangadas que têm proa e popa à flor d'água, deveriam ser diferentes das grandes carrancas das barcas, assunto tratado neste trabalho. Pequenas esculturas talvez ainda hoje ornem a proa de algumas embarcações locais, no Brasil, mas de forma esporádica, sem o significado social e artístico das carrancas do São Francisco. Aliás, após 1974 apareceram algumas réplicas de carrancas – felizmente poucas – em embarcações do São Francisco e possivelmente de outros locais. A foto 55 mostra, na proa do *Navegante*, embarcação de recreio do Iate Clube do Rio de Janeiro, uma pobre réplica da espetacular carranca da foto 56.

Raymundo Laranjeira[22] nega a possibilidade de os índios da Bahia terem utilizado carrancas: "Carlos Ott (*A Pré-História da Bahia*: Liv. Progresso Editora, Bahia, 1958) calcado em sérias pesquisas arqueológicas e bibliográficas, evidencia que, no sertão baiano, se a indústria lítica e a arte ceramista tinham relativa importância, a feitura de objetos de madeira, ao contrário, era quase nenhuma, se restringindo a utensílios pessoais (cachimbos e amuletos), sem conteúdo artístico – e as armas de arremesso, como foi o caso dos Caiapós, no São Francisco. Também diante da inexistência do trabalho indígena em madeira é

---

21 Conforme carta que escreveu a mim e a jornais o sr. Marcos Herminios Viriato Saavedra e D'Avilla.
22 As carrancas do São Francisco, *Revista dos Bancos*, out. 1968.

Foto 55 – Réplica de carranca, de embarcação de recreio do Rio de Janeiro. (PP)

Foto 56 – "As carrancas eram usadas por embelezamento..." Como bem se comprova vendo a Minas Geraes, ex-Casa Vermelha, a barca mais bela e famosa do seu tempo. Sua carranca, segundo Clarival Valladares, demonstra a característica da multifacialidade, a possibilidade de se perceber numa mesma cara, numa mesma máscara, várias faces. (Jornal do Brasil, 15/1/1977) (MG)

Foto 57 – *O amplo camarote de popa da Minas Geraes era luxuoso, comparado ao das outras barcas.* (IK)

Foto 58 – *A espetacular carranca da Minas Geraes foi esculpida por Afrânio, imaginário de Barreiras (BA). Hoje está incorporada à coleção José Carvalho.* (MG)

Foto 59 – *Carranca muito semelhante à da Minas Geraes. Do Museu de Arte Moderna, da Bahia (Museu do Unhão).* (IK)

que não seria lícito conjecturar da conservação, pelo gentio, de algum modelo de carranca, visto diretamente nas embarcações fenícias ou escandinavas que, por ventura, tivessem corrido o nosso litoral, indo até a foz dos rios brasileiros, particularmente do São Francisco, muitíssimo antes dos ibéricos. Mesmo porque as toscas construções navais dos índios ribeirinhos, sempre frágeis e tímidas, jamais se prestariam, ao menos, para o arremedo da curiosidade estrangeira de antanho."

Há quem diga que os bandeirantes protegiam suas balsas com peles de animais, acima das quais colocavam caras de madeira que atraíssem as flechas dos índios. É possível que esse fato tenha gerado confusão no espírito de alguns. Guaipuan Vieira[23] informa que, em alguns rios do Piauí e do Maranhão, "os tripulantes das embarcações utilizavam couros de boi em redor do barco, pondo-lhe na proa algo que chamasse a atenção dos índios (...) um *caboclo de pau* (um busto) em que prendiam duas cordas, uma de cada lado do busto, fazendo-o girar (...) atraindo assim a atenção dos índios, que lhe atiravam flechas, julgando estarem flexando o piloto do barco". Acresce que esse uso veio com os vaqueiros do São Francisco, e que não durou muito tempo.

Antonio Bento, em seu excelente livro *Abstração na arte dos índios brasileiros*, apresenta interessantes considerações sobre a possibilidade de as figuras de proa de nossos barcos populares terem origem indígena: o uso de cores vivas – branco, preto e vermelho – também comum nos nossos silvícolas; sua semelhança com algumas máscaras índias – o que me parece discutível – e o fato de elas serem geralmente zooantropomorfas; a referência do cronista da expedição de Orellana, frei Gaspar de Carvajal, quanto aos índios Omáguas, do Amazonas, citados por Betty Meggers: "O ídolo do deus da guerra era carregado na proa da canoa, para assegurar o bom desempenho da incursão."[24]

Os dois primeiros argumentos – cores vivas e zooantropomorfismo – são comuns nos primitivos. Quanto à referência do frei Gaspar de

---
23 Carranca do Parnaíba, *Almanaque da Parnaíba*, 1979.
24 *Amazônia, a ilusão de um paraíso*, p. 163.

Carvajal, citada por Meggers, percorri a tradução da narrativa de Carvajal[25], não encontrando nenhuma referência à figura de proa de canoas indígenas ao longo de todo o Amazonas. Quanto a ídolos, Carvajal diz ter visto dois, dos Omáguas, "tecidos de palha, de diversos modos: eram de estatura de gigantes e tinham metidos nos moledos dos braços umas rodas, a moda de braceletes e outras nas panturrilhas, perto dos joelhos"[26] (...). É óbvio que esses ídolos "gigantes" e "tecidos de palha" não se poderiam manter na proa de uma canoa, e menos ainda em operações de guerra. Aliás, Carvajal[27] cita o encontro das embarcações dos espanhóis com os Machiparos, vizinhos dos Omáguas, que as atacaram com "enorme quantidade de canoas, todas aprestadas para a guerra, airosas e com seus pavezes, que são de carapaças de lagartos e de couros de manatis e antas de altura de um homem, pois os cobrem inteiramente". As canoas eram protegidas por carapaças "da altura de um homem" e não por ídolos de palha. Concluo que deve ter havido um lapso de memória de Betty Meggers quando citou Carvajal, sendo porém possível que a referência seja de outro autor. Mesmo acreditando na veracidade do fato, embora relativa ao Amazonas e não ao São Francisco, pode-se apelar para a universalidade da arte popular, que explicaria também o *olho* da canoa do Xingu, citado no capítulo I.

Se o uso da figura de proa por nossos indígenas fosse generalizado, como explicar seu desaparecimento sem deixar traço? Julga Antonio Bento que "isto se deve ao desaparecimento ou à destruição quase completa, do que havia de melhor em sua cultura pré ou pós-cabrálica" e que uma ampla indagação sobre o assunto (carrancas indígenas) "levaria à consulta de cerca de 2.000 volumes, aproximadamente". Pode-se contrapor a esse argumento o fato de ser bem conhecido o uso do maracatim como decoração de proa, conforme assinala Arthur Ramos: "Entre os indígenas a menção sabida é o maracatim, maracá

---
25 CARVAJAL, Gaspar de e outros, *Descobrimento do rio das Amazonas*.
26 Op. cit., p. 47.
27 Op. cit., p. 37.

amarrado na extremidade do barco conduzindo guerreiros ao combate."[28] Voltaremos ao assunto nas páginas 187-8.

Determinado quando surgiram, perscrutemos por que surgiram as figuras de barca.

Já vimos por Orlando Carvalho que a carranca era a garantia da barca, pois dava três gemidos quando ela estivesse em perigo de naufrágio, o que é repetido por Cavalcanti Proença, Carlos Lacerda e J. V. Costa Pereira. Excetuando o artigo de T. Andrade, em *O Cruzeiro*, os demais artigos de imprensa, que após 1950 têm surgido sobre o assunto, geralmente apresentam, como motivo original das carrancas, a proteção contra os duendes do rio, especialmente o Nego d'Água e o Minhocão.

A respeito, ouçamos alguns intelectuais baianos.

C. Vasconcellos Maia: "Ouvi dizer, por exemplo, que surgiram nas proas das barcas, como meio eficaz de salvaguardá-las de tempestades e desgraças, e como a maneira segura de esconjurar espíritos maléficos, moradores do rio, que, de noite, saíam das profundas do *Velho Chico* para assombrar barqueiros, tentar mulheres, roubar crianças. Vendo as *carrancas* nas proas, de olhos esbugalhados, de bocarras escancaradas, feitas agressivas e horrendas, de propósito, os duendes espantavam-se e recolhiam-se, trêmulos, ao lodo do rio."[29]

D. Martins de Oliveira julga que "as cabeças de barca velam em defesa da embarcação e de seus tripulantes, contra as perseguições do Caboclo-d'Água que, não raro, vira as embarcações e afoga os remeiros e pescadores rebeldes ou infiéis, no seio das águas"[30].

Ouçamos Joaquim Ribeiro: "Dizem os pescadores que essas carrancas conjuram os malefícios do *Caboclo-d'Água*, entidade mítica do rio."[31]

Uma exposição com seis carrancas, da coleção José Carvalho, havida em um banco do Rio de Janeiro, em 1970, provocou, entre outras

---

28 *A aculturação negra no Brasil*.
29 *Diário de Notícias*, Salvador, 22/2/1959.
30 *Revista Shell*, jul./set. 1957.
31 *Folclore de Januária*, p. 49.

referências na imprensa, o poema, transcrito em Apêndice, de Carlos Drummond de Andrade, onde este indaga se as carrancas que "Já não defendem do Caboclo-d'Água/o barqueiro e seu barco. Porventura/vêm proteger-nos de perigos outros/que não sabemos, ou contra assaltos/ desfecham seus poderes ancestrais (...)?"

A última referência que encontrei sobre as carrancas, antes de 1974, insistia: "Até hoje ninguém soube explicar a origem das esculturas das proas dos barcos do médio São Francisco. Parecem esculturas egípcias ou africanas? Lembram a escultura popular européia do século 18? O mais importante é salientar o seu valor artístico e mágico, agora quando elas começam a desaparecer (...). A carranca é um monstro. Um ser fantástico. Poderoso. Capaz de assustar o Negro d'Água, virador de canoas, de barcos (...)."[32]

Praticamente à mesma conclusão, embora de forma mais elaborada, chegou Saul Martins, professor de Antropologia da Universidade Federal de Minas Gerais, que julgava ser totêmica a origem das carrancas, pois nelas se encontram os três elementos básicos do totem: a figura, ou presença material; o espírito, ou presença de Mana[33], representado pela crença de que a carranca atrai felicidade e bons negócios e afasta naufrágios mediante três gemidos, em caso de perigo; e o tabu, terceiro elemento do totem, pois afirma Saul Martins que as carrancas não podiam ser retiradas nem trocadas, sendo cuidadas com um respeito quase sagrado. É de sua autoria o trecho abaixo:

> No alto da proa, domina estranha e enorme cabeça, de aparência hostil, ou estrambótica figura de animal lavrada em madeira. Serve para identificar a embarcação e dá-lhe majestade. Dela cuida o seu proprietário diariamente, conservando-a sempre limpa e pintada. O emprego dessas carrancas visaria apenas à ornamentação da proa? Tal-

---

32 *Brasil – histórias, costumes e lendas*. Fascículo 1. Editora Três, 1972, p. 123.
33 "Mana pode ser compreendido como sendo uma força poderosa, para além da compreensão, da observação direta, ou do controle das pessoas comuns, que tem uma ilimitada capacidade para fazer com que as coisas aconteçam" (TITIEV, M., *Introdução à antropologia cultural*, p. 225).

vez, não. Cada barca tem sua cara particular, escolhida pelo dono ou herdada de seus antepassados. É o tótem, com certeza. O filho do barqueiro adota o *fétiche* que lhe deixara o finado, por estima e por temor. E quem comprar uma barca não substitui, nunca, a figura da proa, com medo de azar. São tabus. Acreditam que a carranca tem uma força mágica que defende a embarcação contra os malefícios e atrai a felicidade. É a presença de Mana.[34]

Entretanto, mais recentemente, deixa Saul Martins antever a possibilidade de a carranca ter meramente função ornamental, conforme o verbete abaixo:

> Carranca – Figura zooantropomorfa, ambígua, esculpida em madeira e que encima a proa das barcas no Rio de São Francisco. Essas figuras caracterizaram o tipo de embarcação mais comumente empregada no *rio da unidade nacional*, e que marcaram época até meados do século. O que não se conhece ainda é a verdadeira função da carranca – mágica ou ornamental. Já disseram que só serve para dar imponência à barca. Mas, os barqueiros acreditam que ela afasta os perigos das águas e atrai benefícios – tranqüiliza os navegantes.[35]

Clarival Valladares foi o primeiro historiador de arte que analisou a problemática das carrancas, em artigo de 8/3/1959 no *Diário de Notícias* de Salvador, Duendes do São Francisco, reproduzido em sua obra, *Paisagem rediviva*, de 1962, que foi assim o primeiro livro nosso com um capítulo específico sobre as figuras de barca. Julgava seu autor que "muito aceitável é a suposição de que sejam essas figuras das proas amuletos, proteção dos navegantes e da barca, contra as maldições do rio". Essa opinião firmou-se em seus valiosos escritos sobre arte popular – dentre eles dois substanciais artigos sobre carrancas no *Jornal do Brasil* – até *Artesanato brasileiro*[36], sendo desta última obra o seguinte trecho: "A car-

---

34 *Os barranqueiros*, pp. 62-3.
35 *Manual do folclore*, cap. XIII.
36 Op. cit., 1978, p. 20.

ranca teria tido origem em relação às lendas que existiam ao longo do Médio São Francisco (...). Dessas lendas teria partido a necessidade de se encontrar um meio de oposição aos mitos, ao espírito das águas."

Clarival consagrou às carrancas o caráter apotropaico: o poder de afastar malefícios, citando[37] Richard Bernheimer: "Imaginária apotropaica: qualquer configuração abstrata ou representativa destinada a afastar influências do demônio e/ou afugentar espíritos. Com freqüência toma a forma de face animal e humana e de seus olhos esbugalhados (correlação ao hipnotismo). A representação apotropaica, como caráter de magismo, é baseada no pressuposto que uma imagem tem o poder daquilo que representa e que se combate mais o demônio através de sua própria e visível 'similitude' (*Encyclopaedia of the Arts*, Runes and Schrickel, Philosophical Library, New York, 1946, p. 54)."

Francisco Guarany, quanto ao motivo que originou as carrancas, citou-me que elas protegiam os barqueiros contra animais do rio[38], especialmente o jacaré e o surubim, peixe que chega a atingir 180 cm de comprimento e 70 kg de peso. Em sua infância, já conhecia a história de uma família que, viajando de barca, parara para pernoitar em um barranco do rio. Ao alvorecer, fora acordada por gritos do filho caçula: engatinhando, tinha chegado à beira d'água e estava sendo abocanhado por um jacaré, que desapareceu com a criança, da qual só se encontrou, mais tarde, o esqueleto. Daí terem utilizado carrancas representando jacarés para espantar os do rio.

Outros casos narrados por Guarany referem-se a surubins gigantes. Um quase devorou uma mulher que derrubou no rio; outro comeu a carne das pernas de um rapaz que nadava de volta à casa; fugira, à noite, para visitar a namorada, que morava na outra margem do rio. A desgraça fez com que o pai do rapaz não mais impedisse os filhos de saírem à noite.

---

37 *7 brasileiros e seu universo*, 1974, p. 68.
38 Embora a outros Guarany tenha atribuído o uso de carrancas também para espantar duendes, nos quais ele acredita, como veremos no capítulo IV.

Contrapõe-se à origem totêmica das carrancas a opinião de Osório Alves de Castro: as carrancas eram um enfeite comum, "sem história", isto é, sem significado específico, e pelas quais não havia especial respeito. Este último fato é corroborado por Guarany, que diz ter feito várias carrancas para substituir outras já velhas que, obviamente, foram abandonadas. Como veremos, a partir de 1943, as carrancas foram retiradas e várias pessoas disseram-me que as viram largadas às margens do São Francisco, ou com outras serventias; moirão de cerca, base de latrina turca etc. Ultanor, filho de Guarany, cortou a machado várias das carrancas abandonadas em Santa Maria da Vitória, para fazer lenha! Também Edilberto Trigueiros afirma que não havia respeito pelas carrancas, nem mesmo pelo rio, chamado habitualmente de *São Chico*.

Domingos Diniz, de Pirapora, em pesquisa que ali realizou, em 1973, sobre os remeiros, dos três primeiros que ouviu me informou que "todos foram unânimes em afirmar que o uso das carrancas era simplesmente para enfeitar a barca...". E, após estender a pesquisa, acrescentou: "todos que tenho ouvido afirmam que o uso das carrancas era mais por estética (para enfeite, como dizem eles)".

Em pesquisa efetuada em 1973 por Joaquim Heliodoro Carneiro e Wilson Alves Gringo, a pedido de Gondiberto Teixeira de Carvalho, todos da Suvale, foram colhidos os depoimentos, transcritos abaixo, de personagens que conviveram com as barcas e suas carrancas.

José Augusto de Paula, com 72 anos, artífice que construiu inúmeras barcas: "as carrancas não eram usadas como proteção de nada e sim como enfeite das grandes e médias barcas e batelões. Os batelões menores e paquetes não compensavam tal enfeite".

Otacílio Martins de Almeida, com 70 anos, de Bom Jesus da Lapa, ex-proprietário das barcas *Italia* (foto 23) e *Aracati*: "as carrancas eram usadas como enfeite, não serviam de nada e eram usadas nas grandes e médias embarcações".

João Neves, com 92 anos, foi o construtor e proprietário das barcas *Manaus* e *Luzitânia*, ambas com carrancas, "que eram usadas para compor as barcas e batelões, tanto nas grandes como nas médias e pequenas embarcações. Nas muito pequenas não usavam nada".

Joaquim Almeida, vereador em Gameleira, às margens do São Francisco, no município de Bom Jesus da Lapa, também diz que "as carrancas eram usadas por embelezamento da embarcação, e não como proteção contra os duendes".

Vemos pois que não é tão generalizada quanto se imagina a imagem da carranca como protetora da barca. Pode-se alegar que os entrevistados, hoje, esqueceram ou não querem admitir o que acreditavam há quarenta anos. Contudo, afastada esta alegação, consideremos a amostra de dez entrevistados, em Minas e na Bahia, obtida ao acaso da população de tripulantes de barcas do São Francisco. Na tabela a seguir, p é a porcentagem, na população de tripulantes, dos que acreditariam na função protetora da carranca, e P é a probabilidade de que numa amostra obtida ao acaso de dez indivíduos desta população nenhum acreditasse nessa função protetora.

p	10%	20%	30%	40%	50%
P	35%	11%	3%	0,6%	0,1%

Conclui-se que, se 30% da população acreditasse na função protetora da carranca, a probabilidade de se ter obtido o resultado encontrado na amostra (todos negando esta função), por mero acaso, seria só de 3%. Logo, recusando a hipótese $p = 30\%$, o risco de erro é de 3%. Analogamente, a hipótese $p = 50\%$ pode ser recusada com risco ou probabilidade de errar apenas um por mil! Podemos aceitar que no máximo 20% dos tripulantes acreditassem na função totêmica da carranca, pois se recusássemos a hipótese $p = 20\%$, o risco de erro seria 11%, que embora pequeno não é desprezível.

Apraz-me constatar que em vários artigos de imprensa surgidos ultimamente nota-se preocupação pela pesquisa, resultando em trabalhos que podem ser utilizados por pesquisadores. A *Tribuna da Bahia* de

Foto 60 – Carranca antropomorfa, do Museu de Caeté. (JJ)

Foto 61 – Belo desenho geométrico dos cabelos – em trança – da carranca da foto anterior. (JJ)

10/10/1977, em longo artigo sobre carrancas, na página 9, cita: "Para o Sr. Luís Antônio de Souza, com mais de trinta anos de vivência com barcos a vela e motor, no rio São Francisco, as carrancas dos seus barcos tinham apenas a função de uma fantasia para embelezá-los e nunca para defendê-los contra o Negro d'Água e figuras similares. Para ele, que já chegou a perder uma barca em viagem, o acidente foi causado por atrito com pedra, redemoinho e paus boiando na superfície."

Não há dúvida de que os ribeirinhos, em seu primitivismo[39], emprestavam qualidades místicas às carrancas, às quais atribuíam a pro-

---

39 "O popular do etnográfico que tem origens tão afastadas, nascendo mesmo com as culturas primitivas, ainda hoje se reflete nos grupos mais pobres de países ditos civilizados (...). As condições de extrema miséria destas populações desenvolveram a tendência ao animismo, à alienação, a uma associação de vida material com o comportamento religioso ou mágico. Recua, desta maneira, em alguns períodos da história do nosso meio rural, a estados só conhecidos

priedade de espantar animais e duendes do rio, que os amedrontavam, conforme já visto. Certamente os remeiros partilhavam da mesma opinião, e alguns proprietários de barca devem ter encomendado carrancas com esta finalidade. A lenda da função mística da carranca ficou na tradição oral e ainda hoje é repetida por muitos ribeirinhos.

Mas teria sido esta a função das *primeiras carrancas*? Não o creio. Mais simples e econômico seria traçar algumas cruzes e sinais cabalísticos nos costados da barca. Aliás, já transcrevemos W. Lins, que observou que o remo "quase sempre tem uma cruz ou um símbolo de Salomão[40] desenhado na pá". Joaquim Ribeiro[41], falando sobre o Caboclo-d'Água, nota que "conjura-se o seu ataque, levando uma faca no fundo da canoa". Informa ainda que, rezando o ofício de Nossa Senhora, o barranqueiro se protege contra a Serpente do Rio e a Cobra-d'Água, enquanto a perseguição do Bicho d'Água cessa quando lhe jogam um pedaço de fumo.

Tais recursos são universais. As trombas marinhas, também conhecidas no Mediterrâneo como dragões do mar, eram conjuradas colocando-se no mastro uma faca com cabo preto, fazendo sinais da cruz e recitando preces e palavras cabalísticas[42]. Ainda hoje vemos, nas casas humildes do interior do Brasil, uma cruz desenhada na porta principal, para afastar os maus espíritos.

Quanto ao motivo original das carrancas, mais lógico poderia ser o que diz W. Lins: "Acredita-se que os donos de barca tenham adotado o uso das figuras de proa como meio de atrair a curiosidade da gente das fazendas sobre as embarcações e, assim, aumentar as possibilidades de negócios."[43] Aí está um motivo econômico que poderia tornar rentável

---

em povos primitivos, onde todas as atitudes eram pautadas por um comportamento mágico, mesmo as mais simples ações, ligadas à sua forma de vida" (SOUZA BARROS, *Arte, folclore, subdesenvolvimento*, pp. 71 e 44).

40 "Debaixo dos barcos do São Francisco é costume traçar, em baixo-relevo, um símbolo de Salomão... Este signo serve para espantar o Negro d'Água, virador de canoas, de barcos", conforme *Brasil – histórias, costumes e lendas* (p. 123).

41 Op. cit., pp. 119 ss.

42 LA MER, *Larousse*, p. 45.

43 Op. cit.

o investimento do proprietário da barca na aquisição da carranca. Este fato é corroborado pelo que me foi dito por Osório Alves de Castro: "a originalidade das carrancas era a principal preocupação dos proprietários". Guarany informa que a carranca "era feia mais *por propaganda*".

Creio que este foi o motivo da generalização das carrancas, pois, tendo um primeiro proprietário decorado a proa de sua barca, a emulação comercial provocou a imitação, para que também melhor pudessem enfrentar a concorrência dos novos vapores. Mas ainda não reconheço este motivo como o que originou a(s) primeira(s) carranca(s). Só para atrair a atenção, mais fácil seriam outros recursos, como pintar as barcas com cores berrantes, usar maior número de bandeirolas no mastro, soar mais amiúde seus búzios etc.

Julgo que os motivos que originaram a *primeira carranca* foram os de prestígio e indicação de propriedade, por imitação de carrancas antropomorfas, vistas por algum fazendeiro do São Francisco, em navios aportados no Rio de Janeiro ou em Salvador, para que, ao longe, os ribeirinhos identificassem a barca pelo busto de seu poderoso proprietário à proa. Aliás, era comum, especialmente no século passado, como vimos no capítulo I, colocar como figura de proa a do armador do barco ou a daquele que dava o nome à embarcação.

Analisemos os motivos que me levam à interpretação acima. As carrancas surgiram no último quartel do século XIX. Ora, conforme W. Lins "nos meados do século XIX, é que começou um vago sentimento de conforto, entre as famílias menos pobres, trazido da corte pelos parentes que ocupavam cargo no governo"[44]. Recordemos que a lembrança mais remota de F. Guarany foi a de um barão, da cidade de Januária, que quis seu busto com a exatidão do caroço na testa, à proa de sua barca. Certamente não foi para espantar o Minhocão, e é provável que esta barca, que recebeu tão nobre decoração, fosse para seu uso e de sua família, e não para carregar rapadura, café e similares. A imprecisa referência de A. Câmara a "canoas com camarim e proa

---

[44] Op. cit.

adornadas, de ricos senhores de engenho" reforça esta hipótese. Como comentei, provavelmente se trata de barcas e não de canoas, e a figura de proa era o símbolo da embarcação de "ricos senhores".

Não pretendo que aquele barão citado por Guarany tivesse sido o primeiro a utilizar uma carranca, mas acredito que um grande senhor do Vale tenha procedido como descrito acima para encomendar a um escultor da região a *primeira figura de barca*. Assim como este suposto grande senhor imitou os navios que viu na capital da província ou do Império, alguns proprietários de barca quiseram imitar o grande senhor e constataram que suas embarcações enfeitadas provocavam certa curiosidade, quiçá admiração, acarretando o aumento de seus negócios.

A concorrência, que era certamente acirrada, quando mais de duzentas barcas mercadejavam no médio São Francisco, aliada ao senso estético da decoração, provocou a generalização das carrancas, às quais muitos emprestaram um caráter místico, que provocou mais um motivo para o uso das carrancas: o da proteção contra os perigos do rio.

Vimos no capítulo I que o motivo original das figuras de proa foi provavelmente a necessidade de facilitar a caça e a pesca. Em seguida veio a interpretação mística. Mais tarde, outros motivos as explicaram: pura decoração artística, intimidação do inimigo, sinal de prestígio, indicação de propriedade ou origem, facilidade de comércio. Conclui-se que todas as causas que originaram o uso dessas peças contribuíram para a generalização das carrancas do São Francisco.

Os motivos básicos: prestígio de um pequeno nobre e comércio se conjugam, se observarmos que, "como em todas as sociedades coloniais primitivas, o comércio era, no Brasil, privilégio da classe elevada, quase título de nobreza"[45].

Quanto à conotação mística dada pelo povo, cabe observar que, em arte primitiva, a explicação psicológica para o uso de uma peça está freqüentemente divorciada da causa histórica que a determinou, conforme F. Boas: "la explicación psicológica de un costumbre y su de-

---
45 MORAES REGO, op. cit., p. 166.

Foto 62 – *Carranca de predominância antropomorfa, da 2ª fase de Guarany.* (MG)

sarrollo histórico no son en manera alguna los mismos; al contrario, debido a interpretaciones secundarias que se establecen en el curso del tiempo y cuyo caráter general depende del interés cultural del pueblo, la explicación psicológica es mucho más probable que sea del todo independiente de los acontecimientos históricos que han tenido lugar"[46].

É muito comum que uma peça de arte popular adquira uma utilidade distinta da que a originou; Vitalino começou fazendo animais de cerâmica, que eram vendidos na feira de Caruaru como brinquedos de

---

46 *Arte primitiva*, p. 131.

criança, e terminou produzindo, principalmente, peças mais elaboradas, para colecionadores.

Compreendemos agora por que só as embarcações de maior prestígio receberam esta marca de realce, a carranca. Se a origem primeira das carrancas fosse efetivamente a de proteção contra os perigos, naturais e sobrenaturais do rio, como explicar que, pelo menos pequenas carrancas, mais fáceis de executar, não fossem usadas nas outras embarcações do São Francisco; menores que as barcas, não eram elas ainda mais vulneráveis a naufrágios?

As grandes barcas e batelões, em sua maioria, levavam carranca. "Uma barca sem a figura de proa era como um homem sem gravata", diz Guarany. O mesmo não ocorria com os outros tipos de embarcações são-franciscanas, inclusive as barcas de passagem de gado. Praticamente todos assim me informaram, salvo duas exceções: Edilberto Trigueiros viu, em Juazeiro, onde, cerca de 1930, só existiam dois ou três paquetes de carga, pequenas carrancas enfeitando-os. Certamente originadas pelo fator prestígio, pois o paquete de carga era uma barca diminuta. Seu proprietário minimizaria seu complexo de inferioridade com uma carranca à proa. A carranca da foto 63 com somente 40 cm em sua maior dimensão – ao longo do pescoço, cujo diâmetro é de 10 cm – deve ter pertencido a um paquete. Joaquim Almeida diz que a *Estrela do Norte*, barca de passagem de gado de propriedade de seu sogro, recebeu, em 1927, uma carranca esculpida por Daniel Bispo de Santana, acrescentando que alguns batelões maiores de três a cinco toneladas também ostentavam carrancas.

Note-se que a tese acima para a origem da(s) *primeira(s) carranca(s)* – prestígio – não conflita com os que defendem a função apotropaica – protetora – da carranca, baseando-se na tipologia da maioria – mas não da totalidade – das carrancas hoje disponíveis, geralmente já deste século. Não se pode negar o caráter apotropaico da maioria das carrancas nem se pode admitir que o barão que mandou colocar seu busto à proa da barca o fizesse para espantar os duendes do rio.

A tese que defendo é apoiada por O. Lixa Filgueiras: "Estou perfeitamente de acordo consigo em que se não devem confundir a interpreta-

Foto 63 – *Pequena carranca – partido raro – que deve ter pertencido a um paquete. Da coleção do autor. (SD)*

ção popular e o motivo que a originou. Ainda que o aculturado burguês (ou para-burguês) tivesse adaptado a carranca numa atitude de autoafirmação (status), o artesão-artista re-criou, re-encontrou, as linhas de uma tradição (aliás exterior). Estamos como que em face de arquétipos geradores de estímulos, cujos resultados acabam por parecer constantes (...). Claro que a hipótese totêmica (para a origem das carrancas, acresço) não tem qualquer espécie de viabilidade: para começar, teríamos de verificar, na origem, a existência de um grupo étnico (tribo) rácica e culturalmente voltada a esse fenômeno. Ora, o meu Amigo provou sobejamente o mecanismo do aparecimento destas carrancas."

Arnold Hauser, em seu *Introducción a la historia del arte*, p. 453, diz: "El arte del pueblo ha sido, la mayoria de las veces, un reflejo del arte superior (...)", e a figura de proa erudita, no século XIX, era usada com fins decorativos. Em suas réplicas são-franciscanas, esculpidas por artistas populares – nos quais Lélia Coelho Frota (op. cit., p. 4) assinala "a importância do papel desempenhado pelo inconsciente" e com "uma espontaneidade criadora só remissível a raízes arquetípicas" –, aflorou a origem primeira das figuras de proa: a proteção, no ambiente são-franciscano, aos duendes do rio.

A interpretação dada aqui contrariará a fantasia de quem tem visto nas carrancas influências, longínquas no tempo e no espaço, especialmente dos *vikings*. Isto, certamente, porque hoje são bastante reproduzidos barcos *vikings* com figuras de proa; lembremos, no entanto, que as descobertas dos navios de Gokstad e de Oseberg datam de 1880 e de 1904, sendo posteriores as primeiras carrancas do São Francisco. Verificando a dificuldade que tive nas livrarias e bibliotecas do Rio de Janeiro para encontrar alguns livros com reproduções de figuras de proa, concluo ter sido praticamente impossível que uma obra com tais reproduções houvesse chegado, há cem anos, a alguma das pequenas cidades às margens do São Francisco. E se isso ocorreu, que tivesse influenciado alguém à imitação, por maior que fosse sua cultura artística, pois seria inclusive ridicularizado pela sociedade local, que não aceitaria uma imitação de decoração de barcos de outros povos de cultura primitiva. Quanto à possibilidade de os *vikings* terem visitado nossa costa, aí teriam surgido carrancas, e não no médio São Francisco.

Poder-se-ia argumentar que algum rico fazendeiro da região teria trazido, de fora, reproduções de carrancas primitivas para imitá-las. Muito mais provável, porém, é aceitarmos que esse fazendeiro se motivasse com a figura de proa de um grande e moderno navio visto nos portos do Brasil ou do estrangeiro, pois, como foi dito no capítulo I, durante o século XIX essas peças decorativas continuaram em uso.

TIPOLOGIA

Conforme vimos, as primeiras carrancas, motivadas pelo fator prestígio, devem ter sido antropomorfas, retratando o proprietário da

Foto 64 – Primeiro testemunho iconográfico de carranca, do século XIX. (EM)

barca. A foto 64 mostra a mais antiga representação que se conhece de uma figura – nitidamente antropomorfa – de barca do São Francisco, em desenho do século XIX. Na foto 62 vemos um personagem bigodudo em interpretação simplificada, o que permitia inclusive que seus traços fortes fossem distinguidos ao longe, facilitando reconhecer a barca. Após a motivação inicial do prestígio, as carrancas se generalizaram, como explanei, por motivos comerciais, decorativos e místicos.

Ora, como proteção contra animais e duendes do rio foram obviamente empregados animais, pois a mentalidade primitiva lhes dá grande importância, como inimigos que é preciso respeitar e homenagear; além da crença de que um *bicho feio* à proa das barcas espantaria os duendes do rio. É muito possível que um dos primeiros animais representados fosse um leão, o que explicaria a generalização das longas cabeleiras, como jubas. Talvez por encomenda de algum proprietário do São Francisco que teria se impressionado com figuras de proa representando o rei dos animais, o que era muito comum nos navios europeus, conforme citado no capítulo I. No National Maritime Museum, em Londres, examinei a figura de proa de dezenas de modelos de embarcações dos séculos XVIII e XIX. A metade delas representava um

Foto 65 – A mais antiga foto conhecida com carrancas, de obra publicada em 1909. (EM)

leão. Vimos que em Portugal o *leão* de tão comum era sinônimo de *figura de proa*. Carlos Moura diz-nos que "as xilografias populares das narrativas da *História trágico-marítima* (século XVI e XVII) e as ilustrações do *Livro de traças de carpintaria*, de Manuel Fernandes (1616) provam não só que o leão era das figuras de proa mais usadas nos navios portugueses, como que era muito antigo esse costume"[47]. A representação leonina no médio São Francisco é curiosa mas não constitui fato único: "El león fue tan general que hasta los neozelandeses, según cuenta el capitán Cook, sin haber jamás visto a un animal de esta clase, lo esculpieron en las proas de sus canoas de guerra (...)"[48]

Houve então, creio, duas tendências básicas na origem das carrancas, provocando os tipos antropomorfos e zoomorfos. Estes dois tipos puros logo se mesclaram, na grande maioria das carrancas.

Por que se passou do tipo antropomorfo ao zoomorfo e por que ambos se mesclaram? "Desde el punto de vista meramente formal de los estilos, no será nunca posible explicar por qué un desenvolvimien-

---

[47] Figuras de proa do Tocantins e carrancas do São Francisco, *Navigator*, p. 75.
[48] *Enciclopédia general del mar*, v. IV, p. 501.

to artístico determinado se há detenido en un momento concreto y há experimentado una transformación estilística, en lugar de proseguir y de continuar ampliándose; por qué, en una palabra, tuvo lugar un cambio en aquel momento histórico."[49] Pode-se, entretanto, propor alguns motivos para esta mescla zooantropomorfa. Em povos primitivos os "espíritos del mar eran representados como sus intermedios entre el hombre y el animal"[50] como o patenteiam a sereia e a representação amazônica do Caboclo-d'Água (foto 39). O inconsciente coletivo poderia ter levado à solução zooantropomorfa das carrancas, em que os atributos humanos e animais tinham que se combinar na cara.

É curioso notar que nas boas carrancas essa mistura de elementos humanos e animais não se faz ao acaso – como nas lamentáveis réplicas atuais –, mas obedece a uma harmonia evolutiva. Isso pode ser constatado pela comparação da terceira fisionomia a partir da esquerda, na figura XIX, com várias carrancas de Guarany (como as das fotos 150, 148, 62 e 111), que regrediu na escala zoológica até reproduzir um *facies* zooantropomorfo coerente, proporcionado.

No capítulo II vimos que no início deste século, quando se expandiram as carrancas, os duendes mais importantes eram o Bicho d'Água, "gigante todo coberto de *pêlos*, com *dentes enormes*, (...)" e a

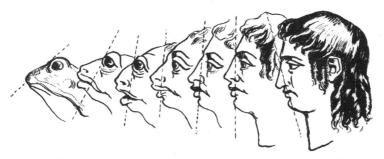

Fig. XIX – É coerente o zooantropomorfismo das boas carrancas. Várias de Guarany lembram a terceira fisionomia a partir da esquerda, nesta figura.

---

49 HAUSER, Arnold, op. cit., pp. 27-8.
50 ELLIOT, A., *Mitos*, 1976, p. 146.

Mãe-d'Água, "de longa e farta *cabeleira* (...)". Eis, pois, outra hipótese para explicar a longa cabeleira e os dentes à mostra das carrancas. Essa consideração nos leva também a analisar a possibilidade de os carranqueiros terem representado na proa das barcas os principais duendes. Nesse sentido, veja-se no capítulo IV que o proprietário de uma das barcas se referia à carranca como sendo o Caboclo-d'Água, e que Guarany citou-me que sua primeira carranca "era um busto de negro, ou de *caboclo*" tendo talvez omitido o *d'água* por escrúpulos no primeiro contato com o *professor do Rio*.

Outro fato significativo citado por Guarany é o de "terem utilizado carrancas representando jacarés para espantar os do rio". Clarival Valladares, como vimos, julga a carranca "o exemplo definitivo de figura apotropaica do complexo arcaico brasileiro" e que sua qualidade apotropaica – caracterizada pelos olhos esbugalhados, atitude retesa e expressão apavorante – resulta de representar o duende que deseja afastar. É o *devil facing the devil* citado por Alois Riegel e exemplificado pelo dragão, de expressão diabólica, acresce Clarival. Também Câmara Cascudo, em seu *Dicionário do folclore brasileiro*, informa que "o melhor amuleto afugentador do Cavalo do Rio é sua própria representação na proa da embarcação".

Se a tese acima for verdadeira, ficaria explicada a forte semelhança que se observa em alguns grupos de carrancas – as das fotos 52 a 54, de Afrânio; as das fotos 139 a 142, de Guarany etc.; cada um destes grupos representaria o protótipo de um duende. Inquiri Guarany a respeito, não obtendo uma resposta clara. Disse que a carranca "não representava nada; coisa nenhuma", mas que havia quem considerasse a figura de determinada barca como o Caboclo-d'Água, por exemplo – possivelmente até por brincadeira – e talvez lhe encomendassem "*um caboclo* como o da barca de Fulano". Aliás, esta interpretação não é obrigatória: poderiam encomendar-lhe uma *figura* como a da barca de Fulano, cuja tipologia teria impressionado o futuro adquirente. Também talvez os escultores repetissem soluções plásticas por lhes terem agradado ou por falta de imaginação, no caso de encomendas superpostas no tempo.

O misticismo era tão forte que até Guarany – elemento de certo destaque na sociedade local – *viu* um Caboclo-d'Água (ver capítulo IV), o que consciente ou inconscientemente deveria ter algum reflexo em sua obra, com tão forte carga mística. Outro fato que mostra a crença de Guarany nas qualidades sobrenaturais das carrancas foi sua citação que, ao morrer o proprietário da barca *Aquidabam*, sua viúva invocando o espírito do morto soube que este se encontrava incorporado à figura da barca, de autoria, aliás, de Guarany. Assim, é provável que, ao esculpir certas carrancas, Guarany pensasse em algum duende – o Caboclo-d'Água, por exemplo –, mas ele informou-me que não havia o desejo consciente de representá-lo.

Por outro lado, os que acreditavam na função protetora da *figura de barca* julgavam-na apta a espantar todos os duendes e não somente o representado na carranca, o que enfraquece a possibilidade de a carranca retratar – pelo menos conscientemente – um duende. Saul Martins, que há muito estuda a problemática das carrancas no trecho mineiro do São Francisco, julga "improvável que alguma carranca tenha representado duende".

Aos que atribuírem ao autor pouca clareza nos diversos argumentos formulados acima, sugiro que leiam o trecho de A. Elsen transcrito na página 140 sobre a impossibilidade de se dar uma explicação satisfatória desses fatos. Aos que virem contradição entre a tese defendida – da *origem* das carrancas por imitação das figuras de proa oceânicas – e a explanação acima sobre o misticismo das figuras de barca, peço que relembrem que "não se deve, porém, confundir esta *interpretação popular* [mística] com o *motivo* que originou as primeiras carrancas" (ver p. 91).

Outro motivo que poderia ter provocado – ou, principalmente, expandido – a tipologia zooantropomorfa das carrancas é que para atender à função comercial – que provocou sua expansão – haveria maior interesse em apresentar peças originais e bizarras, e não representações exatas. É conhecido que o primitivo é avesso ao naturalismo, não pela incapacidade técnica de praticá-lo, mas porque a objetividade de sua arte o leva a outras soluções, em que só interessa a indicação plástica dos símbolos exigidos pela finalidade básica de sua obra. Daí a simplificação de formas e o exagero de certos detalhes anatômicos que encontramos na escultura dos povos primitivos. Ao invés de denotar inabilidade, comprova capacidade criadora, fonte aliás da renovação da pintura ocidental, neste século, a partir das experiências cubistas de Picasso e Braque, inspiradas na escultura africana.

É interessante notar o paralelismo entre o simbolismo das esculturas africanas aliado ao realismo das cabeças do Benin (inúmeros outros exemplos deste tipo são citados por F. Boas)[51], e o simbolismo das carrancas aliado ao realismo das magníficas esculturas naturalistas de Guarany, mostradas nas fotos 66 e 67. Isto confirma o que diz Boas sobre arte primitiva: "la perfección técnica de las esculturas y pinturas, la exactitud y atrevimiento de la composición y las lineas demuestran que las representaciones realistas no están fuera del alcance del artista"[52].

É óbvio que as deformações que acentuam os caracteres ideográficos das carrancas de bons artistas são propositais e não resultam da inabilidade técnica. Isso se comprova nas carrancas das fotos 4, 60 e 70. Também de Guarany, que em sua mocidade foi santeiro, possuo um Cristo esculpido em madeira, com 25 cm de comprimento, cuja perfeita anatomia e forte expressividade demonstram completo domínio da escultura barroca, como se pode constatar na foto 45.

Também na escultura africana "les statues humaines aux proportions correctes sont l'exception, non que l'artiste soit incapable de les reproduire, mais parece quil n'en sent pas l'obligation"[53]. Conforme G. Bazin[54], isto ocorre "car le primitif vif dans une imprégnation quotidienne de l'audelà" e, quando faz uma representação, seu interesse é expor uma idéia, com conotação mística. Para tal, ele simplifica detalhes, estiliza linhas e volumes; deseja, do objeto representado, uma representação simbólica e não naturalista.

---

51 Op. cit., pp. 16, 23 e 182.
52 Op. cit., p. 182.
53 PAULME, D., *Les sculptures de l'Afrique noire*, p. 8.
54 Op. cit., p. 55.

Foto 66 – Guarany esculpiu esta figura de presépio, que "dentro da escultura brasileira é uma das peças de expressividade maior", na abalizada opinião de Clarival Valladares. (CR)

Foto 67 – Magnífica figura de presépio, de Guarany. (SD)

Outro possível motivo para o zooantropomorfismo das carrancas foi a dificuldade técnica em reproduzir exatamente uma cabeça humana ou de animal, pois as carrancas eram esculpidas em um pedaço de tronco (geralmente cedro), quase integralmente aproveitado em sua seção transversal, para dar mais volume à peça. É fácil compreender a dificuldade em se aliar a representação exata de uma figura humana ou animal ao desbaste mínimo de um tronco de árvore, tendo-se em conta as imperfeições da madeira.

O escultor se guiava mais por sua inspiração e pelas condições do tronco em que trabalhava. Prova disto é que tendo recebido de F. Guarany a carranca da foto 68, feita em 1967 e batizada de *Curupan*, pediu-lhe que fizesse outra idêntica para um amigo, o que não ocorreu, conforme ele explicou em carta: "Não saio *Curupan* porque a pessa não preenxeu o formato, mais fiz *Futhech*, saio optima, eu fiquei satisfeito."[55] *Futhech* pode ser visto na foto 69. De caráter mais antropomorfo com seus vastos bigodes, difere radicalmente do zoomorfo *Curupan*. Aliás, quando lhe encomendam um determinado modelo de carranca, Guarany diz que "Nunca atendo, faço como sai; a madeira é que faz a figura; ela já vem feita do mato."

F. Boas também assinala que "la obra se proyecta en la mente del autor antes que éste le de principio y viene a ser la ejecución directa de la imagen mental. Acontece, sin embargo, que en el proceso de ejecución de dicho plan, surgen dificultades técnicas que le obligan a modificar sus intenciones. Ejemplos de este caso pueden descubrirse en la obra acabada, y son muy instructivos por cuanto arrojan mucha luz acerca de los procesos mentales del obrero"[56].

O. Lixa Filgueiras trouxe-me uma interessante informação resultante de sua observação direta: "Quer como aluno das cadeiras de desenho na Escola de Belas-Artes, quer como professor do Curso de Arquitetura, eu e os meus colegas verificamos que quanto menos treinada estava

---

55 Respeitei a grafia original de Guarany, antecipando o estudo que dele farei no próximo capítulo.
56 Op. cit., p. 156.

Foto 68 – Curupan, da 3ª fase de Guarany. (SD)

Foto 69 – Futhech, da 3ª fase de Guarany. (FP)

uma pessoa, maior era a tendência para reproduzir os traços da própria cara na cópia (da estátua) que estava a fazer. O mesmo se pode dizer das figurações animais. Assim e para além dum jogo lúdico da descoberta de seres fantásticos (zooantropomorfia) a componente acima indicada pesa em maior ou menor grau nos resultados do trabalho *naïf* (...). Daí o paralelismo (não cultural) de expressões de aparente identidade em obras persas, chinesas, *vikings*, francesas etc., principalmente quando os animais representados espelham uma *alma* humana."

A apreciação pessoal ou fotográfica de noventa carrancas[57] levou-me a classificar um terço como predominantemente antropomorfas e dois

---

57 Normalmente neste capítulo, quando me refiro a carranca, trata-se de peça tendo servido originalmente como figura de barca, esculpida antes de 1940.

terços como predominantemente zoomorfas. Isto reflete, é claro, uma classificação pessoal, devendo-se repetir que quase todas as carrancas apresentam elementos zoo e antropomorfos, sendo bem discutível em muitos casos qual o elemento predominante. Das carrancas que vi, só três eram claramente antropomorfas e provavelmente são do mesmo escultor as das fotos 4, 60 e 70. Também são raras as nitidamente zoomorfas, que, em geral, representam um cavalo, como nas fotos 31 e 32.

Em *O cavalo como figura de proa no Brasil*[58], Carlos Moura mostra o relacionamento do cavalo com a água – pois criado por Netuno, segundo a mitologia grega – e com as forças do mal ou do bem, o que se

Foto 70 – *Original carranca atribuída a Moreira do Prado, de tipologia diversa das demais carrancas são-franciscanas.* (SD)

---

58 Ver nota 8.

reflete na crença que a ferradura traz boa sorte. No capítulo I vimos desenho e referências a figuras de proa de cavalo na Antiguidade: fenícios, vikings etc. Contudo, as crenças mágicas estendiam-se a inúmeros outros animais – touros, cabras etc. – que também são familiares mas não foram utilizados – pelos menos realisticamente – nas proas de nossas barcas.

É interessante notar que o elemento antropomorfo comum a praticamente todas as carrancas, mesmo às que representam nitidamente um animal, são os olhos. Os olhos de mamíferos, embora com a forma geral elíptica, teriam, como representação simplificada, um círculo, pois neles ressaltam a pupila e a íris, sendo praticamente invisível a esclerótica, que lhes daria a representação elíptica, como no olho humano. Nosso primeiro selo, preto e praticamente circular, é conhecido como olho-de-boi. Entretanto, em arte primitiva e popular, da Antiguidade a nossos dias, a representação do olho de um animal lembra o da figura humana, por sua forma elíptica, como nas carrancas. Mas o que nestas mais realça o caráter antropomorfo é um detalhe que se encontra menos freqüentemente: as fortes sobrancelhas arqueadas, muito utilizadas nas figuras de barca.

Outro elemento que impressiona nas carrancas, especialmente nas de Guarany, é a sua longa cabeleira. Prova é que Ewaldo Gato, estilizando uma carranca para um selo lançado em agosto de 1972 pela Empresa Brasileira de Correios e Telégrafos (foto 71), deu amplo pre-

Foto 71 – Carranca, de Ewaldo Gato.

domínio à cabeleira, em relação à face da carranca. É muito provável que a peça que motivou a referida estilização seja a da foto 43, pois, das fotos que M. Gautherot cedeu para o estudo do selo citado, esta é a que mais se aproxima do desenho adotado.

Possivelmente a cabeleira das carrancas, vasta como a de animal, mas com um tratamento que os santeiros davam ao cabelo humano, se deve a motivo decorativo, pois se localiza na parte da carranca que é vista pelos que viajam na barca.

A tipologia das carrancas do São Francisco obedece a outro caráter básico, além do zooantropomorfismo citado. É o fato de elas se constituírem só de cabeça e pescoço: este, grande, quase tendo o mesmo diâmetro da cabeça, a fim de aproveitar ao máximo o tronco de árvore, conforme melhor se compreende na figura XX. Entretanto, quando o tronco apresenta uma forquilha, como na figura XXI, a cara se destaca nitidamente do pescoço, projetando-se para a frente conforme os cavalos das fotos 31 e 32. Jamais utilizou-se homem ou animal de corpo inteiro, ou de meio corpo, como era corrente nas figuras de proa dos navios oceânicos. Provavelmente a pequena altura da proa das barcas exigia que as carrancas fossem colocadas sobre ela e não acompanhando a roda-de-proa, como nos navios maiores. Por outro lado, os choques da proa contra as barrancas do rio exigiam uma figura robusta e pesada, que resistisse aos embates. Uma figura de corpo inteiro não teria firmeza. Nem se poderia utilizar uma figura de meio corpo, mesmo possuindo uma base suficiente à fixação na proa. Esta, sendo de pequena dimensão e terminando em ponta, exigiria que a figura de proa fosse diminuta, com uma cabeça reduzida, perdendo muito de sua força expressiva. Contudo, um busto poderia ser utilizado, como o foi nas esculturas das fotos 4, 60 e 70. A raridade de ocorrência do busto é correlata à da solução antropomorfa pura.

As carrancas não constituem um acréscimo decorativo, como as figuras de proa dos navios oceânicos, mas se incorporam organicamente à barca, de cujo pesado corpo constituem a cabeça, o que dá à embarcação o aspecto de um pato.

Fig. XX – *Habitual desbaste de um tronco para esculpir a carranca.* (SD)

Fig. XXI – *Desbaste de um tronco* em forquilha. (SD)

Não pode haver explicação segura para o estilo das carrancas, ou de qualquer outra manifestação da arte popular, tradicional. "Dudo mucho que pueda darse alguna vez una explicación satisfactoria del origen de estos estilos; seria tan difícil como descubrir todas las circunstancias psicológicas y históricas que determinan el desarrollo del lenguage, la estructura social, la mitología o la religión. Todas estas cosas son tan extremadamente complicadas en su crescimiento que en el mejor de los casos no podemos hacer más que esperar que lleguemos a desenredar algunos hilos que forman la tela actual y determinar algunas de las lineas de conducta que puedan ayudarnos a compreender lo que pasa por la mente de las gentes."[59]

As interpretações que se possam dar a obras de arte, sem que se ouça seu autor, são muito duvidosas. Mesmo quando se tem a explicação do autor, psicólogos, e principalmente psicanalistas, poderão defender uma interpretação totalmente diversa. Por isso não me preocupo com o aspecto subjetivo da psicologia da forma, contentando-me com o aspecto descritivo. Estou totalmente de acordo com o que diz Elsen: "Hoy no existen explicación racional o analogías con la vida moderna que permitan al contemplador *leer* el significado del infierno de Bosch, y de alí la inferencia de que esta era una obra de pura fantasía o algun sueño experimentado por el artista."

Prefiro evitar uma longa e fastidiosa descrição dos detalhes das carrancas cujas fotos constam desta obra. Será fácil ao leitor distinguir entre nariz e focinho, entre lábios humanos e beiços animais etc. Elementos ideográficos zoomorfos, antropomorfos e mistos estão dosados de modo muito variado nas carrancas, conforme a fantasia do escultor.

Há muita diversificação, mesmo na produção de cada artista, que era esporádica, pois foi relativamente pequeno o número de carrancas esculpidas, e num curto período (sessenta anos), o que não permitiu que se formasse uma tradição que transmitisse, de geração a geração, características ideográficas estáveis, cristalizadas numa sociedade fecha-

---
59 ELSEN, Albert, *Los propositos del arte*, p. 394.

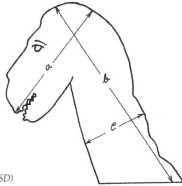

Fig. XXII – Principais dimensões da carranca. (SD)

da pela filtragem de uma produção inicialmente diversificada, como ocorreu em povos africanos, o que permite facilmente distinguir uma escultura negra: baoulé, senoufo etc. Já nas carrancas, os caracteres comuns são poucos, o que justifica a tipologia sumária apresentada.

As dimensões das carrancas variavam proporcionalmente às das barcas onde se aplicavam. Como eram mais freqüentes nas barcas maiores, tinham geralmente cerca de 40 a 50 cm para comprimento da cara (dimensão a da figura XXII); cerca de 30 cm de diâmetro (dimensão c); cerca de 80 a 100 cm de comprimento máximo ao longo do pescoço (dimensão b). A maioria das peças reproduzidas neste estudo está, neste caso, como a da foto 26. São as que chamarei de grandes carrancas. É excepcional que sejam excedidas em dimensões, como ocorre com as peças das fotos 58 e 52. Esta última, embora tenha 50 cm para comprimento da cara e 30 cm para diâmetro do pescoço, apresenta 55 cm em uma linha que vai da extremidade do nariz ao ponto mais saliente, atrás da cabeça, o que dá um grande volume à peça. Esta solução foi possível com emendas de madeira que aumentassem o tronco original, recurso que só constatei nesta peça.

Também foram feitas carrancas de dimensões mais reduzidas, para barcas menores. A peça da foto 73, que se pode considerar como média, tem a = 30 cm, b = 65 cm e c = 25 cm. As menores carrancas que

Foto 72 – *Cabeça de santo (século XIX).
O tratamento do cabelo é semelhante ao
das carrancas esculpidas por imaginários,
como Afrânio e Guarany.* (SD)

já vi – duas – tinham só cerca de 40 cm na dimensão b e 10 cm de diâmetro c; uma é a da foto 63.

A peça da foto 70, embora fuja à tipologia geral das carrancas, obedece aproximadamente às dimensões das grandes carrancas, pois apresenta: a = 45 cm, b = 85 cm e c = 25 cm (sendo os segmentos a e b verticais, e c, horizontal).

Cabe notar que a figura de Taylor, da proa da fragata *Niterói* (foto 1), tinha aproximadamente as dimensões das grandes carrancas: 35 cm de comprimento do rosto, 100 cm de altura total, tendo porém uma largura máxima de 80 cm de ombro a ombro. Este navio notabilizou-se por ter perseguido, até quase a entrada do Tejo, sob o comando de Taylor, a esquadra portuguesa com as tropas do general Madeira, quando de sua retirada da Bahia. Não é impossível que esta figura de proa tenha inspirado a primeira que surgiu no São Francisco.

Escultores

A apreciação de noventa carrancas permitiu-me caracterizar nitidamente a já citada repetição de certos elementos plásticos, especialmente a cabeleira, mas também orelhas, boca etc., que distinguem claramente certos escultores que podem ser classificados como legítimos artistas populares, pois só os verdadeiros criadores guardam fidelidade a certas soluções próprias. A vasta cabeleira, cuidadosamente esculpida, é uma constante em todas as carrancas de Guarany[60], inclusive nas que fez ultimamente. Dois terços das noventa carrancas que examinei foram por ele entalhadas. Essa proporção foi mantida em cerca de mais dez carrancas que vi após a primeira edição dessa obra.

Outros escultores citados por Guarany foram: Sebastião Branco, de Juazeiro; Moreira do Prado, negociante em Januária, proprietário de várias barcas; Afrânio, um imaginário de Barreira, bem mais velho que Guarany; Manoel Mariano; Terêncio, irmão de Guarany, carpinteiro que construiu a barca *Baleia* e esculpiu sua carranca: uma cabeça de cavalo; além de seu pai, autor das carrancas das barcas que lhe encomendavam.

Desses escultores, a Afrânio foi atribuída, com certeza, por Guarany, a autoria da carranca da foto 58, e que pertenceu à famosa barca *Casa Vermelha*, depois batizada de *Minas Geraes* (fotos 56 e 57). Trata-se de uma peça magnífica, que parece representar um cavalo. De vigorosa e original concepção e com traços bem marcados, denota ser obra de um artista popular de grande inspiração e habilidade técnica; sua qualidade de imaginário se confirma observando na carranca os cabelos humanos, bem penteados. Outra peça certamente atribuível a Afrânio é a da foto 59, que apresenta a mesma concepção geral e as grandes dimensões da carranca da foto, sendo análogos, em ambas, vários detalhes: nariz destacado, com ventas abertas; olhos com pupilas e pálpebras salientes; tratamento do cabelo etc. Esta peça é do Museu de

---

60 Salvo as que representavam mulher, como as das fotos 120 e 121.

Arte Moderna da Bahia (Museu do Unhão). Guarany informa que Afrânio era mulato, alto, magro e bebia muito.

Nas fotos 52 a 54 vemos outras carrancas, cujas grandes dimensões originais, formato do rosto, técnica esmerada de execução e algo na feitura do cabelo permitem imaginar que possam ser de autoria de Afrânio, em que pese uma concepção geral muito diferente das carrancas das fotos 58 e 59. Embora os artistas populares conservem suas soluções plásticas ao longo do tempo, pouco sujeitos que estão a influências resultantes de intercâmbio, estudo, reflexão e pesquisa, pode-se imaginar que artistas mais versáteis tenham produzido em diferentes épocas peças de concepções muito distintas. Outra carranca que pode ser atribuída a Afrânio é a da foto 8, da coleção José Carvalho.

Nas carrancas das fotos 52 a 54 verifica-se, como na da foto 58, a mesma solução original da boca, rasgada no sentido longitudinal da cabeça, até quase à altura dos olhos. Estes, na peça da foto 54, têm pupilas e pálpebras em relevo, como nas carrancas das fotos 58 e 59. Também F. Guarany atribuiu estas peças a Afrânio, embora não demonstrando grande segurança. Guarany citou ainda serem de Afrânio as carrancas das barcas *Turiaçu* e *São Salvador*, das quais, infelizmente, não conheço fotos.

Uma peça rara que, apesar do mau estado em que se encontra, deve ter tido traços bastante naturalistas, lembrando um rei ou profeta, é a carranca da foto 70, atribuída por Guarany a Moreira do Prado, de Januária, que a fez para a barca *Tiradentes*, da mesma cidade. Terá ele querido representar este histórico personagem à proa da barca a que deu o nome? Esta carranca foi recolhida em Barra, por d. Martins de Oliveira, e hoje faz parte da coleção do autor.

As carrancas das fotos 4 e 60, que parecem ser também do mesmo escultor, são imagens femininas votivas: suas mãos apresentam uma oferenda às águas: um cilindro ou caixa. Clarival Valladares lembra que enquanto Iemanjá, orixá do mar, recebe uma *oferta aberta*, como cesta com flores, Oxum, deusa do rio de mesmo nome, na África, orixá da água doce, tem uma *oferta fechada*, como a das citadas carrancas.

No Brasil essa divindade é associada a várias invocações de Nossa Senhora: Conceição, Rosário, Carmo etc. A escultura da foto 4 parece ter uma coroa – como a carranca da foto 70 – e apresenta grande semelhança com uma antiga réplica da medieval imagem de Nossa Senhora de Montserrat, espanhola, que vemos na foto 124. Já a carranca da foto 60 é uma figura feminina com a trança típica da mulher do interior da Bahia, como se vê na foto 61, em que se pode observar o belo desenho geométrico dos cabelos.

É possível que várias outras carrancas sejam de Moreira do Prado, pois, no século XIX, pela abundância de madeira, Salgado, depois Januária, junto com Santa Maria da Vitória, eram centros importantes de construção de barcas. Entretanto, Guarany observou que Moreira do Prado era um abastado comerciante que esculpiu poucas peças, mais por diletantismo.

Provavelmente são do mesmo autor as carrancas das fotos 73 e 79, que apresentam o mesmo tipo de olho, de focinho rombudo, de boca rasgada, e principalmente o tratamento original e cuidadoso dado ao cabelo, conforme melhor se pode apreciar na foto 74, que mostra a carranca da foto 73 vista de costas. São ainda do meu conhecimento outras duas peças muito semelhantes à da foto 73, inclusive com o mesmo tratamento do cabelo.

As carrancas das fotos 80 e 81 devem ter sido feitas por um mesmo artista, pois apresentam analogias várias, como a forma dos olhos, orelhas, orifícios nasais bem circulares e, principalmente, o tratamento do cabelo.

Outro artista do qual já vi algumas carrancas é o autor da figura de proa da foto 82, cuja cabeleira apresenta um topete de mesma altura, ao longo de toda a testa. Possivelmente também do mesmo autor são as carrancas das fotos 75 e 83. A primeira, no Museu de Belas-Artes da Bahia, pertenceu à barca *Campo Novo*, e é de razoável semelhança com o dragão alado (foto 76) que vi à frente de um original carro de procissão, numa igrejinha setecentista da Ilha de Itaparica (Bahia). Talvez este carro tenha sido inspirado pelo que leva o *Caboclo* nos festejos da

Foto 73 – *Carranca média (em dimensões). Da coleção do autor.* (SD)

Foto 74 – *Tratamento original do cabelo da carranca da foto 73.* (SD)

Foto 75 – *Carranca representando dragão, também com asa no pescoço.* (MG)

Foto 76 – *Cabeça de dragão de carro de procissão de igreja na Bahia.* (PP)

Independência da Bahia (2 de julho), em Salvador. Este ostenta também um grande dragão, obra de Manuel Ignácio da Costa.

É curioso notar a asa esculpida no pescoço das carrancas das fotos 75 e 83, certamente inspiradas na do dragão, figura comum em nossas igrejas, seja esmagado por São Jorge e São Miguel ou segurando corrente de candelabro e lampadário. Além destas duas carrancas, só vi asas, e apenas esboçadas, nas duas esculturas de Afrânio nas fotos 58 e 59. Como as carrancas das fotos 75 e 83 são de categoria muito inferior às de Afrânio, conclui-se que deve ser outro seu autor, possivelmente também imaginário. Guarany informa ter esculpido uma carranca com asa de dragão porque o adquirente desejava uma escultura parecida com um dragão.

Um escultor de carrancas, também pintor, foi Daniel Bispo de Santana, de Gameleira, município de Lapa. Nasceu em 1900 e faleceu em 1933. Em 1927, fez as carrancas das barcas *Mangueira*, *Paraíso* e *Estrela do Norte*, sendo esta última uma barca de passagem de gado[61]. Por não ter fotografias destas barcas e de suas carrancas, não pude identificar o estilo desse escultor.

José (Zeca) Neves, já falecido, ourives de Porto Novo, distrito de Santana, também esculpiu carrancas, inclusive a da barca *Luzitânia*, a maior de sua época, construída em 1924 por João Neves. Zeca Neves também foi autor das carrancas das barcas *Rio de Janeiro*, *Oliveira* e *Mississipi*. Esta última, de Mariano Borges, pegava sessenta mil rapaduras, cerca de noventa toneladas, e tirou da *Luzitânia* o título de maior barca do São Francisco. Por falta de fotos, não pude identificar o estilo desse escultor, que deve ter sido de categoria, pois lhe entregaram as figuras de duas grandes barcas.

Algumas carrancas há esculpidas por elementos de poucos recursos artísticos, talvez carpinteiros, como o autor da peça apresentada na foto 77, que nem sequer deu relevo aos lábios, limitando-se a marcá-

---

61 Conforme informação de Joaquim Almeida, genro de Thomaz José Leite, proprietário das referidas barcas.

Foto 77 – *Carranca com cabelo fitomorfo.* (MG)

Foto 78 – *Carranca de reduzido interesse artístico.* (IK)

Foto 79 – *Carranca da coleção Caribé (Salvador). Note-se, no pescoço, os entalhes de natureza abstracionista.* (MG)

los à tinta. Também o tratamento dado ao cabelo é bastante pobre, embora original, pois é fitomorfo. Entretanto, escultura realmente desprovida de interesse artístico só encontrei, das cem que examinei, a da foto 78, pertencente à barca que se vê na foto 87.

Passo a comentar alguns artesãos que nos últimos anos têm esculpido peças inspirados nas carrancas são-franciscanas, mas com pouco sucesso, pois "toda época tem uma certa visão do mundo, uma certa concepção das coisas que exprime sua alma profunda". Salvo, parcialmente, Ubaldino Guarany, ao qual me referirei adiante, nenhum dos que começaram recentemente a esculpir *carrancas* pode ter condições psicológicas para criar peças com o vigor místico das carrancas nascidas no medieval ambiente são-franciscano do século passado, pois, segundo Frobenius, a arte é o espírito cristalizado (ver na Nota Prévia, a partir da p. 3, a diferença entre carranca e *carranca*).

O renascimento das *carrancas* no rio São Francisco deveu-se ao almirante Aristides Pereira Campos Filho, que, assumindo a presidência da Companhia de Navegação do São Francisco em fins de 1964, encomendou, em 1965, duas carrancas a Francisco Guarany, para ornar os dois primeiros empurradores da Companhia, então em construção. Adotou também em 1965 um novo emblema para a companhia, com uma carranca estilizada, de autoria de Lielzo Azambuja. A partir de 1966 mais cinco empurradores entraram em tráfego, portando *carrancas* esculpidas pelo chefe da carpintaria da Companhia em Pirapora, Davi Miranda. Isso porque já era grande, à época, a dificuldade em obter carrancas de Guarany.

Davi José de Miranda Filho se fixou em Pirapora em 1941, vindo do Sítio do Mato, na Bahia. Ali, garoto, já se impressionava com as figuras das barcas. Posteriormente às *carrancas* que esculpiu para os empurradores, passou a receber muitas encomendas, inclusive de turistas em excursão pelo rio, nos gaiolas. Como madeira, usa o pequi, e suas peças maiores, que ultrapassam largamente uma centena, em geral são pintadas. Em 1977, Davi informou estar sendo ajudado pelo cunhado, Joaquim da Silva, pelos sobrinhos Marquinhos e Robson

Foto 80 – Carranca do Museu de Arte Moderna da Bahia. (MG)

Foto 81 – Carranca de provável mesmo autor que a da foto 80.

Foto 82 – Carranca com cabeleira semelhante à esculpida por Guarany. (IK)

Foto 83 – Carranca com curiosa asa de dragão esculpida no pescoço. (MG)

Pereira, pelo filho Dário, e que já formou outros artesãos, destacando Marcelo Batista.

Foi-me referido que Davi Miranda é um indivíduo de grande capacidade e habilidade, realizando qualquer tipo de trabalho em madeira. Também desenha bem e pinta quadros. Mestiço claro, parece ter razoável cultura, pelas cartas que me escreveu, por ele mesmo datilografadas. Já foi vereador em Pirapora, é maestro e toca vários instrumentos. Tem cerca de 45 anos, não tendo pois alcançado plenamente o tempo das velhas barcas com suas imaginativas carrancas, de cujo espírito não são impregnadas as peças que já vi por ele esculpidas. Embora tecnicamente bem realizadas, as esculturas de Davi apresentam uma estilização dos elementos ideográficos das carrancas que lhes tira a ingênua naturalidade. As peças das fotos 88 e 89 são de sua autoria. A da figura XXIII tem a base em um plano vertical e não horizontal, porque era para ser aplicada na antepara de vante da ponte de comando de um empurrador da Companhia de Navegação do São Francisco, como muitas que Davi fez.

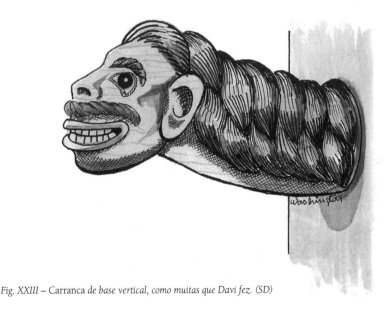

Fig. XXIII – Carranca *de base vertical, como muitas que Davi fez.* (SD)

Davi Miranda esculpiu também centenas de pequenas *carrancas*, com cerca de 25 cm na maior dimensão. Algumas vi, também de base vertical, como a da figura XXIII, envelhecidas e vendidas como tendo sido serradas de parede de casas no São Francisco. Uma que fotografei, foi-me confirmado por Davi tê-la esculpido no mesmo ano em que foi vendida...

Jamais li ou ouvi referência de carrancas protegendo casas, no São Francisco. Saul Martins assinala que no norte de Minas se usam espantalhos "à frente das fazendas, nas porteiras dos currais, ou, muitas vezes nas encruzilhadas onde fantasmas se reúnem (...). Quase sempre feitos de palha, outros de pano branco ou vermelho (...). Os espantalhos mais interessantes, porém, são feitos de pau de barriguda; lembram eles figuras de animais estrambóticos, ou monstros da arte egípcia, da era de Ramsés. Cada fazendeiro ou lavrador modela ou esculpe seus bonecos segundo escolha própria, ou preferência dos ancestrais. Fazem-nos seus defensores contra feitiços e maus olhados"[62].

Conforme o autor, os bonecos que viu eram grosseiros, feitos por curiosos, tanto que a madeira empregada era barriguda, muito macia e facilmente deteriorável. Assim, certamente, as pequenas *carrancas* de base vertical não protegiam casas, sendo esta versão fruto da imaginação de quem as recolheu. Aliás, a imaginação comercial é fértil, mas nem sempre lógica. A foto 84 mostra uma *carranca* há poucos anos adquirida no São Francisco, de grandes dimensões (1 m de altura e 80 kg de peso), graças à justaposição de peças de madeira antiga ou envelhecida (notam-se emendas verticais), o que jamais se fazia nas carrancas autênticas, cuja solidez devia garantir os choques inevitáveis da proa da barca. Na foto 87, vê-se o leme típico das barcas. Além da impossibilidade de inserir-lhe uma carranca vertical – e, mais ainda, no ponto do leme em que está a da foto 84 –, seria totalmente ilógico sobrecarregar com 80 kg uma peça cuja rápida maleabilidade de manobra é fundamental para a segurança da barca.

---

[62] Op. cit., p. 180.

Foto 84 – Pedro Paulino afirma que esta carranca foi esculpida por um de seus seguidores: Antônio Tomé (ou talvez por um seu primo), que vende na feira da Praça da República, SP, onde, aliás, reside o proprietário desta peça, adquirida no São Francisco (ali talvez lhe tenham acrescentado o leme).

Foto 85 – Carranca da dupla Flávio–Egnaldo, que geralmente esculpem carrancas. Da coleção do autor. (SD)

Foto 86 – Carranca, de grandes dimensões, de José Arcanjo dos Santos. Da coleção do autor. (SD)

Foto 87 – Barca a que pertencia a carranca da foto 78. (IK)

Foto 88 – Escultura mais simples e vigorosa, de Davi Miranda. (L)

Foto 89 – Escultura de Davi Miranda, com excesso de linhas e superfícies. (L)

Voltando a Davi, conheço poucas peças de sua vasta produção, mas das que vi, até 1974, concluo que ele não encontrou *seu estilo*. Não há constância dos detalhes anatômicos de suas peças, que são, às vezes, exagerados, torturados, embora alguns muito felizes como o nariz expressivo da foto 88. Suas esculturas demonstram boa imaginação e técnica, mas não têm a simplicidade e a pureza de linhas que garantem o equilíbrio e a majestade das melhores carrancas autênticas. Entretanto, Davi certamente ainda melhorará sua produção, especialmente na medida em que alcançar o seu estilo próprio, não vogando ao sabor das encomendas, o que talvez explique a diversidade de sua produção, pelo menos até 1974[63].

Após a forte expansão na produção de *carrancas* em Juazeiro–Petrolina, à qual me referirei adiante, também em Pirapora surgiram, além de Davi, muitos artesãos produzindo, segundo Lourdes Barrozo[64], "carrancas em série. Todas iguais. Cada artesão tem um só tipo. Tipo esse trazido da Bahia. E fazem em grandes quantidades. Uma série de um só tipo. Tem carrancas de boné, carrancas de gravata, carrancas tipo pingüim, carrancas vampirescas; são pessoas que aprenderam. E o tipo é aquele mesmo. Não adianta falar, pois eles acham ruim, ao ponto de dizer que 'o povo gosta é só deste tipo. E é deste que eu sei'. Eu fico triste, pois é tão bacana, tão bom a gente criar. Onde já se viu nas embarcações, carrancas de gravata? de boné? de três e quatro cabeças? Eles pegam o galho, em cada galho põem uma cabeça tipo vampiro e chamam de carranca".

Em Pirapora, um comerciante que monopolizava as *carrancas* (exceto as de Davi) e tinha um estoque permanente de cerca de duzentas peças vendeu em 1976, por Cr$ 20.000,00, a escultura da foto 92, pe-

---

[63] A pedido de Davi, transmiti-lhe esta crítica, que espontaneamente, em gesto elogiável, ele citou em entrevista a *O Globo* (25/6/1974), acrescentando: "Acho que o professor tem razão, mas agora estou tentando aperfeiçoar o meu trabalho, procurando estudar melhor a história das carrancas para impregnar-me da atmosfera que cerca a sua existência. Chato é que sempre surgem pessoas querendo ditar pra gente como fazer a carranca que desejam. Não atendo mais."
[64] *Ars Media*, Belo Horizonte (30/10/1977). O que a autora denomina "carranca" corresponde à "*carranca*" em minha nomenclatura.

sando 1.500 kg e feita por dois carvoeiros analfabetos, em um tronco centenário de tamboril.

Outro elemento, da Companhia de Navegação do São Francisco, importante no renascimento das *carrancas* foi o comandante Esmeraldo de Oliveira Brito, devido ao seu grande interesse pelo gênero. Em cerca de 1965 fez fundir em cimento algumas *carrancas* para a decoração de imóveis da Companhia em Pirapora, o que repetiu nas oficinas de Juazeiro, cuja chefia assumiu em 1969.

Nesta cidade já esculpiam réplicas João Bosco[65], que iniciou em 1966-1967 e em 1977 já não o fazia, e Manuelito[66], que aprendeu com Bosco, em 1968-1969, embora tivesse estilo distinto, e continuava produzindo *carrancas* em 1977.

O comandante Esmeraldo iniciou na Companhia outros seis marceneiros na produção de *carrancas*. Esses seis elementos entalharam mais de cinqüenta peças, das quais, em 1977, muitas ainda se encontravam na Companhia, porém nenhuma foi utilizada em suas embarcações. Os primeiros deles, em cerca de 1968, foram Euclides e Franciner, pai e filho, que depois se mudaram para Juazeiro do Norte, onde continuam esculpindo peças variadas, não mais *carrancas*. Foi rápida sua passagem pelo gênero.

O quinto artesão-*carranqueiro* em Juazeiro foi Messias[67], que produziu de 1972 a 1976, quando passou a técnico em acumulador elétrico. Também começaram em 1972 Severino Borges de Oliveira – *Bitinho* –, pelas mãos de Messias, e José Arcanjo dos Santos[68], cuja fal-

---

[65] Os dados abaixo, inclusive as idades dos artesãos, foram colhidos em 1977. João Bosco Alves de Mesquita, 23 anos; restaurador, pintor, decorador, toca violão e pistom. Instrução: ginásio incompleto. A única peça que vi, de sua autoria, de técnica rudimentar, mais se assemelhava a uma escultura africana que a uma carranca são-franciscana.

[66] Manuel Messias Vieira (*Manuelito*), 32 anos, carpinteiro, instrução primária.

[67] *Messias* Borges da Silva, 32 anos, pintor de cartazes publicitários, instrução primária. Em 1972 produziu cinco carrancas, por encomenda. Em 1973, na Bienal de São Paulo, vi uma sua escultura, sem interesse, inspirada nas figuras de barca, mas cuja concepção delas diferia bastante.

[68] *José Arcanjo* dos Santos, 28 anos, nascido em Salitre, lugarejo próximo a Juazeiro. Possuo três de suas peças que, embora não obedeçam à tipologia das carrancas são-franciscanas, são originais, com boa concepção e execução. Duas são assinadas J.A.S. A mais recente (foto 86) traz a sigla *Jocanto*: de grandes dimensões (35 cm de diâmetro e 100 cm de altura), tem muito vigor e expressividade.

Foto 90 – *Escultura inspirada nas carrancas sãofranciscanas. Da coleção do autor.* (SD)

Foto 91 – *Carranca de cimento, fundida na Companhia de Navegação do São Francisco. Da coleção do autor.* (SD)

ta de mestre no gênero foi compensada por sua boa experiência na escultura de santos populares, que praticava desde a idade de 16 anos.

De 1972 em diante foi grande o número dos que ingressaram no ramo. Flávio e Egnaldo[69] começaram em 1974, Flávio iniciou, em 1975, o jovem "da Silva", que em 1977 liderava dois outros artesãos. Nesse ano, cinqüenta elementos esculpiam *carrancas* na região. Em Petrolina, cidade de Pernambuco separada de Juazeiro (BA) pelo rio São Francisco, uma loja especializada vendia, em 1977, cerca de cinqüenta *carrancas* mensalmente. A produção de carrancas de Lopes era da ordem de trinta por mês; recebia encomendas que atingiam meia

---

69 *Flávio* Motta, 20 anos, casado, cursa o supletivo. Filho de um mecânico, sua primeira e única atividade, anterior às carrancas, foi com artesanato de couro. *Egnaldo* Medeiros da Silva, 22 anos, solteiro, cursa o 2º. grau. Filho de um soldador e sobrinho de um carranqueiro. Esta é sua primeira atividade. Iniciou *Flávio* e trabalharam juntos até 1977. Em sua oficina vi uma produção heterogênea de *carrancas*, em que se salvavam duas assemelhadas às autênticas.

Foto 92 – Escultura com cerca de 2 m de altura e 1.500 kg de peso. (EB)

Foto 93 – Carranca de Lopes. (SD)

centena de peças, às vezes de grandes empresas, para decoração de suas salas. Para brindes de Natal a seus clientes, a Dogma Propaganda, de São Paulo, adquiriu de vários artesãos da região duzentas réplicas, de 80 cm de altura. O Rotary Club encomendou seiscentas (de 30 cm de altura), para distribuição na sua convenção em Juazeiro, em abril de 1978. Nesse ano a CBS adquiriu oitocentas réplicas de cerca de 20 cm, da Livraria Cordel, em Recife.

Conclui-se que a atividade já tem alguma expressão para a economia pobre da região. E poderia ter muito mais, se houvesse facilidade de comercialização em grandes centros. Uma peça vendida na casa do artesão por Cr$ 500,00 (preço médio das *carrancas* maiores em 1977), o seria por Cr$ 4.000,00 no Rio ou São Paulo, onde obviamente seu mercado é restrito devido à baixa qualidade artística.

Em palestra que fiz em Juazeiro, 1977, assistida inclusive por quinze *carranqueiros*, constatei que um terço deles jamais havia visto, sequer em fotografia, uma das autênticas carrancas de barca. Não têm opção senão se copiarem. Assim, suas peças refletem um novo sentimento coletivo, muito desligado do protótipo original. O modelo mais adotado, que chamarei de *carranca-vampiro*, apresenta vistosa dentadura branca onde sobressaem os caninos, olhos rasgados à oriental, ventas e orelhas exageradas, cabeleira lisa (sem os trabalhosos sulcos) e preta. Excetuados os cabelos, olhos e boca, o restante fica geralmente na cor da madeira, que via de regra é a imburana, abundante na região. Tudo denota o comercialismo da solução, que alguns artesãos alegam ter sido imposta pela clientela à cata de alguma coisa bem estranha, horrenda, "para espantar os duendes do rio", sem capacidade de discernir entre o equilíbrio de massas das autênticas carrancas, que lhes dá gravidade e grandeza, e a desproporção e o exagero carnavalesco da nova geração de réplicas. Na foto 95 vemos uma *carranca-vampiro* de autoria de Rocha.

Contudo, devo reconhecer que por estar muito identificado com as autênticas carrancas, das quais as atuais têm que diferir, é possível que minha apreciação seja tendenciosa e que dentro de alguns decênios a *carranca-vampiro* seja considerada protótipo da criação em nossa escultura popular dos anos 1970. Daí o dever que me impus de ir a Juazeiro pesquisar suas origens.

A alegação acima – preferência da clientela – é também usada pelos *carranqueiros* de Pirapora, e não me parecia válida, pois o artesão que mais produzia e vendia, prescindindo de intermediários, copia uma das esculturas de Guarany. Trata-se de Domingos da Trindade Lopes, de Petrolina, nascido em 1948, de instrução primária, marceneiro, genro de Ana das Carrancas. Em 1971, começou a esculpir carrancas, copiando uma da terceira fase de Guarany que lhe foi emprestada. Salvo mínimos detalhes, em geral segue rigorosamente o modelo, seja nas dimensões originais ou em duas reduções que utiliza por serem mais comerciáveis. Traça na serra a peça de imburana, com medidas padro-

Foto 94 – Carranca *com 3,5 m de altura.* (EB)   *Foto 95* – *A exagerada* carranca-vampiro. *Da coleção do autor.* (SD)

nizadas, para facilitar o posterior acabamento manual. Nas carrancas maiores nem sempre reproduz a bela cabeleira de Guarany, por ser trabalhosa. Em geral não pinta suas esculturas, que são tecnicamente muito bem executadas e, embora apresentem uma certa frieza, característica do artesão que não cria, estão em plano artístico muito superior ao da *carranca-vampiro*. Pois bem, em 1980 o proprietário da Livraria Cordel, em Recife, Florisvaldo Azevedo de Carvalho – Vavá –, que comercializava bastante as peças de Lopes, informa que este pensa em deixar o ramo, pela diminuta procura de suas esculturas.

A fim de afirmar a primazia a que Juazeiro se atribui na produção de *carrancas*, foi colocada na estrada de acesso a essa cidade, a 10 km dela, uma escultura (foto 94) de 3,5 m de altura e 500 kg de peso, esculpida pelos mestres Cadu (Claudemiro Góes) e Carioca (Raimundo Barbosa, cearense).

Em Santa Maria da Vitória, Ubaldino, filho de Francisco Guarany, começou a esculpir carrancas em 1972; lembrando bastante o estilo de seu pai, inclusive na bela cabeleira *em onda*, Ubaldino *cria* suas carrancas na velha tradição são-franciscana, que tem na massa do sangue. Felizmente seus outros afazeres obrigam-no a manter uma produção espaçada, garantindo sua boa qualidade. Cada peça é sentida, amadurecida e transmite algo. Estimo que não venha a comercializar-se, produzindo em série. Além de Guarany, Ubaldino é o único carrranqueiro que batiza suas carrancas, embora não todas. Alguns dos nomes empregados: *Buiúna, Feroz, Gir, Babau, Raivoso*. Essas três últimas carrancas, da coleção do autor, podem ser vistas nas fotos 100 a 102.

Em Santa Maria da Vitória, recentemente, têm surgido outros artesãos-*carranqueiros*. João de Souza – João da Bomba – que vemos na foto 99 ao lado de suas esculturas, parece imitar razoavelmente bem as de Guarany, embora com certa monotonia e frieza. Informaram-me que Tutu Ferreira tem um estilo original, sem ser grotesco.

Em outras regiões do São Francisco, muitos esculpem réplicas das velhas carrancas. Vi peças interessantes de Otaviano Santos, de Buritizeiro. De outro, do qual só me deram o prenome: José, de Riacho de Santana, vi duas peças que fugiam da tipologia das velhas carrancas, mas tinham alguma originalidade. Informaram-me que em São Romão produzem *carrancas* em pedra-sabão. A foto 96 mostra uma escultura de 11 cm, em pedra-sabão, de origem e autoria desconhecidas.

Desde 1973, no Mercado Modelo, em Salvador, eram vendidas *carrancas* assinadas por Wilson Lago Reis, que repetia com uniformidade seu original modelo, apresentando a parte superior da cara (do cabelo ao focinho) quase horizontal. Pintadas na tradição são-franciscana, delas não têm o espírito.

Entre o Rio e São Paulo, Pedro Paulino Sobrinho, pernambucano, 42 anos, após exercer diversas profissões, inclusive a de camelô, há dezesseis anos esculpe imagens sacras, em madeira, e desde 1972, *carrancas*, às centenas. As primeiras eram expressivas e de concepção simples, embora com técnica e acabamento imperfeitos (ver foto

Foto 96 – Miniatura de carranca, em pedra-sabão.
Da coleção do autor. (SD)

103). Embora a fácil comercialização de suas peças tenha feito cair sua qualidade, Paulino tem um estilo próprio, que se inspira mas não copia as figuras de barca, do que decorre que as suas e as de seus seguidores – especialmente Ademar – sejam as melhores *carrancas* das que se encontram habitualmente nos centros distribuidores: Rio, São Paulo, Recife, Salvador. Possivelmente seu largo período de produção de santos populares deixou um traço de espiritualidade nas primeiras e em algumas das atuais *carrancas*. A assinatura de suas peças era PPS até 1974, quando passou a ser *Paulino*; em 1978 adotou *Mestre Paulino*. É característica a pintura de suas *carrancas* – e as de seus seguidores – com tinta a óleo bege patinado, com traços pretos nos olhos, boca etc.

Paulino iniciou vários artesãos, que trabalham no seu estilo, destacando-se seu genro, Ademar Inácio dos Santos, nascido em 1950 em Jupi (PE), onde reside. Começou a esculpir, em 1973, santos e, principalmente, *carrancas*. Geralmente são peças grandes, como a da foto 97, que tem 1 m de altura e 50 cm de diâmetro. O São Francisco da foto 98, esculpido por Ademar em 1980, mostra sua categoria.

Foto 97 – *Cabeça de uma grande* carranca *de Ademar.* (PP)

Foto 98 – *Excelente São Francisco, com cerca de 1 m de altura, esculpido por Ademar, em 1980.* (AS)

Noé, irmão de Paulino, Zefinha, sua irmã, o marido, Pedro Ferreira de Souza, e quatro filhos esculpem em Pernambuco. Em São Cristóvão (SE), José Paulino da Cunha esculpe principalmente santos, mas também *carrancas*. Em Olho d'Água das Flores (AL), José Merquides de Melo, cunhado de Paulino, faz principalmente *carrancas*, mas também santos. Paulino calcula que, em 1980, esse grupo, que vende geralmente no Recife, produza cerca de trezentas *carrancas* por mês, principalmente das pequenas (15 a 30 cm de altura). Dessas, diz Paulino que ele esculpe sete por dia. Em São Paulo, o grupo de seguidores de Paulino, geralmente seus parentes, abrange: sua esposa, Natalina Durães; Adelino de Oliveira; João Severino e seu filho; José Severino

Filho; Antonio Severino de Espínola; João Batista de Sousa; Elias Gomes; *José do Baú*; Antonio Tomé.

No Rio de Janeiro, Bartolomeu de Farias, paraibano, instrução primária, 30 anos, vende esculturas na Feira da Praça General Osório desde 1973 e *carrancas* desde 1977, tendo começado pela cópia de uma do Paulino, que nesse ano abandonou a referida Feira. Farias trabalha em Petrópolis com dois irmãos. Uma de suas peças pequenas pode ser vista na foto 6. Também no Rio há um pequeno grupo de artesãos na estrada da Grota Funda, BR-101, que nega a influência de Paulino, embora isso seja discutível. Na subida dessa estrada – de quem vai do Rio para Santos – trabalham *Severo* Vieira da Silva, que começou a esculpir *carrancas* em 1973, logo seguido por Cláudio Alves Cavalcante – *Caco*. Na descida da estrada está Adelécio Francisco *Xavier*, baiano, que esculpe desde 1960 e começou a fazer *carrancas* em 1970, vendendo-as no Mercado Modelo, de Salvador, antes de vir para o Rio. Sua originalidade decorre do freqüente aproveitamento de forquilhas de árvores – *ganchos* –, cuja angulosidade confere interessante solução às suas peças. Em 1980, nesse local, há mais meia dúzia de artesãos que, eventualmente, também esculpem *carrancas*, mas só os citados acima se dedicam ao gênero.

Não se infira da crítica à grande maioria dos atuais *carranqueiros* que só sejam aceitáveis as peças no estilo formal das velhas carrancas, como as de Ubaldino Guarany. "Quanto de artificial existe, na posição segundo a qual só é autêntico e digno de estudo e apreciação o que é imitável, principalmente na arte espiritual (...) estar vivo significa ser bombardeado por toda uma incrível cópia de informações, forçosamente assimiladas com o tempo", conforme Vera de Vives[70]. Aliás, o próprio Francisco Guarany, como será assinalado, afastou-se de seu estilo original na execução de olhos menores e da dentadura mais destacada. Mas o espírito mantém-se.

---

70 *O homem fluminense.*

Foto 99 – João da Bomba (João de Souza), de Santa Maria da Vitória, e suas carrancas, imitando Guarany. (RL)

Foto 100 – Babau, original e bela carranca de Ubaldino, muito diferente do Babaú de seu pai. (SD)

Foto 101 – Raivoso, de Ubaldino, mostra algum exagero fisionômico. (SD)

Foto 102 – Gir, de Ubaldino, que apresenta a multifacialidade de Babau, mas não o seu despojamento. (SD)

Foto 103 – Carrancas de Pedro Paulino, de acentuado sabor medieval. Da coleção do autor. (SD)

Embora os *carranqueiros* atuais não possam traduzir em suas peças a carga mística das autênticas figuras de barca, criados que foram já na era da televisão, isso não os desmerece. Agnaldo não tinha condições para esculpir uma peça *africana*. O que não o impediu de criar o seu estilo, nela inspirado, produzindo peças da melhor qualidade, o que lhe valeu o Prêmio de Escultura do I Festival Mundial de Artes e Culturas Negras (Dacar, 1966). Dos que atualmente se iniciam na escultura de réplicas de carrancas, poderão surgir autênticos artistas, que encontrem formas delas derivadas que até as ultrapassem em originalidade e valor: a arte não tem época. É preferível que sua produção seja de *carrancas* do que de ídolos africanos, budas e outros exotismos que pululam no Mercado Modelo e nas lojas de *souvenirs* de Salvador, onde as esculturas, em sua maioria, são de lamentável gosto comercial, em grande parte feitas a máquina. Isso não impediu que em Cachoeira surgisse um ótimo escultor, Boaventura da Silva Filho, que assina *Louco* em suas peças, comercializadas principalmente no Mercado Modelo; era também de categoria a produção de seu falecido irmão, Clóvis Cardoso da Silva, que assinava *Maluco*.

Se dos atuais *carranqueiros* surgir um só grande artista, com seu estilo próprio, poderá ganhar muito nossa arte popular.

Há quem critique a proliferação de escultores de *carrancas*, e eu também muito lamento o baixo nível das réplicas atuais. Mas o fenômeno é universal: a expansão do turismo e o interesse pela arte popular tendem a gerar a reprodução de peças mais famosas e de maior procura. Parece-me que a atitude diante deste problema não é a de combate ao inexorável. Na medida em que os folcloristas, historiadores e críticos de arte souberem educar o povo a escolher as peças que mais se aproximem, em sua concepção espiritual, das autênticas, estarão melhorando a produção atual dos artistas populares e provocando a valorização dos melhores. "O consumo está na relação do conhecimento real adquirente", conforme Câmara Cascudo[71], que julga que estas cópias comercializadas "não prejudicam tanto, porque expandem, mesmo na grande percentagem mentirosa, algumas células verídicas".

---

71 *Manchete*, de 17/2/1973, p. 116.

Atualmente, de mais de uma centena de artesãos que se dedicam ao gênero, poucos mantêm um modelo tradicional, geralmente copiado de Guarany, seja em peças de dimensões normais, seja em miniaturas esculpidas por garotos de Santa Maria. Mas outros terão possibilidade de criar peças originais no espírito das autênticas figuras de barca. A prova disso é a notável carranquinha da foto 106, com 16 cm de altura, assinada Syro e adquirida em Recife, 1980. Possivelmente inspirada no Minhocão, seu caráter apotropaico é ressaltado pelos olhos esbugalhados e pela boca, cuja síntese é original. Apresenta ainda a propriedade da multifacialidade: são diferentes as faces vistas de frente e de cima (ou de lado). A simplificação de seus traços e os grandes planos lhe conferem vigor, o que já não ocorre com a boa carranca da foto 107, não assinada, cujo ar despreocupado lhe tira o característico apotropaico, mas cuja ingenuidade e pureza lhe devolvem o espírito das autênticas carrancas são-franciscanas.

Cabe comentar haver esculturas em madeira que muito se assemelham às carrancas e são por elas inspiradas, embora não as imitem, como a da foto 90, que obtive em um antiquário de Salvador, tendo sido feita por um marceneiro. Sua originalidade e vigor – decorrente de sua simplicidade – colocam-na em plano muito superior ao da maioria das réplicas atuais.

Terminando os comentários sobre as peças inspiradas nas carrancas, apresento na foto 104 cinzeiros que *O Cruzeiro* encomendou, em 1960, à escultora Renaze Pinto do Amaral. Ela fez seis interessantes miniaturas de carrancas, em barro cozido, inspiradas nas fotos de M. Gautherot, o que lhes garantiu a tipologia tradicional.

Dessa tipologia fogem as *carrancas* de Ana Leopoldina dos Santos, *Ana das Carrancas*, pernambucana de 57 anos, que desde os 7 faz pequenos objetos de barro, mas só em 1963 começou a esculpir peças inspiradas nas figuras de barca. Em seu Galpão das Carrancas, em Petrolina, tem ajudantes que produzem também peças utilitárias. Na foto 105 vemos Ana ao lado de algumas de suas esculturas. As cabeças, especialmente a do Cristo, são expressivas e de grande pureza de linhas,

Foto 104 – Cinzeiros de O Cruzeiro, de autoria de Renaze P. do Amaral. (SD)

Foto 105 – Ana das Carrancas, ceramista de Petrolina, ao lado de algumas de suas peças. (B)

Foto 106 – Notável carranquinha, de Syro. Da coleção do autor. (SD)

Foto 107 – Original carranca, com 23 cm de altura, no espírito das figuras de barca. Da coleção do autor. (SD)

sendo de lamentar que a comercialização mais fácil obrigue-a a produzir em serie três tipos estilizados de *carrancas*, especialmente um pequeno cinzeiro com 10 a 15 cm de comprimento.

Quantidade

Examinamos quando e por que surgiram as carrancas, e por que foram feitas. Estimemos agora quantas carrancas devem ter sido esculpidas; outro problema, como os anteriores, em que, por mais objetivos que sejamos, ficamos no terreno das suposições. Obviamente, o intuito é fixar uma ordem de grandeza, jamais pretendendo chegar a um valor preciso.

Como vimos no capítulo II, à época do surgimento das carrancas (1875-1880), havia mais de duzentas barcas no São Francisco, mas não podemos conjecturar quantas delas usavam carrancas, pois, con-

Foto 108 – *Barca com vela triangular e sem carranca.* (IK)

forme observou Gautherot, mesmo em 1942-1945 nem todas as barcas tinham carranca, como se comprova nas fotos 108 e 110. Note-se também que na foto 30 aparecem dois pequenos batelões, que geralmente não portavam carranca. Daí não se poder dar crédito a informações de alguns, como Hermann Kruse, citado em um artigo de Rodrigo de Mello Franco de Andrade, na revista *Módulo* (1955), que, tendo viajado em 1940 no São Francisco, disse que a proa das barcas era "sempre" ornada por uma carranca.

Provavelmente no início deste século é que se expandiu o número de carrancas, inclusive para as barcas que foram construídas em substituição às que abandonavam o serviço, por desgaste e naufrágios freqüentes, em face das corredeiras e pontas de pedra do rio e a desonestidade em receber seguro para uma carga superestimada. Nélson Xavier, em seu *Nêgo d'Água*, cita que a rapadura, de tanta barca afundada, chegava a adoçar o rio (...), resultando que "o dinheiro dos gringos[72], quase acaba todo, com tanto seguro". E afinal, que "acabou-se seguro, negócio safado, mas deu segurança às viagens das barcas, que jamais perigaram, jamais naufragaram".

Uma possível comprovação da expansão do uso de carrancas pelo menos no início desse século é fornecida pela foto 65 da obra *Aspectos de um problema econômico*, de Elpídio de Mesquita, publicada em 1909. Apesar da pouca nitidez, vê-se que a carranca da barca maior, à esquerda, porta um penacho de espanador; a carranca da última barca, à direita, muito se assemelha às de Guarany, que começou a esculpir carrancas em 1901; a barca do meio quase certamente tem uma carranca cujo eixo faz um ângulo de 45° com o eixo longitudinal da barca – isto é, está *virada* para a direita – e ainda na margem direita da fotografia uma lente parece identificar outra grande carranca antropomorfa de uma barca que não aparece na foto por estar ancorada paralela à margem do rio. O fato de surgirem com certeza duas e provavelmente quatro carrancas em barcas contíguas é significativo, em especial se considerarmos que o autor não citou carrancas no texto do livro, não tendo pois havido o desejo expresso de documentá-las.

Na mesma obra aparece o primeiro desenho, do século XIX, de uma barca com figura de proa, antropomorfa, como se comprova na foto 64. Dos onze desenhos de embarcações que o referido livro apresenta, oito foram copiados do *Ensaio sobre as construções navais indígenas do Brasil*, de Alves Câmara, publicado em 1888. Os outros três – uma jangada, uma lancha e a barca do São Francisco – têm o

---

72 Representantes das companhias seguradoras.

mesmo estilo, sendo idêntico o tipo de vestimenta dos marinheiros, o que denota que muito provavelmente Elpídio de Mesquita teve acesso a outros desenhos que Alves Câmara não utilizou. Como este autor foi o primeiro – junto com Vieira de Aguiar – a citar carranca, e seu desenhista representou uma antropomorfa, reforço minha colocação de as primeiras carrancas terem sido antropomorfas, considerando imprecisa a citação de Câmara a proas com figura de pássaro ou de moça.

No Brasil, pássaro ornando proa só conheço um (foto 109), de pequena embarcação no Rio de Janeiro, conforme gravura de Rugendas, do início do século XIX. Aliás, é curioso notar que a forma dessa ave coincide com a representação escultórica popular do Espírito Santo. Não me parece fácil harmonizar a robusta carranca são-franciscana com a relativa fragilidade de uma ave. Também nunca vi carranca representando moça – o que mostra sua raridade – embora Guarany me tenha dito haver esculpido alguma(s), como, aliás, o fez, após 1950,

Foto 109 – Figura de ave na proa de embarcação na baía de Guanabara. Detalhe de gravura de Rugendas. (SD)

Foto 110 – Ao lado da Itabajara, *outra barca, sem carranca.* (MG)

Foto 111 – Carranca da Itabajara, *muito semelhante às das barcas* Bahia *e* Itajubá, *todas da 1ª fase de Guarany.* (MG)

conforme as fotos 120 e 121, sendo pelo menos essa última por encomenda expressa.

Conforme F. Guarany, neste século foram construídas cerca de trinta barcas em Santa Maria da Vitória, onde havia a maior concentração de estaleiros pela abundância de cedro na região. Praticamente todas estas barcas levaram carrancas de Guarany, sendo que as construídas em Juazeiro, Remanso, Barreira e outros pontos eram também atendidas por escultores locais. Além dessas trinta carrancas, dezenas de outras foram encomendadas a Guarany para barcas construídas alhures, ou para substituição de carrancas perdidas em naufrágios, abalroamentos e estragadas pela ação do tempo.

Comprova o preparo de carrancas para substituir as de barcas já existentes ou fabricadas em outros estaleiros fora de Santa Maria o fato, citado por Guarany, de que as carrancas eram colocadas na proa e pintadas pelos proprietários das barcas, o que, contudo, não se deve interpretar como uso generalizado. Aliás, Carlos Lacerda assinala que "diz-se que essas cabeças são compradas num saco fechado, que só pode ser aberto no momento em que se vai colocá-las nos barcos"[73].

Veremos que Guarany deve ter feito oitenta figuras de barca e, como dois terços das noventa carrancas que classifiquei eram deste escultor, deduz-se que devem ter sido esculpidas cerca de cento e vinte carrancas[74], neste século.

Como vimos no capítulo II, as duzentas barcas existentes em 1875 pouco diminuíram até 1925, quando devia haver bem mais de uma centena delas. Aceitando a existência de duzentas barcas no início deste século, quando se intensificou o uso das carrancas, e considerando que, de cinqüenta barcas vistas por Gautherot, só trinta tinham figura de proa, vemos que se confirma a estimativa de terem sido esculpidas cento e vinte carrancas, neste século.

---
73 Op. cit., p. 101.
74 Refiro-me às grandes carrancas, com cerca de 80 cm em sua maior dimensão, como praticamente todas que constam das fotos aqui reproduzidas. As pequenas barcas e batelões nem sempre levavam carrancas; quando as tinham, eram pequenas, talvez toscas, e poucas devem ter sido guardadas.

Foto 112 – Itajubá. *(MG)*

Foto 113 – Bahia. *(TS)*

Foto 114 – Capichaba, semi-afundada. Terá sido salva sua carranca? *(TS)*

Destas, algumas se perderam em naufrágios, abalroamentos e em velhas barcas abandonadas, pois, anteriormente a 1950, havia pouco interesse por essas peças. Na foto 114, vemos a barca *Capichaba* (sic) semi-afundada, ainda com sua carranca, que pode ser mais bem apreciada na foto 148. Terá ela sido salva? E se esta o foi, quantas outras terão se perdido?

De 1942 a 1945, Gautherot, percorrendo todo o médio São Francisco, viu só cerca de trinta carrancas que, fotografadas, originaram logo após o interesse maior por estas esculturas. Nessa época não devia haver mais de cinqüenta carrancas, a maioria das quais, provavelmente, hoje em mãos de colecionadores e museus. Mesmo supondo que mais algumas dezenas tivessem sido guardadas antes de 1940, ou que em pesquisas posteriores ao longo do rio se tenham encontrado peças abandonadas, conclui-se que hoje o número delas não alcança uma centena. O que se confirma, pois, após pesquisas longas e intensas, só consegui classificar noventa, das quais sessenta vi em fotos antigas; logo, não há garantia de que ainda estejam em mãos de colecionadores[75].

Em nossas principais capitais, indagando dos elementos mais representativos do campo cultural e artístico, só vi pessoalmente, em museus ou com particulares, além de carrancas esculpidas por F. Guarany, após 1954, para colecionadores, vinte e seis figuras das usadas em barcas. Embora muitas destas, existentes no Brasil, não tenham chegado ao meu conhecimento e outras tenham sido vendidas para o estrangeiro, confirmo que as que foram salvas situam-se entre meia e uma centena.

Soube que, durante e após a Segunda Guerra Mundial, americanos que passaram pelo São Francisco adquiriram carrancas. Veremos adiante que dezenas dessas peças foram vendidas por um antiquário de Santos, possivelmente algumas para estrangeiros, de passagem por aquele porto. Em outros antiquários e leilões, certamente carrancas

---

75 Posteriormente à 1ª edição desta obra tomei conhecimento de mais uma dezena delas, que não foram incluídas nos raciocínios desenvolvidos neste item.

também foram adquiridas por diplomatas (como sei de um caso) e estrangeiros em estada temporária, seja por sua sensibilidade artística, seja como curiosa recordação.

É possível desenvolver outro raciocínio que confirma a estimativa de cento e vinte carrancas esculpidas neste século. Das vinte e seis carrancas que vi, seis tinham sido documentadas por Gautherot, que fotografou cerca de trinta. Conclui-se que as restantes vinte carrancas, não documentadas por Gautherot, corresponderiam a outras cem que, somadas às trinta fotografadas, totalizam cento e trinta, valor bem próximo das cento e vinte estimadas. A pequena diferença pode ser explicada por flutuações ocasionais devidas às reduzidas amostras disponíveis para comparação, ou pelo fato de este raciocínio admitir que as carrancas vistas por mim e por Gautherot foram esculpidas neste século. Admitindo que duas das carrancas que vi fossem do século XIX – o que é bem possível – e que as carrancas que Gautherot fotografou fossem deste século – o que é bem provável –, chegamos ao mesmo total de cento e vinte carrancas esculpidas neste século.

Como veremos adiante, aproximadamente de 1954 a 1972, Guarany esculpiu, por encomenda de colecionadores, cerca de sessenta carrancas do mesmo tipo, tamanho e qualidade artística das antigas figuras de barca, que ele já não fazia desde a década de 1940[76]. Algumas dessas peças sofreram um envelhecimento e foram vendidas como antigas, como constatei em um antiquário de Salvador. Mas, geralmente, elas não resistem a um exame superficial por quem esteja familiarizado com o assunto. Menos ainda as francamente falsificadas[77], das quais já vi uma dezena, sendo porém de se esperar o incremento deste recurso, infelizmente tão comum em nosso mercado de arte e de antiguidade, embora isso constitua, conforme Marinho de Azevedo[78], "a suprema e dúbia consagração".

---

76 E no período 1972-1980 deve ter esculpido outras setenta.
77 Uma vi, esculpida em jacarandá, madeira que por sua dureza e peso jamais foi empregada para carrancas, que eram geralmente de cedro.
78 Os leões do São Francisco. Caderno de Domingo, *Jornal do Brasil*, 11/6/1978, p. 21.

Trata-se, pois, de peças muito raras, sendo relativamente pouco conhecidas. Em geral cada museu ou colecionador que possui carranca antiga tem uma ou pouco mais. Algumas exposições que têm sido feitas apresentam menos de uma dezena delas, pela dificuldade de localização e empréstimo.

Histórico de sua coleta

Na história da coleta destas carrancas, destacaremos alguns nomes. Carlos Vasconcelos Maia, intelectual baiano, cultor do folclore, em meados da década de 1940 tinha casa de comércio em Salvador, onde se abastecia Antônio Laje, comerciante ambulante na zona do São Francisco. Como foi dito, a partir do Regulamento do Tráfego Marítimo, de 1940, e da Consolidação das Leis do Trabalho, de 1943, as barcas movidas a varas e remos foram remodeladas para instalação de motores a explosão. E as carrancas foram retiradas e jogadas às margens do rio, ou aproveitadas em outras serventias: uma das recolhidas por Antônio Laje servia de base a uma latrina turca; outra, recolhida por José da Nóbrega, servia de moirão de cerca.

Guarany informa que aproximadamente nessa época os barqueiros passaram a considerar as carrancas como pesadas e incômodas peças fora de moda, sinônimo de atraso, e começaram a despojar-se delas. Antônio Laje referiu o fato a Vasconcelos Maia, que lhe solicitou a coleta das carrancas que encontrasse, tendo recebido, a partir de 1947, cerca de vinte e cinco, das quais aproximadamente seis eram novas, encomendadas a Guarany, que Antônio Laje descobriu em Santa Maria da Vitória no início da década de 1950 e que já não esculpia carrancas havia cerca de dez anos.

Sob a pressão de museus, colecionadores e intelectuais, especialmente de Salvador, essa coleção foi diminuindo até desaparecer. Mas, em 1959, Vasconcelos Maia organizou uma grande exposição de carrancas em Salvador, que depois viajou para o sul do país.

As figuras de barca eram geralmente pintadas de branco, salvo os cabelos, sempre pretos, e boca, olhos, narinas e orelhas que tinham toques vermelhos para realçá-los. Assim eram as peças recebidas por Vasconcelos Maia, salvo duas ou três, tingidas de marrom-avermelhado, com extrato de folha de mangue, usado para rede de pesca. Mas muitas carrancas estavam quase sem tinta, e Vasconcelos Maia resolveu pintar em cores a parte originalmente branca de cada peça, com a finalidade de tornar a exposição mais atrativa ao público.

Talvez Agnaldo julgasse que originalmente as carrancas deveriam ser assim, encomendando então a Guarany peças pintadas em cores. A esta interpretação acresço a de Guarany, que diz que, em certa época, passou a pintar as carrancas novas, para colecionadores, de cores variadas, inicialmente para aproveitar restos de tinta. O fato é que muitas peças recentes de Guarany são coloridas fora da tradição (ver foto 51). Em 1968, pedi-lhe que me esculpisse algumas pintadas como as antigas, o que passou a fazer desde então.

José Claudino da Nóbrega, atualmente antiquário em São Paulo, desde 1940 compra peças no Norte para Antônio Frutuoso Amado, grande antiquário de Santos, percorrendo com freqüência a zona do São Francisco. Disse-me que, entre 1947 e 1957, adquiriu cerca de quarenta carrancas das usadas em barcas, além de outras dez feitas por Guarany, para colecionadores, e revendidas por um indivíduo de Barra. Nessa cidade, onde adquiriu maior número de peças, soube ter havido um escultor de carrancas, já falecido à época (1947-1957). Entretanto, em Sento Sé, havia então um escultor, com cerca de sessenta anos, que era santeiro, e que ainda fazia carrancas por encomenda. Informa Nóbrega que eram cabeças de animais (cavalo, boi...) menores que as de Guarany. Note-se, porém, que as carrancas que vi, feitas para colecionadores, e que não eram de autoria de Guarany, não apresentavam maior interesse artístico, salvo as do seu filho, Ubaldino.

De uma só viagem, trouxe Nóbrega quinze peças! Todas eram vendidas a Antônio Amado, por cerca de oito cruzeiros cada uma (correspondentes, em 31/9/1980, a Cr$ 30.000,00), sendo revendidas em sua loja de antiguidades. Infelizmente, em São Paulo, ao que me consta, ninguém conseguiu grupar maior número de carrancas. O próprio Museu de Artes e Tradições Populares só possui três dessas peças.

Das antigas figuras de barca que adquiriu, diz Nóbrega que uma tinha longos cabelos de crina animal, o que deveria dar, à frente da barca, sob vento forte, uma visão suficientemente impressionante para espantar qualquer Minhocão...

No Rio de Janeiro, o primeiro a colecionar carrancas parece ter sido Deocleciano Martins de Oliveira Filho, desembargador, escritor, pintor e renomado escultor, filho de Barra, onde ia freqüentemente, bem como à Lapa, cujo santuário conta com uma dezena de suas esculturas. Certa feita, em viagem de caminhão levando a esta última cidade uma sua estátua de São Francisco, em virtude de uma ponte caída, teve que fazer um desvio por Santa Maria, onde, atraindo a curiosidade, com sua imensa estátua, foi apresentado ao escultor local, Guarany, do que resultou prosseguir viagem com uma carranca fazendo companhia ao seu São Francisco. Esta carranca (foto 115) foi juntar-se

Foto 115 – Carranca do início da 3ª fase de Guarany, quando o escultor ainda não as assinava. (SD)

Foto 116 – Carranca da 1ª fase de Guarany. (IK)

Foto 117 – Carranca provavelmente do mesmo autor da que se vê na foto 82. (IK)

Foto 118 – Santa baiana do século XVII, com a cabeleira em corda como a das carrancas de Guarany. (PP)

Foto 119 – Santa popular com original corda no meio da cabeleira. (SD)

a outras quatro belas peças antigas que possuía, recolhidas com dificuldade, em 1956, na cidade de Barra. Atualmente estas cinco peças fazem parte da coleção do autor.

Pode-se considerar que em 1956 praticamente não havia mais carrancas na proa de barcas: em junho desse ano *A Cigarra* publicou uma reportagem, "Não há mais carrancas no São Francisco", cujo autor, D. P. Aarão Reis, queixa-se de ter viajado 1.370 km de Pirapora a Juazeiro, com o principal objetivo de ver carrancas, e só ter encontrado uma, em barca ancorada em Barra, cuja foto denota a provável autoria de Guarany. "Disseram-nos (...) que milionários do Rio e São Paulo compram as carrancas para enfeitar suas vivendas (...)", graças ao que, acresço, muitas carrancas abandonadas puderam ser protegidas e estão à disposição, em fotografias e eventuais exposições, dos estudiosos de nossa arte popular.

Franco Terranova, de uma galeria de arte do Rio, em 1958-1959 viajou com o escultor Agnaldo ao longo do médio São Francisco, onde escasseavam as barcas e já quase nenhuma delas levava carranca. Visitaram também Guarany, e o saldo da excursão foram onze carrancas, expostas em 1959 na Petite Galerie, no Rio de Janeiro, das quais a mais importante foi a da foto 58, encontrada abandonada sob uma pilha de madeiras, em um depósito. Dez dessas carrancas se incorporaram à coleção José Carvalho.

Apreciação artística

Indubitavelmente as figuras de barca do São Francisco constituem as peças de arte popular mais originais e as únicas de solução genuinamente brasileira, em nosso vasto folclore artístico.

Sobre elas, diz Vasconcelos Maia: "Têm riqueza de concepção, ousadia de formas, liberdade de execução, trazendo viva, como na carne, em sua madeira dura, por instrumentos rudimentares trabalhada, todo o esplendor da coisa brasileira. É a madureza e a pureza duma autêntica estética primitiva. Sua forma é áspera como suas soluções. E transmite, com o vigor da sua arte, todo o espírito inquieto, supersticioso e místico de um povo plástico por excelência."[79]

Nossa magnífica arte religiosa barroca tem renome internacional, tendo merecido alentados ensaios de especialistas, inclusive estrangeiros, como Germain Bazin e Robert Smith, mas foi diretamente inspirada por nossos colonizadores portugueses[80], embora notavelmente enriquecida pela simplificação e interpretação vigorosa que aqui recebeu, principalmente pelo sangue negro, que culminou nos profetas do Aleijadinho. Eduardo Etzel diz que as imagens religiosas populares de São Paulo foram feitas "à imitação e semelhança dos belos santos das igrejas. Aí nasce a imaginária primitiva..."[81].

Nossos ex-votos, injustamente ainda pouco conhecidos, quando bem pintados, retratando cenas, mal se distinguem dos portugueses. Os esculpidos, especialmente as cabeças, de origem africana, como quer Luís Saia[82], mas também com simplificações universais da arte popular, podem ser encontrados em todos os povos e épocas, como bem assinalou P. Mazars: "(...) les ex-votos sculptés au Brésil sont fortement expressionistes. Ils ne sont pas trés éloignés, bien que separés par des centaines d'années, des sculptures archaiques des Cyclades"[83].

O mesmo vale para nossa cerâmica popular, especialmente do Nordeste, com freqüência feita por crianças e para crianças, cujas formas se repetem aproximadamente em todas as épocas: "A grande originalidade destas figuras-de-barro está na relação de semelhança e, algumas vezes, de quase identidade, existente entre elas e certas criações populares da Antiguidade", diz C. J. da Costa Pereira[84], que acrescenta:

---

79 Carrancas de proa do São Francisco, *Diário de Notícias*, Salvador, 22/2/1959.
80 Lucas de Monterado em sua *História da arte*, pp. 314-5, classifica de "arte luso-brasileira de importação portuguesa" a que tivemos até a vinda da Missão Artística Francesa, em 1816.
81 *Imagens religiosas de São Paulo*, p. 20.
82 *Escultura popular brasileira*.
83 Ex-votos en tous genres, *Jardin des Arts*, n.º 172, 1969.
84 *A cerâmica popular da Bahia*, p. 124.

"(...) as bonecas – quase idênticas às pequenas esculturas devidas ao gênio da civilização cretense".

Também H. Borba Filho e A. Rodrigues assinalam "que todos os povos chamados primitivos esculpiam as suas imagens e seus objetos utilitários, inclusive com características quase semelhantes às dos nossos ceramistas nordestinos"[85].

É o caráter da universalidade da arte popular, já citado no capítulo I. Herbert Read diz que "tenho visto peças de cerâmicas feitas em Somerset, no século XVIII, que são quase impossíveis de distinguir de peças feitas na China no século X. O trabalho de talha da Noruega é de estilo muitíssimo semelhante ao dos indígenas da Nova Zelândia; não existem diferenças essenciais entre os bordados da Inglaterra e os da Bulgária e Grécia. Há tecidos bordados a lã nos cemitérios egípcios que podiam ter sido feitos por uma camponesa inglesa do reinado da Rainha Vitória"[86].

Nossa arte indígena é de menor expressão – excetuadas a marajoara e a tapajônica, especialmente se observarmos a arte dos incas, astecas e povos primitivos dos Estados Unidos e Canadá.

Nenhuma dessas criações artísticas pode ser, pois, considerada como original, própria do brasileiro, tido como mescla das três raças formadoras de nossa nacionalidade. As carrancas do São Francisco têm essa qualidade. São uma manifestação artística coletiva, com caracteres comuns, respeitadas as individualidades de cada artista, como não se encontra em nenhum outro local ou época. Fruto da criação de uma cultura e de uma região isoladas do resto do país e do mundo, cujos artistas populares, a partir da idéia de esculpir uma figura de proa, criaram soluções plásticas próprias, de elevado conteúdo artístico e emocional, que provocam um verdadeiro impacto. Possivelmente até negativo, em alguns, mas esta é uma das características de uma verdadeira obra de arte: criar o impacto. Pode haver quem não aprecie as carrancas, mas jamais quem a elas fique indiferente.

---

85 *Cerâmica popular do Nordeste*, p. 15.
86 Op. cit., p. 69.

Embora não sejam as carrancas uma adaptação de peças de estilo alienígena, obviamente houve influências em sua concepção. Que influências foram estas? Wilson Lins julga que "a influência do negro ali é quase nenhuma, mesmo em nossos dias"[87], Mas F. Altenfelder Silva diz que "embora seja menor que a proporção encontrada na faixa costeira, as características negróides da população do Vale atestam a presença do africano como elemento importante na mestiçagem".

Formalmente, as carrancas não mostram influência da escultura africana, exceto as das fotos 120 e 121. Aliás, mesmo na costa do Brasil, é bem pequena a influência negra na escultura, inclusive na de candomblé. Contudo, pode-se admitir a influência negra subconsciente, pela mestiçagem do povo na região (v.g. Guarany). Como na escultura africana, as carrancas mostram forte predominância da cabeça sobre o restante da peça, e a face apresenta grandes planos, o que lhes confere um caráter majestoso.

Foto 120 – Escultura de autoria de Guarany, da década de 1950. (L)

Foto 121 – Gabriela, *esculpida por Guarany, c. 1975, foge de sua tipologia habitual por representar uma* figura de moça. (SD)

---

87 LINS, W., op. cit., p. 96, e SILVA, F. Altenfelder, *Xiquexique e Marrecas: duas comunidades do médio São Francisco*.

É muito curioso observar as esculturas das fotos 120 e 121, de corte nitidamente africano. A primeira delas pertence ao Museu de Arte Moderna da Bahia e estava ao lado de uma carranca de Guarany esculpida na década de 1950. Ambas pintadas com tinta verde-escura, indício que poderia mostrar mesma autoria, mas a da foto 120 fugia totalmente à tipologia das carrancas de Guarany, embora tivesse sido esculpida numa época em que só este praticava o gênero – pelo menos em peças de categoria, como esta. Ela não havia servido em barca, mas denotava ser uma carranca: o corte característico em sua base, a postura e, principalmente, o olho apotropaico. Agnaldo havia esculpido peças inspirado nas carrancas, como a da foto 7, mas a da foto 120 não se assemelhava a elas nem ao estilo daquele escultor, que permanecia, contudo, a meu ver, como o mais provável autor da peça.

O mistério teve fim quando recebi *Gabriela* (foto 121), esculpida e assinada por Guarany, c. 1975, por encomenda de alguém que desejava *uma figura de moça*, mas perdeu-a por não tê-la apanhado na data marcada por Guarany, que então a enviou-me.

O mesmo corte africano e a forte semelhança fisionômica demonstraram que a carranca era da mesma autoria. Inquiri-o sobre o estilo insólito destas duas peças e foi-me esclarecido que uma *figura de moça* é diferente de uma *figura de bicho*. Quando lhe encomendavam uma figura de moça – o que também ocorrera na época das barcas, embora eu desconheça carranca de mesma tipologia que nelas tenha servido – Guarany não utilizava a cabeleira leonina nem os demais atributos zoomorfos. Mas como explicar o nítido estilo africano? O inconsciente coletivo da raça, herdado de sua bisavó Biquiba (ver sua biografia, no capítulo IV)? Ou influência de Agnaldo que, disse-me Guarany, emprestou-lhe um livro sobre a importância da raça negra e certamente lhe mostrara suas esculturas, de estilo africano? É significativa uma frase textual de Guarany: "Eu tenho alma negra." Essa alma aflorou bem nas duas carrancas da p. 186.

Também é pouco provável a influência indígena nas carrancas, em face da sua pobreza artística, na Bahia, nos últimos séculos. A isso se acresce a rarefação da população naquela área, dada a escassez da caça. "Em 1852, a população total indígena na Bahia era só de 4.300 almas, sem que se saibam quantos grupos ficavam ao longo do São Francisco."[88] Odorico Pires Pinto – no artigo "Arte primitiva brasileira", isto é, dos indígenas, da *Revista do Arquivo Municipal* – diz que nosso indígena "não praticou uma escultura pura, como uma expressão artística definida... São raras as peças isoladas, mesmo como representação religiosa, e as que conhecemos feitas em madeira são ingênuas como concepção, e com técnica bastante grosseira".

Resta a influência portuguesa, que se exerceu sobretudo pelo fato de Guarany, Afrânio e certamente outros bons artistas populares terem sido imaginários[89], e todas as nossas imagens de santos têm suas soluções plásticas na Península Ibérica. É fácil observar que o tratamento dos cabelos das carrancas e dos santos é o mesmo, como se comprova na foto 72, de um São Roque, do século XIX; na foto 118, de uma santa baiana do século XVII, cujo cabelo muito se assemelha à cabeleira *em corda* de Guarany; e na foto 119, de uma santa popular. Também já foi citada a asa do dragão, da iconografia cristã, que aparece em algumas carrancas.

Raymundo Laranjeira[90] também atribui a carranca são-franciscana à "cópia das experiências lusitanas com as embarcações dos mares"; recusa a possibilidade de os índios da Bahia terem utilizado carrancas e nega a influência negra, em seu surgimento assinalando que "no litoral, onde predominaram os africanos, ali nem os barcos dispuseram sequer de indícios de representações dos orixás".

Parece óbvio que para esculpir as carrancas tivessem sido inicialmente procurados aqueles que tinham experiência de escultura em madeira, isto é, os imaginários. Não é impossível que este fato tenha contribuído para criar o estilo zooantropomorfo das carrancas, pois

---

88 HOHENTAL, W. D. Jr., As tribos indígenas do médio e baixo São Francisco, *Revista do Museu Paulista*, v. XIII, 1960.
89 Também em Sento Sé, Nóbrega encontrou um escultor de carrancas que era santeiro.
90 As carrancas do São Francisco, *Revista dos Bancos*, out. 1968, Salvador.

os imaginários, com sua experiência na realização de figuras humanas, poderiam ter transposto suas soluções plásticas às peças que representavam animais. Em comprovação desta hipótese, observemos na foto 122 o cão de um São Roque, do século XVIII, que estava, em 1970, na sacristia da Igreja do Divino Espírito Santo, em Recife. Note-se a expressão humana do animal. Seus cabelos, bigodes, olhos, sobrancelhas, orelhas e dentes apresentam as mesmas soluções plásticas do artista habituado a esculpir santos. A peça é uma perfeita carranca, da qual só falta o ar feroz, substituído por uma doçura comum aos artesãos amaneirados que viviam agregados às igrejas, produzindo freqüentemente santos com reduzidas características de masculinidade.

Isto não ocorria nos artistas populares do São Francisco, pois as duras condições de vida no Vale, descritas no capítulo II, forjaram um tipo humano de mentalidade rude e brava, o que se reflete nas esculturas que criaram.

Foto 122 – Cão de São Roque, com expressão humana, como a das carrancas. (IR)

Além disto, "a quantidade de portugueses deve ter sido grande no São Francisco, até por ocasião da Independência, e esses habitantes certamente trouxeram para o sertão exemplares numerosos da encantadora arte peninsular"[91]. Os móveis e objetos populares portugueses, bem como os brasileiros oriundos da zona rural, são pesados, rústicos, medievais. Destes, basta examinar as mesas ditas holandesas, os bancos e arcazes de sacristia, os armários almofadados, as rocas de fiar e todas as peças que guardam o estilo do século XVII, mesmo se datando do século XIX, pois, no interior, as tradições se conservam imutáveis. Por isso, felizmente, não penetraram no Vale as características da arte neoclássica do século XIX, quando se produziram para os grandes navios figuras de proa em geral artisticamente inexpressivas. Enquanto isso, as figuras de barcas do São Francisco, ligadas à nossa imaginária popular, altamente expressivas em sua simplicidade, aliaram a esta qualidade um alto grau de originalidade.

A prova disto é que, em centenas de fotografias de figuras de proa que encontrei, em inúmeros livros consultados, só uma apresentava semelhança com as carrancas do São Francisco (fig. XVI). Trata-se de uma figura de leão, recolhida, no século XVII, de um barco que encalhou na Jutlândia, Dinamarca. Não há indicação sobre a origem, tamanho e época da construção do barco a que pertenceu, mas a peça é nitidamente uma escultura popular, parecendo de dimensões análogas às das nossas carrancas. Embora represente um leão, não tendo a originalidade das carrancas zooantropomorfas, a estas muito se assemelha pela simplificação de formas, pelo ar feroz e pelo espírito com que foi concebida. De aspecto medieval, possivelmente terá surgido em alguma aldeia isolada do Norte da Europa.

O medievalismo das carrancas foi também assinalado por Carlos Moura. "Por sua temática e estilística as carrancas do São Francisco estão mais próximas das figuras de proa que aparecem nas xilogravuras portuguesas da História Trágico-Marítima (séc. XVI e XVII) do que das

---

91 CARVALHO, Orlando M., op. cit., p. 147.

Foto 123 – *Torneira portuguesa, de aspecto medieval.* (SD)

Foto 124 – *Antiga réplica da medieval imagem espanhola de N. Sra. de Montserrat, de forte semelhança com a carranca da foto 4.* (RS)

figuras do século XIX que estiveram guardadas no Museu da Marinha de Lisboa antes do incêndio de 1916. E felizmente, porque estas últimas, apesar de, ou por serem mais modernas, eram em sua maior parte, inexpressivas (...). Em abono desta assertiva podemos citar um interessante documento iconográfico erudito estrangeiro: a gravura que representa uma frota portuguesa fundeada na Ilha de Santa Helena, publicada no livro de Bry, *Tertia Pars Indiae Orientalis* (Francoforti, MDCI). Ali aparece a Nau *Santa Maria*, que ostenta uma grande figura de proa *sanfranciscana*. Estilística e tematicamente, uma carranca."[92]

Interessante também é observar a foto 125 da tapeçaria francesa *Dame à la Licorne*, do início do século XVI. O leão tem um olhar qua-

---

[92] Figuras de proa do Tocantins e carrancas do São Francisco, *Navigator*, dez. 1974, p. 81.

Foto 125 – Detalhe da tapeçaria Dame à la Licorne (século XVI). (SD)

se humano, e sua concepção é ingênua e medieval, como no leão de uma torneira portuguesa (foto 123). Eles muito se aproximam das carrancas, que, aliás, também lembram as gárgulas medievais das igrejas góticas francesas.

Vale notar também a semelhança entre o ambiente psicológico da Idade Média – das aparições do diabo e dos exorcismos, das relíquias e curas miraculosas, dos monges e das ordens enclausuradas – e o do interior do Nordeste, com as superstições, os milagres do padre Cícero, o fanatismo de Antônio Conselheiro, as peregrinações de Bom Jesus da Lapa, as autoflagelações de penitentes[93].

Segundo Clarival Valladares, "O médio São Francisco, desde Minas ao alto sertão baiano, corresponde à área cultural mais desafiante para o estudo antropológico, relativo à cultura e manifestação artística. Diversos autores estimam em mais de dois séculos o isolamento de toda

---

93 Ver SOUZA, Oswaldo de, Romaria dos penitentes, Arquivo do Instituto de Antropologia Câmara Cascudo, v. II, n°s 1-2, de 1966.

esta região com profunda defasagem de civilização das metrópoles", o que acarretou "um tipo de cultura de pelo menos dois séculos defasada, que trouxe praticamente os restos da Idade Média na tradição oral, no catolicismo de tendência messiânica, e na atitude de extrema submissão ao sobrenatural. É esta a área brasileira mais eloqüente de nosso comportamento arcaico". E acresce: "O elemento definidor da cultura do médio São Francisco foi o seu meio de transporte: a barca de vareiros e de velejamento (...). A famosa barca do São Francisco se caracterizava por uma colossal figura de proa (...)."[94]

Localização

Procuremos finalmente uma explicação para o fato de só terem surgido carrancas no rio São Francisco e no seu trecho médio. Conforme foi dito no capítulo II, na segunda metade do século passado, o Vale do São Francisco era um dos pontos mais povoados do Brasil, o que acarretava uma situação de relativa riqueza e cultura, propícia ao surgimento das carrancas.

Mostrou-se que a importância da navegação no alto São Francisco era quase nula, pelo pequeno volume de suas águas, pela dificuldade de navegação e pelo fato de este trecho ligar-se por estradas ao Rio de Janeiro, principal escoadouro de sua produção. Mas, no baixo São Francisco, especialmente no trecho da foz até Piranhas, com 128 km de franca navegação, era igualmente intenso o tráfego de grandes canoas, semelhantes às barcas, que entretanto jamais apresentavam carranca.

Um motivo secundário é o fato de a pequena extensão desse trecho não conferir maior importância à sua navegação, e as grandes canoas, em muito menor número que as barcas do médio São Francisco, não desempenhavam o relevante papel social de meio de comunicação a larga distância. No baixo São Francisco, as canoas não mercadejavam

---

[94] Arte de formação e arte de informação, *Revista de Cultura*, abr./jun. 1970, p. 119.

ao longo do rio. As cidades maiores são próximas e, em torno de cada uma, há uma zona de influência que atrai, ainda hoje, as embarcações de povoados vizinhos à sua feira semanal. As canoas maiores transportavam cargas de uma cidade a outra, não a retalhando ao longo do caminho. Isto anulou a necessidade comercial de atrair o povo com as carrancas, necessidade esta que motivou a expansão do uso das figuras de proa no médio São Francisco.

Outra causa foi o isolamento em que vivia o trecho médio do rio, sem comunicação direta com o baixo São Francisco, devido à Cachoeira de Paulo Afonso, fazendo com que neste último trecho não surgisse a necessidade psicológica, social ou comercial de imitar as barcas do médio São Francisco.

No baixo São Francisco o meio social era outro, pois "a influência litorânea lhe tira as características sociais de rio sertanejo; o São Francisco que estudamos acaba na grande cachoeira", diz Cavalcanti Proença[95], em procedimento comum a quase todos os autores que estudaram este rio. O baixo e o médio São Francisco eram praticamente dois rios distintos, sendo, no trecho médio, "por demais difícil a comunicação com o litoral", conforme Carlos Lacerda[96].

Como comprovação, observe-se a cabeça de sereia da foto 126, figura de proa de um modelo de embarcação com cerca de 150 cm, recolhida em Propriá, no baixo São Francisco, em 1965. Com seu realismo, difere totalmente do zooantropomorfismo das carrancas do médio São Francisco.

Possivelmente, a embarcação a que pertenceu esta cabeça era votiva a Iemanjá: colocada nas águas e carregada de presentes a esta divindade ioruba em seu dia de festa. O corpo da sereia fundia-se na roda-de-proa, e sua cabeça (com 17 cm de altura) projetava-se acima do nível do convés da embarcação. Bela escultura, com grande pureza de linhas, de concepção filiada ao estilo africano, como muitos dos ex-vo-

---

95 Op. cit., p. 122.
96 Op. cit., p. 41.

Foto 126 – *Figura de proa de um modelo reduzido de embarcação do baixo São Francisco. (SD)*

tos nordestinos. A solução original do cabelo, emoldurando o rosto, lembra certas esculturas egípcias, o que é realçado pelo hieratismo das linhas da referida cabeça.

Há notícias esparsas, imprecisas e não documentadas fotograficamente, sobre toscas figuras de proa – que poderiam ser chamadas carrancas, mesmo se não fossem aparentadas estilisticamente com as do São Francisco – em outros pontos do Brasil. Contudo, positivamente não constituíram uso generalizado e não devem ter tido especial expressão artística, ou constariam de museus e coleções particulares, pois não teriam escapado da *peneira fina* que os compradores de antiguidades passaram em tudo que apresentasse interesse. J. Nóbrega percorria todo o Norte; viu uma grande figura de proa que não conseguiu adquirir, em Belém; mas só levou para Santos (SP), carrancas do São Francisco, às dezenas. Soube ele, em 1950, da existência, no passado, de pequenas e grosseiras figuras à proa de barcos do rio Guaporé (MT).

Nenhuma havia sido preservada. No Tocantins não encontrou traço das esculturas que foram usadas nos barcos ou *botes mineiros*, conforme Ayres da Silva, que ali viajou em 1920: "A proa do bote, a parte exatamente que fende a água, é mais saliente, e culmina por símile de figura qualquer, jacaré, cavalo etc., e denomina-se talhamar."[97] Alves Câmara só citou carrancas no rio São Francisco em 1888 e descreveu inclusive as embarcações do Tocantins. Julio Paternostro, em livro[98] publicado em 1945, descreveu *detalhadamente* as embarcações usadas no Tocantins, não citando figuras de proa.

Algumas pessoas habituadas a viajar, nos últimos decênios, no Tocantins e no Araguaia, me referiram ter visto poucas embarcações com uma figura grosseira entalhada na extremidade da roda-de-proa, provavelmente do tipo das descritas por Ayres da Silva: "A proa... culmina..." Observando a figura XXIV do *barco mineiro* do Tocantins, verifica-se que sua proa afilada e alçada não permitiria a fixação de uma escultura pesada como a carranca são-franciscana. Tudo leva a crer que a escultura fosse esculpida na própria roda-de-proa, cabendo-lhe melhor a designação de *roda-de-proa esculpida*, pois a figura de proa é fixada ao navio, geralmente no beque, sob o gurupés, mas também no castelo de proa, como no caso das carrancas.

Fig. XXIV – Barco mineiro *dos rios Araguaia e Tocantins. (AC)*

---

97 AYRES DA SILVA, Francisco, *Caminhos de outrora – Diário de viagens*, 1ª edição póstuma, Departamento Estadual de Cultura, Editora Oriente (Goiânia), s.d., p. 18. Citado por MOURA, C., Figuras de proa do Tocantins e carrancas do São Francisco, *Navigator*, nº 10, SDGM, dez. 1974.

98 *Viagem ao Tocantins*, p. 59.

Também há informações sumárias sobre a existência de figuras de jacaré e de cavalo em batelões do Tocantins. Estas embarcações, de cerca de cinco toneladas, acompanhavam freqüentemente os botes, de aproximadamente trinta toneladas, para aliviar-lhes as cargas nos trechos perigosos do rio.

O jornalista Guaipuan Vieira, de Teresina, há anos pesquisa figuras de proa no Parnaíba, só tendo conseguido identificar uma: "em 1925 (...) *Albatroz*, pequena lancha que fora feita por família que residira em Juazeiro da Bahia, já transmitia, aos deuses das águas, mensagem do seu ritual, através da carranca que conduzia"[99]. A referida lancha desapareceu há cerca de dois decênios, mas sua figura de proa (foto 127) foi descoberta e adquirida por Guaipuan. Soube ele que no passado houve outra lancha, a *Diabólica*, cujo nome se devia à carranca que portava à proa.

Convém ressaltar que só me refiro aqui às figuras de proa populares, que podem ser chamadas de carrancas. No capítulo I citei figuras

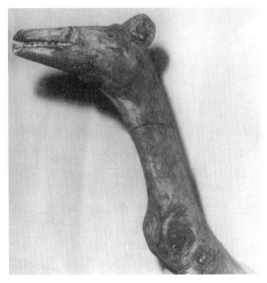

Foto 127 – *Carranca da Albatroz (Piauí). Note-se sua semelhança com a da foto 90.* (JA)

---
[99] De artigo inédito.

de proa maiores, cópias de esculturas eruditas, usadas no Brasil, no século XIX. Destas, algumas penetraram no século XX. No rio Amazonas, ultimamente, de muitos a quem indaguei, inclusive velhos marinheiros, dos portos de Belém e Manaus, consegui identificar: um busto de mulher, em embarcação do baixo Amazonas; uma figura (sereia?), em embarcação no porto de Manaus; um dragão, de grandes dimensões (150 cm?), de uma embarcação da ilha de Marajó. Nesse último caso, meu informante citou que, curioso pelas dimensões e bom acabamento da peça, que se encontrava em embarcação de transporte de passageiros, indagou sobre sua origem. Foi-lhe explicado tratar-se de um antigo barco de ricos senhores da ilha, que após muito tempo encostado havia sido reformado, recentemente. Consta que sua figura de proa tinha a utilidade de espantar duendes das águas.

Confirmo assim minha hipótese para a origem das carrancas são-franciscanas: surgidas originalmente como decoração e símbolo do poder, receberam, logo depois, conotação popular mística.

Voltando aos motivos para o surgimento das carrancas no médio São Francisco, o mais relevante, parece-me, foi o sentimento de racionalismo ali surgido em meados do século passado, com as tentativas feitas para a criação da província do São Francisco, que abrangeria uma faixa de cerca de 360 km de largura, ao longo do trecho médio do rio, e cuja capital mais provável seria Barra, centro de cultura da região, que deu homens ilustres à política do Império.

Burton viajou no São Francisco em 1867. Ouçamo-lo a respeito desse assunto: "Nos últimos anos, renasceu uma idéia que foi sugerida, pela primeira vez, segundo acredito, em 1825, por um certo coronel Joaquim de Almeida e que foi esquecida, desde 1832. Consiste ela em transformar-se o Vale do São Francisco na vigésima primeira Província do Império. O objetivo principal de tal idéia consiste em remediar os males sociais, comerciais e políticos decorrentes do isolamento das localidades da região. A única objeção que se poderia fazer seria o aumento de despesas, aliás insignificantes; esse aumento, porém, seria em pouco tempo compensado. Estrangeiros que estão, em geral, acostumados a olhar para o Brasil superficialmente, falaram-me sobre o mal de se aumentar um corpo de funcionários públicos, já excessivo. Não parecem ter atentado para o fato de que o govemo altamente constitucional, que tem sido corretamente descrito como uma república disfarçada em império, precisa ser fortalecido, de maneira tão legal quanto seja possível, e as boas *nomeações* (como são chamadas na Índia) constituem a forma mais rápida e mais prática de fortalecê-lo. E, se o Brasil se mantiver fiel ao número vinte, poderá tomar emprestado de seu irmão nórdico, os Estados Unidos, um admirável sistema de *territórios*, que lá são Estados, e aqui seriam províncias, 'in statu pupillari', educando-se para o govemo autônomo.

No Rio São Francisco, onde o assunto da Província número 21 é constantemente ventilado, cada cidade, vila ou arraial está disposta e resolvida a ser a capital. As grandes rivais são Januária, no sul, e Joazeiro, no norte; ambas prefeririam, segundo creio, permanecer como estão a aceitar uma posição subalterna. Os requisitos para uma capital são muitos: posição central, facilidade de comunicação com o litoral e com o interior, clima saudável e, se possível, terras ricas e férteis. Tendo em vista tudo isso, eu concederia a palma a Bom Jardim ou a Xique-Xique.

A nova província ou território poderia abranger todo o Vale do São Francisco. O sul receberia muito de Minas, a Serra de Grão Mogol, Minas Novas, Montes Claros e Formigas, a leste; a oeste, os vales dos Rios Paracatu, Éguas, Urucuia, Rio Pardo e Carinhanha. Da Bahia, tiraria as vertentes ocidentais da Serra das Almas e da Chapada Diamantina e, de Pernambuco, a parte ocidental do vale ao norte de Carinhanha. A província chegaria até a Cachoeira de Paulo Afonso e comunicar-se-ia com o mar por uma estrada de ferro e pela navegação que se faz agora no curso inferior do rio. E, quando a população e riqueza aumentassem, poderia admitir uma nova subdivisão, em um território meridional, com Januária como capital, e um território setentrional, tendo à frente Juazeiro. Cada um deles teria cerca de 500 milhas de rio e ambos mereciam mais as honras provinciais do que as modestas províncias de Alagoas e Sergipe, esmagadas, como anões, entre dois gigantes, Pernambuco e Bahia."[100]

Halfeld, em 1852, observou que a educação e a vida social em Barra rivalizavam com as das cortes mais civilizadas. Barra é uma cidade onde até hoje há forte divisão social, e Halfeld deve ter tido contato com a alta burguesia local, o que não ocorreu com Burton, que ali esteve em 1867 e criticou duramente sua boa reputação, bem como, aliás, a de Juazeiro. De Barra ouviu referências "como um centro de civilização, uma pequena Paris". Vejamos suas observações: "A Vila da Barra data de 1753-1754. Seu município tem de 10 mil a 12 mil almas. Há uma única freguesia: São Francisco das Chagas. Em 1852-1854, o número de casas da vila era de 660 e a população de 4 mil habitantes; não houve aumento até 1867 (...). Os habitantes de Vila da Barra criam gado vacum e algum muar; sua principal atividade, contudo, é o comércio e, como ocorre nos portos da África Ocidental, servem de intermediários entre forasteiros e os habitantes do interior (...). A Vila de Barra do Rio Grande goza de alta e imerecida reputação. Cedo verifiquei de onde vinha. Os mineiros querem que Januária seja a capital da nova província. Os baianos preferem Carinhanha e a causa desta última foi habilmente patrocinada pelo ex-Ministro e Senador João Maurício Wanderley, Barão de Cotegipe. Esse influente conservador é filho do lugar e tem um interesse filial por sua prosperidade. Minha convicção é a de que a Vila é um dos piores lugares que já vi, e que só tem condições de ser um porto ou posto de acesso para Bom Jardim ou Xique-Xique."[101]

A possibilidade de criação desta província teve grande repercussão no Vale do São Francisco. A Câmara dos Deputados chegou a aprovar, em 1873, um projeto de lei que foi em seguida derrotado pelo Senado. Aproximadamente nessa época, surgiam as carrancas, por imitação das figuras de proa de navios oceânicos, motivadas possivelmente pela

---
100 Op. cit., pp. 188-9.
101 Op. cit., pp. 254-5.

frustração dos senhores e comerciantes do médio São Francisco em não conseguirem passar da condição de comarca ao privilégio de província. Uma forma de realização seria a imitação da decoração de proa dos navios que aportavam nas capitais das províncias e do Império, em suas barcas, pois, segundo Clarival Valladares, elas eram "o elemento definidor da cultura do médio São Francisco".

Osório Alves de Castro praticamente corrobora esta interpretação ao julgar que as carrancas surgiram no médio São Francisco "porque ali existiam centros de cultura".

Em resumo, só surgiram carrancas no médio São Francisco porque só nesta região concorreram centros de cultura, com alta densidade demográfica e forte comércio, e, finalmente, pelo senso de regionalismo resultante do desejo de emancipação.

CAPÍTULO IV | Francisco Guarany

História

O escultor de carrancas que mais produziu foi Francisco Biquiba Dy Lafuente Guarany. Dois terços das noventa carrancas genuínas que classifiquei saíram de suas mãos, o que justifica um estudo mais detalhado de sua pessoa e de sua obra.

Segundo Guarany, seu bisavô, José Dy Lafuente, espanhol de Barcelona, era um jesuíta ou frade de um convento em Salvador, de onde teve que fugir por ocasião de uma revolução, ou talvez da perseguição que Pombal moveu aos jesuítas[1]. Ocultou-se então na casa de uma negra africana de Moçambique – "e a negra tinha esse nome de Biquiba", informa Guarany – com quem se amasiou e refugiou-se no interior da Bahia, indo para Capim Grosso, atualmente Curaçá, às margens do São Francisco, próximo a Juazeiro, onde se tornou professor.

Era no tempo que ninguém sabia ler, só quem sabia ler era padre. Então ele ficou lá em Capim Grosso, ensinando os meninos. Aqueles fazendeiros, aqueles homens terríveis que tiravam o fio de cabelo da barba e servia de documento, então acolheram ele, ele ficou muito

---

1 Os jesuítas foram expulsos do Brasil em 1759. Como Guarany nasceu em 1884, é possível, embora pouco provável, que esta perseguição tenha sido o motivo da fuga de seu bisavô.

bem estimado por estes fazendeiros, os treme-treme daqueles tempo (palavras textuais de Guarany, gravadas em 1973).

Daquela união nasceu Plácido Biquiba Dy Lafuente, que, recrutado aos dezesseis anos e transferido para Salvador, ali participou da Sabinada. "Ele brigou muito na Sabinada e por causa de ser valente ele arranjou o posto de alferes" e foi destacado para Juazeiro, onde "ele robou Maria que depois foi apelidado por Maria Biquiba (...) e depois que a negra morreu, deu baixa e foi viajar no rio em ajoujo de duas canôuas, e depois paçou a barca".[2]

O mais velho dos filhos de Plácido e Maria foi Cornélio Biquiba Dy Lafuente, que se casou aos 21 anos, cerca de 1865 (evitando o recrutamento dos solteiros para a guerra do Paraguai), com Marcelina do Espírito Santo, neta de uma índia do Paraguaçu, mudando-se de Barra, onde trabalhava com Cirillo Cavalcante, construindo barcas, para Porto, hoje, Santa Maria da Vitória, ali continuando com a mesma profissão.

Mestre Cornélio construía as barcas debaixo de um grande tamarindeiro. Osório Alves de Castro cita os estaleiros do Tamarindo de Cima, cujos trabalhadores eram: "Flávio Rocha, meio-mestre; Camilo Donato, Timóteo Divino e Joaquim Demétrio, enxozeiros; Aristides Estrela Preta e Augusto Tobó, serradores; Anselmo Cambão e José Quimama, machadeiros-lavradores."[3] Haverá relação entre o exotismo e pitoresco das carrancas e o dos nomes acima, que eram verídicos, conforme me afirmou o autor do livro?

Santa Maria da Vitória, que data do início do século XIX, tinha poucas casas em 1850, quando chegou um artífice de Barra e construiu a primeira embarcação. Outros o seguiram e, em 1880, Santa Maria, já grande aglomerado para a época, foi elevada à categoria de vila. Durval Vieira de Aguiar disse dela, em 1888: "possue um animado commercio, um excelente porto freqüentemente visitado por bar-

---

2 As frases entre aspas referem-se a trechos de cartas que Guarany me escreveu, respeitando sua grafia, a fim de que melhor se compreendam os aspectos culturais de sua personalidade.
3 Op. cit.

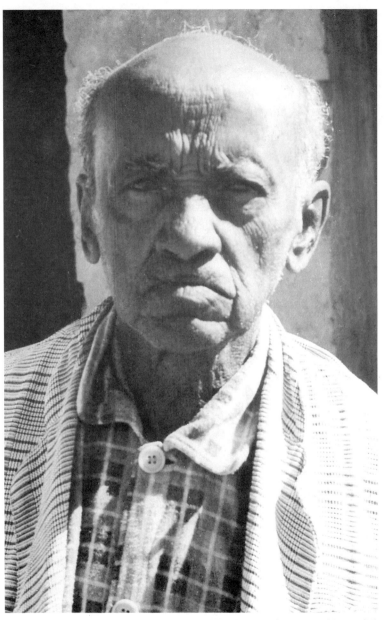

Foto 128 – Francisco Guarany, aos 84 anos. (PP)

cos de todas as procedências e que fazem alli grandes negócios (...)", e "tem muitas e regulares casas de negócio, duas boas igrejas (...)".

Ali nasceu, em 2 de abril de 1884, Francisco, último dos seis filhos de Cornélio, que o apelidou de Guarany, por ser bisneto de índia. "O apelido de Guarany pegou em tal condição, que o jeito foi eu assinar por Guarany; e todos os filhos assinão por Guarany." Hoje ele assina Francisco Biquiba Guarany ou Francisco Guarany, sendo conhecido por todos os seus conterrâneos por Guarany.

Morrendo-lhe o pai, em 1898, Guarany começou a trabalhar, em 1899, como imaginário e, logo após, como marceneiro, também profissão de seus irmãos. "Primeiro eu fui imaginário (...). O meu mestre de imaginária foi João Alves de Souza, da cidade de Barra."

Note-se, porém, que o artista popular ou o artesão não tem um mestre, em nossa acepção culta. Ele não recebe aulas, mas aprende praticamente sozinho, observando um oficial ou mestre no trabalho, e treinando, para dominar as ferramentas. Conforme Saul Martins: "O artesanato é prático, sendo informal sua aprendizagem. O que o artesão faz, cria-o ele próprio..."[4] Diz Vera de Vives: "O aprendiz observa, participa, e um dia ousa."[5] Corrobora Guarany: "Isso pode ensinar? Isso é bem que Deus dá ao indivíduo. Ubaldino, ele vendo eu fazer, entendeu de fazer."

Guarany deixou de esculpir santos por não ser atividade financeiramente rentável: "Mas a imagem não dava resultado, não dava pra se vivê. Então eu deixei e continuei trabalhando de carpinteiro, marcineiro, tanoeiro, (...). O que é certeza é que lutei muito pela vida, nos meus princípio."

Em 1901, com 17 anos pois, fez sua primeira figura de proa, para a barca *Tamandaré*, de Conrado Correia de Almeida. "Era um busto de negro, ou de caboclo"[6], pelo qual recebeu 12.000 réis (ou Cr$ 0,12),

---

4 *Contribuição ao estudo científico do artesanato*, pp. 22 e 57.
5 *O homem fluminense*.
6 Destas palavras textuais de Guarany, não se deve imaginar um busto realista, mas uma de suas vigorosas carrancas zooantropomorfas da primeira fase.

Foto 129 – *Carranca da 1ª fase de Guarany.* (TS)

Foto 130 – *Carranca da 2ª fase de Guarany.* (IK)

Foto 131 – *Carranca da 2ª fase de Guarany.* (IK)

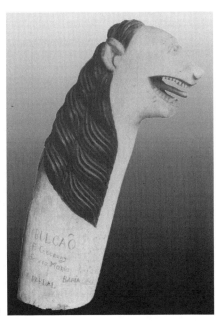

Foto 132 – Bulcão. (SD)

correspondentes, em 31/9/1980, a cerca de Cr$ 800,00[7]. Essa barca foi acidentada, reformada e vendida a José Custódio, de Juazeiro, que a rebatizou de *Nacional* e encomendou, em cerca de 1905, a segunda figura de barca de Guarany, por se ter danificado a primitiva. Mais dois anos decorreram para que Guarany esculpisse sua terceira carranca, para a barca *Americana*, de Luís Antônio Miranda. Sua filha, d. Josefina Miranda de Souza Duarte, residente em Juazeiro, atual proprietária da carranca, informa que seu pai se referia a ela como sendo o *Caboclo d'Água*.

Embora com as restrições óbvias à memória de Guarany, cito, em ordem cronológica, algumas barcas que ele lembra terem recebido suas carrancas, além daquelas cujas fotos constam desta obra: *Japonesa*, de José Luiz Libambo; *Santos Dumont*, de José da Costa Athayde; *Gaivota*, de Antão; *Remanso*, de José Barbosa da Rocha; *Oliveira*; *Jary*.

Sempre trabalhou, sozinho, como marceneiro[8] e carpinteiro. Como o trabalho era escasso em Santa Maria, Guarany fazia de tudo: barris para transporte d'água, dornas para guardar cachaça, móveis, madeiramento para telhados etc. Pelo mesmo motivo, em 1922 trabalhou dois anos em Bauru, como marceneiro, e quase se transferiu para lá, com toda a família. Participou também da construção de barcas em Santa Maria, para as quais geralmente esculpia as figuras de proa. Muitas encomendas lhe chegavam ainda de Januária, Barreiras, Juazeiro etc. Esporadicamente, um irmão de Guarany e outros, em Santa Maria, também esculpiram carrancas, mas Francisco Guarany era "respeitado como o profissional das carrancas, pelo valor de suas obras", conforme Osório Alves de Castro. Opinião esposada por Cícero Simões dos Reis e outros que entrevistei.

---

[7] Em 1977 uma antiga e boa carranca, embora não da autoria de Guarany, foi posta à venda numa galeria de arte do Rio por Cr$ 170.000,00. É curioso que o proprietário dessa carranca possuía também outra, e uma delas foi trocada com um advogado de Juazeiro, no final da década de 1960, por um casal de caprinos de raça. Em 1980, a carranca da foto 43 foi anunciada por Cr$ 1.500.000,00, não tendo sido vendida.

[8] Guarany fez três altares entalhados, dos quais um para Santa Maria e outro para Correntina, além de muitos pequenos oratórios populares.

É difícil saber quantas carrancas saíram de suas mãos, de 1901 ao início da década de 1940, quando as condições expostas no capítulo II ditaram o fim da construção das barcas. Sua memória, dos 84 aos 93 anos, quando conversamos, não permitia precisar este fato, mas, certamente, não chegaram a cem, conforme opinião também de seus filhos, inclusive Ubaldino, que foi carpinteiro de barcas e reside em Santa Maria. Parece-me razoável supor que Guarany tenha produzido, até o início da década de 1940, cerca de oitenta carrancas.

Com a paralisação da construção de barcas, Guarany não fez figuras de proa durante cerca de dez anos. Na primeira metade da década de 1950, foi descoberto por Antônio Laje, a quem vendeu meia dúzia de peças, que foram para a coleção Vasconcelos Maia, como já comentado. Em seguida, outros lhe encomendaram carrancas, entre os quais Agnaldo, que adquiriu cerca de oito peças, a partir de 1953.

Continuando a procura de suas esculturas, Guarany, que até então as encarava como figuras utilitárias ou decorativas, sem maior significado artístico, capacitou-se de sua importância, passando, aproximadamente em 1963, a assiná-las F. Guarany, num fenômeno comum em arte popular, como ocorreu com Vitalino e outros escultores do Nordeste. A esta assinatura Guarany acrescenta o nome com que batiza suas carrancas desde que um comprador lhe pediu que o fizesse, para a peça que estava adquirindo.

Obra

Alguns dos nomes de batismo das carrancas pertencem à mitologia indígena, fornecidos por um seu sobrinho, Oswaldo Biquiba Dy LaFuente. Era também escultor, especializado em iconografia indígena, falecido em 1968, em Brasília, onde se tinha fixado. Outros nomes são de *animais antediluvianos*, cujas fotografias, vistas em jornais e revistas, impressionaram Guarany. Entre os animais pré-históricos, ele utilizou[9]: *Mastodonte, Megatério, Galocéfalo, Medostantheo* (foto 51), *Brontosário, Bromosário, Igalosário*. Da mitologia indígena vieram: *Chipam; Igatoni; Brutuan; Capelobo,* índio que vira lobisomem; *Curupema,* índia que vira onça; *Curupan* (foto 68), que é marido de *Curupema; Capinãgo,* inspirado numa lenda francesa de um cavalo encantado (foto 137). Outros nomes com que foram batizadas peças mais recentes: *Aratuy* (foto 50), *Muturãn* (foto 49), *Salaô* (foto 47), *Tôrian* (foto 149), *Jerome* (foto 48), *Melozán* (foto 46), *Zézê* (foto 138), *Futhech* (foto 69), *Caipora* (foto 134), *Caipira, Cury, Bulcão* (foto 132), *Boreta, Jurema, Pagê, Galego, Pirajá, Zulcão, Muritan, Peroni* (foto 5), *Xateiro, Caxalot* (foto 161), *Tatuy, Zucuidro* (foto 135), *Zulco, Latuip* (foto 136), *Babó, Babau* (foto 162) (*Babau* é personagem de bumba-meu-boi). Cada um dos nomes *Zézê, Boreta* e *Salaô* foi utilizado em duas carrancas, provavelmente por lapso de memória. As fotos acima são de peças da coleção do autor.

Guarany, como vemos, cria uma fantasia em torno de muitas de suas carrancas, como a querer dar-lhes vida. Fenômeno comum em arte popular, assinalado também por René Ribeiro em seu estudo sobre Vitalino: "Termina gostando das peças e dando-lhes uma história."

A apreciação das fotos das carrancas acima citadas permite constatar que as esculturas mais recentes também têm alto valor artístico, mas em relação às antigas figuras de barca "elas saem perdendo com o esvaziamento das motivações originais", conforme Clarival Valladares[10], embora "conservando no coração uma semente de magia que lhe dá força para viver. Ou sobreviver", segundo Carlos Drummond de Andrade[11].

Obviamente há também uma diferença, subjetiva, de valor histórico: as carrancas recentes não navegaram no rio, e outra, objetiva, que as coloca em um nível artístico inferior ao das antigas: é a ausência da pátina que, além do valor subjetivo, suaviza possíveis asperezas e ân-

---

9 Respeitando sua grafia ou pronúncia. Alguns dos nomes são corruptelas e a maioria, fruto de sua imaginação.
10 *Jornal do Brasil*, 15/1/1977.
11 *Jornal do Brasil*, 6/4/1978.

Foto 133 – Pirajá. (SD)

Foto 134 – Caipora. (SD)

Foto 135 – Zucuidro. (SD)

Foto 136 – Latuip. (SD)

Foto 137 – Capinãgo, que pelo seu naturalismo é uma exceção na obra de Guarany. (SD)

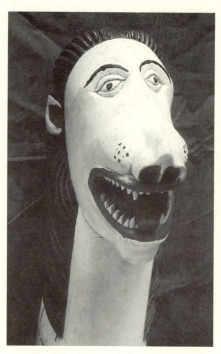

Foto 138 – Zézê, esculpida em 1972 mas muito semelhante à carranca da foto 142. (SD)

Foto 139 – Vigorosa carranca de Guarany, com penacho de espanador e ganchos de ferro na boca. (IK)

Foto 140 – Carranca da 1ª fase de Guarany, cujo impressionante arcaísmo foi remarcado pelo ângulo feliz da fotografia. (IK)

Foto 141 – Note-se a semelhança desta carranca de Guarany com as três anteriores.

Foto 142 – Notável carranca antiga de Guarany, muito semelhante à da foto 138. Em exposição no Museu Nacional (Quinta da Boa Vista – RJ). (SD)

gulos, dando à obra de arte maior unidade e envolvendo-a numa atmosfera e num colorido particularmente saborosos. Entretanto, com a umidade de nosso clima, e exposta ao sol, ou mesmo à luz solar, a tinta mofa e mancha, a madeira apresenta fendas, e o aspecto, ao fim de muitos anos, pode ser próximo ao de uma peça antiga bem conservada. Por isso, é interessante que Guarany tenha passado a assinar suas carrancas atuais, facilitando uma identificação futura.

Segundo Maurice Rheims[12], as doze propriedades fundamentais para determinar o valor de um objeto são: a harmonia, a personalidade, o estilo da época, a qualidade de concepção (*caractère*), a qualidade de execução, o tema ou natureza do objeto representado, o prestígio da matéria trabalhada, a antiguidade, o *pedigree* (pureza de linhagem), a virgindade (integridade do objeto), a originalidade e a raridade. Des-

---

12 *La vie étrange des objets.*

tas qualidades, só a antiguidade não pode ser atribuída às esculturas recentes de Guarany. Aliás, nem mesmo às genuínas, pois todas datam deste século.

Clarival Valladares diz que Guarany foi mestre de Agnaldo Manuel dos Santos, e que "a impressão mais definitiva que Agnaldo conservava do mestre era a de destreza e domínio artesanal (...). O velho cortava, parava e examinava com os dedos (...) sempre preocupado com a perfeição (...) batia devagar, certo, bonito, ouvia-se mais a louça na cozinha que ele trabalhando (...) uma vez eu disse: boa carranca! Ele disse... as águas é que vai dizer, meu filho"[13]. Esta citação textual de Agnaldo demonstra o espírito com que Guarany esculpe uma peça para colecionador – o mesmo com que preparava uma carranca para barca – "as águas é que vai dizer" de seu valor.

Os quarenta anos de experiência de Guarany na escultura das figuras das barcas deixaram um importante subsídio espiritual em suas peças atuais, cujo vigor foi atenuado pela perda de sua função original, utilitária, substituída pela de *peça de arte*. Os olhos são menores, pois já não têm a função de espantar os duendes, e os dentes são mais numerosos e destacados, virtuosismo decorrente de sua consciência de artista, o que não lhes tira, contudo, a expressividade e a originalidade.

Diz Guarany: "Comecei a fazer (as carrancas) de imaginação. Não quebrava a cabeça, e agora quebro, para imitar." Explicou-me que suas figuras de barca eram feitas sem cuidado – "como saísse estava bom" – mas agora "quebra a cabeça" para esculpi-las bem, especialmente a boca; cujo céu – escavado – a língua – destacada – e os dentes – esculpidos no bloco, e não implantados – dão-lhe uma semana de trabalho. "Fazer essa boca não é vadiação não."

De fato, é grande seu apuro técnico. Sua produção recente é bem inferior à que corresponderia às encomendas, pois ele não se permite concessões comerciais. O amor às suas carrancas é maior que ao vil metal. Contudo, é possível que essa atitude de Guarany seja também

---

13 *Jornal do Brasil*, 2/12/1972.

devida à multiplicação atual de carranqueiros, a fim de garantir, pela demonstração de virtuosismo, sua posição no mercado.

Clarival Valladares, comissário geral da representação brasileira do II Festival Mundial de Artes e Culturas Negras, realizado em 1977, na Nigéria, abre a apresentação dos seis escultores que selecionou com Guarany – "o mais importante escultor de carrancas na história dessas figuras de proa" – e assinala: "Do momento em que Guarany assina e data suas obras, dirigidas a um consumo de colecionadores, ele cessa o seu longo percurso de artista genuíno e se transforma em artista autodidata. Esta mudança de comportamento não lhe subtrai o mérito, não lhe nega o talento pessoal. Entretanto o exclui da genuinidade, da implicação do sentimento coletivo."[14] As carrancas selecionadas para o Festival foram as das fotos 46 a 50, 68, 115, 137, 138 e 149.

Perguntei a Guarany por que não mais esculpe bigodes e sobrancelhas em relevo, como fazia, especialmente nas carrancas da primeira fase. – "Bicho não tem bigode nem sobrancelha nem nariz, tem focinho", respondeu. – Mas por que você fazia, nas antigas? – "Era pra embelezar." Vemos a busca da racionalidade, num abrandamento da atitude pré-lógica do artista primitivo.

O vigor da escultura de Guarany, marcada pelo fantástico, resulta de sua autenticidade. *Capinãgo*, o cavalo encantado, *Curupema*, a índia que vira onça, *Megatério*, o animal pré-histórico, e todas as demais carrancas estão em seu mundo interior. Em 1972, em casa de sua filha, em São Paulo, diante da família reunida, Guarany gravou em fita cerca de 100 minutos, apresentados por uma sua neta como *As histórias da vida do vô*. Durante cerca de 60 minutos, isto é, mais de metade da gravação, Guarany não conta histórias de sua vida, mas as do sertão, povoadas de reis, príncipes, ladrões, cobra que era satanás e outros encantamentos. É curioso notar em algumas dessas histórias a mistura de elementos reais e fantasiosos, como em suas carrancas. Uma delas narra o caso de um sapateiro que, explorado por um agiota, que lhe que-

---
14 *O impacto da cultura africana no Brasil*, p. 234.

ria tirar uma libra de carne por não ter recebido o pagamento da dívida no dia marcado, recorre a um advogado. Este perde a causa no juiz, no Tribunal de Justiça e no Supremo Tribunal, devido ao poder corruptor do agiota. Em última instância, o sapateiro recorre ao rei, que lhe dá ganho de causa, condenando o agiota à custa do processo, em suas várias instâncias[15].

Um artista que aos 88 anos mantinha tal ingenuidade e pureza continua autêntico em sua produção atual. As carrancas saem vivas de seu inconsciente.

Estilo

Diz Guarany, sobre as figuras de barca, que às vezes lhe encomendavam a representação de uma cabeça de cavalo, de um busto de moça etc. Mas geralmente era ele que escolhia o motivo, de sua imaginação, inspirando-se inclusive em figuras, como as de um baralho português antigo, e note-se que até hoje as figuras de baralhos são bem medievais. Baseou-se também no dragão de São Jorge e em figuras de leão e cavalo. Para as carrancas mais recentes, tem também observado figuras de jornais e de revistas, citando: macaco, deus hindu, animais pré-históricos etc.

---

15 Câmara Cascudo em seus *Ensaios de etnografia brasileira* revela que a versão mais antiga do conto da libra de carne vem da Síria: "Julgou uma pendência entre judeu e muçulmano, obrigando-se o devedor a dar uma libra de carne viva não satisfazendo o débito em prazo improrrogável. Revoltaram-se os espíritos pela dolorosa satisfação e as partes foram ao cádi. Decidiu este que o judeu cortasse a carne devida no peso estipulado e exato, nem menos e nem mais, sob pena de morte e confisco dos bens. O credor recuou e pagou a multa, por haver atentado contra a existência de criatura devota ao Deus clemente e misericordioso." Do Oriente este conto passou à Europa, onde sua versão mais famosa foi a do *Mercador de Veneza*, de Shakespeare (1594). Cascudo assinala uma variante brasileira. Certo patrão acertou com seu empregado que, se algum dos dois se zangasse, daria direito ao outro de tirar-lhe "uma tira de couro, da nuca à cintura, ou até aos pés". Não tendo resistido às provocações do patrão, sofreu a cruel punição um irmão de Pedro Malas-Artes, o qual, tomando-lhe o lugar, exasperou de tal forma o patrão, que este também perdeu sua tira de couro. "Malas-Artes vingara o irmão supliciado." Esta variante brasileira se afasta da história original, síria, o que não ocorre com a versão espanhola, que lhe é bastante fiel. Como Cascudo diz desconhecer a versão portuguesa, embora julgue que deva existir, é provável que o conto de Guarany tenha suas origens no bisavô espanhol.

Guarany não explica o porquê de detalhes morfológicos, utilizando expressões vagas: "dá mais inspiração", "fica mais bonito", "é mais impressionante" etc. Este fato é comum nos artistas populares, Vitalino dizia: "Eu aprendi pela cadência, tirando do juízo."[16] Outros bons ceramistas, em pesquisa publicada em *Cerâmica popular do Nordeste*, assinalam que seus motivos eram fruto da imaginação, e não cópia de modelos.

Mas a inspiração é somente um ponto, a partir do qual, como artista de grande poder criador que é, Guarany desenvolve sua imaginação e utiliza recursos plásticos próprios, o que faz com que suas carrancas possam ser imediatamente reconhecidas. É interessante observar o leão da foto 143 que, tendo servido de inspiração para esculpir *Curupan* (foto 68), não lhe cerceou entretanto a liberdade criadora. Na foto 144 vemos um estudo para a carranca Zézê (foto 138).

Foto 143 – *Leão de história em quadrinhos, que serviu de inspiração a Guarany para esculpir* Curupan (foto 68). (SD)

Foto 144 – *Estudo de Guarany para a carranca* Zézê (foto 138). (SD)

---

16 RIBEIRO, R., *Vitalino*.

O elemento plástico mais característico da escultura de Guarany é o tratamento que dispensa à cabeleira das carrancas, espessa ou em relevo acentuado, abundante, cobrindo quase todo o pescoço. Raras de suas carrancas foram feitas sem a bela cabeleira, "pra sair mais barato", informou-me.

Em uma primeira fase, Guarany esculpia a cabeleira num estilo que chamarei *em corda*, pois se assemelha a um conjunto de cordas grossas, justapostas, como se pode constatar nas fotos 43 e 151. É curiosa a semelhança deste tratamento com o dispensado à cabeleira de uma santa baiana, do século XVII, mostrada na foto 118. Diz Guarany que esta cabeleira ele "aprendeu vendo uma do Moreira do Prado (carranqueiro), da barca *Araripe*, de Tranquilino (dono da embarcação)".

Numa segunda fase, suas esculturas apresentaram uma quebra ou onda, no sentido longitudinal do pescoço, na altura de cada orelha, quando está em sua posição correta na cabeça humana. Isso se verifica claramente nas fotos 21 e 150. Pouco mais de metade das carrancas antigas de Guarany que classifiquei tem *cabeleira em onda*.

É interessante notar a semelhança desse tratamento com o desenvolvido nas crinas do cavalo da foto 145, pertencente aos Cavalinhos

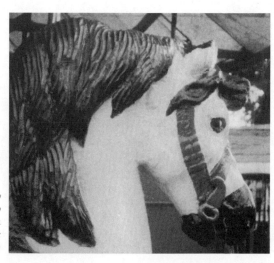

Foto 145 – Note-se o movimento da crina do pescoço do cavalo, de um parque de diversões de Belém. (PP)

de Nazareth, tradicional parque de diversões em Belém (Pará). Pode-se aceitar como bastante naturalista esta representação, pois, realmente, o movimento de galope de um cavalo com crinas abundantes provoca o efeito que se vê na foto 145. Possivelmente Guarany, tendo feito a mesma observação em relação a uma escultura de cavalo, gostou da solução plástica que obteve, mantendo-a como uma característica sua nas demais carrancas.

No que chamarei a terceira fase de Guarany, após 1950, quando produziu para colecionadores, a cabeleira manteve sempre o estilo *em onda*. A distinção entre as peças da segunda e terceira fases pode ser feita por detalhes que revelam sua idade e seu possível uso em barcas, e pela observação do entalhe que as carrancas apresentavam em sua base, para o encaixe na roda-de-proa. Nas peças da segunda fase que serviram em barcas, o entalhe era geralmente grande e irregular, enquanto nas da terceira fase é menor e regular. Às vezes não há o entalhe, como na carranca da foto 146[17], cujo mau estado poderia denotar sua serventia em barca, não fosse a ausência deste indispensável detalhe.

Na cabeleira *em corda*, os sulcos produzidos na madeira são geralmente horizontais. Na cabeleira *em onda*, verticais. Pode-se comprovar que as duas soluções são de Guarany, observando-se as fotos 34 e 146, nas quais o cabelo junto ao rosto, da orelha ao queixo, tem a fatura em corda, enquanto o restante da cabeleira é em onda. Isso ocorre em várias peças da terceira fase de Guarany.

Também nas carrancas das fotos 139 a 142[18], de aspecto muito semelhante, as duas primeiras são da primeira fase de Guarany, enquanto as duas últimas mostram uma transição para a segunda fase, pois, embora já exista a onda, os sulcos ainda não são verticais. A mesma transição se nota nas peças das fotos 147 e 148[19], em que os sulcos es-

---

17 Pertencente ao Banco da Bahia, Ag. Augusta, São Paulo. Adquirida da coleção Vasconcelos Maia.
18 A carranca da foto 142 está no Museu Nacional do Rio de Janeiro.
19 No Museu de Arte Moderna da Bahia (Museu do Unhão), em Salvador, havia outra carranca quase idêntica às das fotos 147 e 148.

Foto 146 – *Carranca cuja cabeleira tem as faturas em corda, junto ao rosto, e em onda, no restante.* (IS)

Foto 147 – *Carranca da 1ª fase de Guarany, com um sulco ao longo do pescoço, prenunciando a futura onda da 2ª fase.* (TS)

Foto 148 – *Carranca da barca Capichaba, que se vê, afundando, na foto 114.* (TS)

Foto 149 – *Tôrian, da 3ª fase de Guarany, muito se assemelha às duas carrancas das fotos anteriores.* (SD)

tão inclinados 45° e nota-se uma risca ou depressão ao longo do pescoço, prenunciando a futura *onda*. Provavelmente Guarany esculpiu na mesma época as carrancas das fotos 139 a 142, bem como as das fotos 147 e 148.

Podemos comprovar que as carrancas citadas acima são de Guarany, observando as fotos 138 e 149, de peças que ele me esculpiu recentemente. O original nariz de ventas abertas de *Zézê* (foto 138) é o mesmo da carranca da foto 142; nesta, o volume facial provocado pelos bigodes encontra paralelo no das bochechas de *Zézê*. Em ambas, são bem semelhantes o formato da boca, inclusive com a língua de fora, os olhos e a orelha. Quanto a *Tôrian* (foto 149), logo se percebe que sua concepção foi a mesma que presidiu a das carrancas das fotos 147 e 148.

As conclusões acima sobre o estilo de Guarany, apesar de estarem baseadas em suas informações, claudicariam na hipótese de algum outro escultor ter copiado seu tipo de cabeleira. Mas isto me parece improvável, pois, se ocorresse, certamente seria do conhecimento de Guarany, que me teria citado. Ao contrário, as informações que colhi mostraram que outros em Santa Maria fizeram carrancas, mas sem sucesso. Se fosse simples esculpir sua cabeleira, ou a de Afrânio, não ocorreriam tantas peças com cabelos ralos e pobres, como as das fotos 75, 77, 78 e outras que não mereceram ser mostradas neste estudo.

Obviamente não é difícil copiar a cabeleira ou mesmo uma carranca de Guarany. Vimos que Lopes, hoje, o faz tecnicamente bem. Mas o copista não consegue dar *alma* à sua escultura. A cópia, hoje, é uma imposição do mercado, em que bem mais de uma centena de artesãos vendem milhares de réplicas de carrancas anualmente. Isso não ocorria na época das barcas: se no período de 1900-1940 se esculpiram cento e vinte carrancas, a média anual foi só de três peças. Um bom escultor, capaz de copiar Guarany, seria muito visado, e certamente preferiria fazer a *sua* carranca. Contudo, é possível – embora improvável – que tenha ocorrido cópia, como a carranca da foto 37, conforme o exame que fiz dos sulcos pouco precisos dos cabelos e a não-observância da rigorosa simetria das peças de Guarany.

Guarany quase sempre trabalha em um só tronco, sem emendas, pois diz que é mais belo, e que seria difícil a concordância das superfícies se emendasse pedaços de madeira. Certamente isto é imperativo secular, ditado pela finalidade das carrancas, que deveriam ser de uma só peça, para resistir longamente ao tempo e aos choques a que estavam sujeitas, na proa das barcas. Tanto é que em algumas das carrancas recentes de Guarany foram utilizadas orelhas de encaixe ou foi emendada madeira para melhor terminar o focinho e a boca, recursos usados excepcionalmente[20].

As carrancas da terceira fase de Guarany raramente são feitas em tronco com forquilha, quando a cara se destaca nitidamente do pescoço, como em *Salaô* (foto 47). Como elas são esculpidas para colecionadores, geralmente têm a base quase horizontal, para se manterem no chão sem auxílio de calço, ficando pouco inclinadas para a frente. Suas dimensões são aproximadamente as das grandes carrancas: diâmetro (c) de 30 cm; altura da cabeça (a) e altura total (b) em segmentos verticais aproximadamente iguais a 40 e 90 cm, respectivamente (ver fig. XXV).

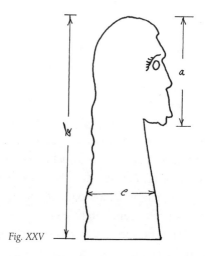

Fig. XXV

---

20 Não é raro ver orelhas de encaixe nas carrancas do início da 3ª fase de Guarany. Talvez esse fato seja motivado pela inatividade de mais de dez anos do escultor. Na peça da foto 115, além de orelhas de encaixe, nota-se um torno de madeira no focinho, mostrando que houve emenda.

Foto 150 – Carranca da 2ª fase de Guarany. Da coleção do autor. (CR)

Foto 151 – Carranca da 1ª fase de Guarany com a cabeleira envolvendo todo o pescoço. Da coleção do autor. (CR)

Guarany não esculpiu só carrancas. Além dos santos de sua mocidade, fez, em cerca de 1948, um grande presépio, com dezenas de figuras, especialmente de animais, como o leão da foto 66, com 26 cm de comprimento e 15 cm em sua altura máxima. Nele se revela o grande artista que é Guarany. Nessa peça, não quis obter o efeito apavorante das carrancas; sua solução é mais refinada, denotando alta sensibilidade plástica. Dela pode-se repetir o que Herbert Read diz de uma cerâmica mexicana de Tarascán: tem "uma sutileza de modelado que impregna todo o objeto e o infunde de uma vitalidade estranha"[21].

Apesar de perfeitamente proporcionada, não se trata de uma representação naturalista, pois as simplificações feitas lhe emprestaram uma extraordinária plasticidade e vigor, inerentes à escultura de Guarany. As pernas curtas e grossas, que lhe dão uma notável expressão de força, são contrabalançadas pelo corpo, musculoso, mas esguio e elástico.

A cara é uma perfeita carranca em miniatura; *Curupan*, o leão da foto 68, mais a ela se assemelha do que à figura da foto 143, que lhe serviu de inspiração, confirmando o que foi dito atrás sobre o secundário do motivo de inspiração, ante o fundamental da solução plástica do artista.

Outra magnífica figura do mesmo presépio é o cavalo da foto 67. A mesma simplificação e expressividade estão presentes nesta representação bem naturalista, o que, entretanto, não impediu Guarany de colocar-lhe sobrancelhas. Isto, a meu ver, repito, é o fator básico para conferir o caráter antropomorfo às carrancas concebidas basicamente como zoomorfas. Também o cachorro da foto 154 pertenceu ao mesmo presépio, do qual só se conservaram essas três peças, hoje da coleção do autor.

A apreciação dessas esculturas comprova o perfeito domínio da técnica que possui Guarany, atributo básico para que se considere um trabalho artesanal como obra de arte, conforme acentua enfaticamente F. Boas: "La estrecha relación entre el virtuosismo técnico y la plenitud del desarrollo artístico puede demonstrarse facilmente..."[22] Mesmo

---

21 Op. cit., p. 77.
22 Op. cit., p. 23.

quando Guarany faz uma representação realista, a solução plástica não consiste numa cópia servil da natureza, mas é pessoal, bem simplificada e algo estilizada, o que lhe confere o vigor que atesta seu valor artístico, que "dependerá siempre de la presencia de un elemento formal que no es idéntico a la forma que se encuentra en la naturaleza"[23].

É comum que um artista apresente grande inspiração e domínio técnico em um tipo e tamanho de peça, fracassando quando foge de sua produção habitual. Isto não ocorre com Guarany, cuja versatilidade pode ser apreciada, observando-se a foto 152, que mostra o modelo de uma barca do São Francisco, que ele fez, a meu pedido, aos 88 anos. O comprimento total da embarcação é de 70 cm, mas todos os principais detalhes estão fielmente reproduzidos de memória, pois há muito as velhas barcas não sulcam aquele rio. Apesar de ser a primeira barca que Guarany esculpiu, a solução é tecnicamente perfeita. Foi também a última, pois diz que por nada repetiria a trabalhosa experiência, recusando fazer outro modelo de barca para o Serviço de Documentação Geral da Marinha, a fim de ser incorporado à importante

Foto 152 – Modelo de barca, trabalho de Guarany. (CR)

---

23 BOAS, F., op. cit., p. 85.

Foto 153 – Carranca da barca da foto anterior. (SD)

Foto 154 – Figura de presépio de Guarany, com a mesma atitude retesa das carrancas. (SD)

coleção Alves Câmara, apesar de minha insistência e de meu apelo à sua vaidade, além de o pagamento lhe ter sido colocado em aberto.

Isso mostra sua condição de artista, que gosta de criar uma carranca, mas não se interessa pelo trabalho artesanal de reproduzir uma barca.

A carranca que orna a proa da barquinha (foto 153) tem somente 10 cm em sua maior dimensão, ao longo do pescoço, da base ao topete, e sua cara tem 5 cm de altura. Mas mostra a originalidade e o vigor das grandes carrancas.

PERSONALIDADE

Como vimos no início deste capítulo, Guarany é um artista genuinamente brasileiro, pela mescla de raças de seus antepassados, que, desde seu bisavô, viveram às margens do São Francisco, onde seu avô foi barqueiro e seu pai, construtor de barcas. Reuniu assim Guarany todas as condições para ser o grande artista das carrancas.

Conforme assinala Renato Almeida, em artigo sobre Vitalino, "o artista folclórico é sempre um portador, um continuador (...) porque ele é movido pela corrente do seu meio (...) dentro da temática de sua gente (...). Daí a uniformidade da arte popular em determinadas regiões"[24].

Guarany não foi um inovador, pois a arte popular não tem um só criador. Obedeceu à tipologia básica das figuras de proa, que lhe eram anteriores, embora enriquecendo-as com um elemento de grande expressão e beleza plástica: a vasta cabeleira. Se bem que Guarany tivesse outras ocupações, e o preparo das figuras de barca lhe tomasse um tempo restrito, pelo número de peças que esculpiu e pelo renome de que gozava, é o único escultor que pode ser considerado um profissional nesse gênero. Os demais, pelas poucas peças que produziram, embora algumas também excelentes, não fizeram mais que incursões ocasionais nesse campo.

---
24 ALMEIDA, R., *Vivência e projeção do folclore*, p. 158.

É tal o predomínio das carrancas de Guarany, em qualidade e quantidade, que quase se pode duvidar de que essa manifestação seja *arte popular*, como "indicação de criação integrativa de povo, sem marcas pessoais"[25]. A grandeza de Guarany está na uniformidade do seu trabalho, quanto à concepção e ao apuro técnico. "Sempre fui caprichoso nos meus trabalhos", afirma. Sua imaginação é quase inesgotável, embora algumas carrancas apresentem acentuada semelhança. Apesar do renome que granjeou, não *se modernizou*, como é comum a artistas populares que se projetam. As antigas peças de Vitalino eram simples, vigorosas e expressivas, traduzindo motivos que eram os do seu meio: animais, mulher rendeira, Lampião etc. Após o sucesso, além desses, produziu principalmente conjuntos mais sofisticados, com várias figuras, freqüentemente alheias a seu ambiente tradicional: doutor operando, advogado em sua mesa etc.

Costa Pereira assinala que o ceramista popular da Bahia, após atingir uma certa situação, "produz para vender, e esta é a razão porque satisfaz à solicitação alheia, obedece às tendências estéticas de um grupo social mais categorizado que o seu, sendo levado a forçar os seus poucos recursos de execução para expressar uma cultura que não é a sua". E adiante: "Mas o que penaliza não é o sentido comercial que a arte popular vai tomando... O que penaliza é a sua descaracterização, a perda de seus elementos essenciais."[26]

Cabe observar que a fácil comercialização das peças de certos artesãos é influenciada pelos elogios de críticos e historiadores de arte, que, através dos seus eruditos escritos, podem assim levar à deturpação dos motivos originais desses artesãos. Quanto à Guarany, o citado virtuosismo na escultura da boca de suas carrancas, nas últimas duas décadas, é um detalhe que pouco afeta sua qualidade artística, pois seu padrão básico tradicional continua respeitado.

---
25 SOUZA BARROS, *Arte, folclore, subdesenvolvimento*, p. 70.
26 Op. cit., p. 118.

Vive Guarany em casa simples, ampla (foto 155), relativamente confortável, em cuja construção cooperou. A 100 m, em rua típica de pequena cidade do interior (foto 156), situa-se sua oficina de trabalho, em casa de pau-a-pique (foto 157). Em seu exterior se aglomeram troncos de cedro para suas esculturas; no interior, pobre, com piso de terra batida, futuras carrancas começam a ser trabalhadas (foto 158). Seu ferramental é vasto e variado: machado, enxós, formões, goivas, grosas, macetes e outros instrumentos de todos os tipos e tamanhos (foto 159) fornecem-lhe os recursos técnicos necessários. Como todo artista, diz que não saberia trabalhar se a oficina estivesse bem arrumada. Gosta de fazê-lo no chão, sentado *a cavalo* sobre a peça que esculpe, em vez de utilizar seu banco de carpinteiro.

Guarany, que vemos nas fotos 128 e 163, mostra nos traços e na cor carregada da tez a mistura das três raças que formaram nossa na-

Foto 155 – Residência de Guarany, que está no portão com sua filha Marcelina. Ao sol, à esquerda, seu filho Ubaldino, que se iniciou na escultura de carrancas em 1972. (PP)

Foto 156 – Rua onde se situa, à esquerda da foto, a oficina de Guarany. (PP)

Foto 157 – Fachada da oficina de Guarany. (PP)

Foto 158 – Troncos de cedro, em início de desbaste, para escultura de carrancas. (PP)

Foto 159 – Instrumental de trabalho de Guarany. (PP)

cionalidade. De baixa estatura e magro, é um indivíduo simples, natural, afável, otimista. "De maneira que eu sou um homem feliz. Me considero um homem muito feliz... Vou viver até 100 anos, se Deus quiser, e estou fazendo carrancas. Até o fim da vida faço carrancas. Me mudaram o nome de carpinteiro, tanoeiro, hoje sou carranqueiro."[27]

Aprendeu a ler e escrever com padres. Na foto 160 vemos o fecho de uma carta, com sua assinatura. Sua formação é deficiente[28], como geralmente acontece no interior e podemos constatar na carta da página 236, "A minha história", que ele redigiu para seu filho Ultanor, residente em Juazeiro. Mas Guarany fala bem: foi orador da Filarmônica 6 de Outubro, por muitos anos; fez política, pela UDN[29], e seus discursos em praça pública eram agressivos.

Em 1972, entrevistado em programa de auditório na televisão paulista, falou com naturalidade e desembaraço. Foi convidado para proferir palestra em uma Faculdade de Economia de São Paulo, sobre o São Francisco e as carrancas, o que lhe deu grande prazer, pois muito se orgulha de suas esculturas, especialmente das que fez por encomenda do exterior, "onde até em museus estão". Outra alegria de Guarany foi ter recebido, em 1968, o diploma de membro correspondente da Academia Brasileira de Belas-Artes.

Guarany desempenhou, em Santa Maria da Vitória, durante trinta e nove anos, o cargo de juiz de paz, sendo indispensável seu discurso nos casamentos que celebrava, cujo total ultrapassou meio milhar. Outra sua função que durou cerca de trinta e cinco anos, até 1972, foi a de medir e informar diariamente o nível das águas do rio Corrente,

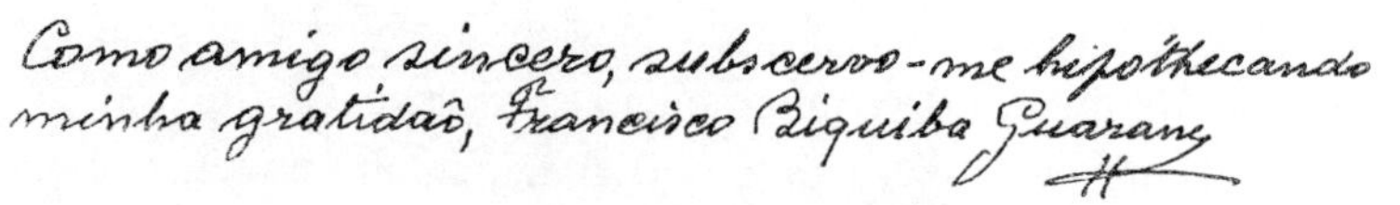
Como amigo sincero, subscervo-me hipothecando minha gratidaô, Francisco Biquiba Guarany

Foto 160 – Final de uma das cartas de Guarany, com sua assinatura. (SD)

27 Palavras textuais, do depoimento gravado em janeiro de 1973.

28 "Sua letra é difilce de ler, parece música" é trecho de uma das cartas que me escreveu.

29 Partido de oposição, extinto em 1964.

como observador pluviofluviométrico do Ministério da Agricultura, do qual recebia uma pequena gratificação. Apesar dos esforços que desenvolveu, Guarany não conseguiu uma aposentadoria, que considera justa, por esta longa colaboração.

Seu interesse no campo artístico não se resume às esculturas, confirmando a "idéia de que aquele que tem alma de artista deve em tudo ser artista"[30]. Pintou muitas *bandeiras*, do *Divino* (Espírito Santo) e de outros santos, sendo esta tradição ainda comum no interior. Também tocava violão[31], participando de serenatas nas ruas de Santa Maria.

Contudo não provava bebida, pois é muito religioso[32], tendo sido dos primeiros, em Santa Maria, a abraçar o presbiterianismo, em 1912.

Isso não o impede de participar da imensa carga mística da comunidade a que pertence: Guarany fez a seguinte narração sobre a existência do Caboclo-d'Água a Deocleciano M. de Oliveira, que a redigiu.

"Dois cidadãos que tinha aqui, de Cabrobó para baixo matou um Caboclo-d'Água e enterrou na terra. O Delegado de Cabrobó quis processar eles: É mesmo o formato de um homem negro, sem nenhum cabelo, de pele enrugada, escamosa." Guarany falou muito do Caboclo-d'Água. "Certa vez, fui ao mato tirar pau para fazer um molinete de moenda. Venho sosinho numa canoa e passei por um bandão de pedra do Rio Corrente. Tinha uma pedra. Estava lá a cabeça de um menino marron escuro, cabeça pelada, parecendo cabeça brilhosa, dentadura alva na cara. Tinha forma de gente e parecia uma criança de quatro para cinco anos. Notei que tinha uma espécie de barbatana nos braços. Tinha dois olhos. Vi bem de perto, de cerca de dez metros." Guarany também narrou-me esse seu encontro com o Caboclo-d'Água e eu sei que *ele o viu*, onde outros teriam reconhecido uma lontra ou animal similar.

Sobre o Minhocão, ele informou a Deocleciano: "Existe o Minhocão, mas nunca vi. Só o efeito. É uma grande minhoca preta que der-

---
30 BASTIDE, Roger, *Arte e sociedade*, p. 81.
31 Vitalino tocava numa banda de pífanos, aos domingos, conforme R. Ribeiro.
32 "Com sinceridade peço ao Divino Criador para li conservar a paz e a saude no seu lar", "Respeitosas saudações em nome de Jesus Cristo" e "A paz de Deus seja no seu lar agora e para sempre" são inícios de cartas suas.

Foto 161 – Caxalot. (SD)   Foto 162 – Babaú. (SD)

ruba barreira. Fica fuçando até chegar ao ponto da barreira cair. Tem mais grande e mais pequeno. Existe também o Mussungão, que é boa isca para peixe. É uma espécie de minhoca grande."

Guàrany não é tagarela; ouve mais do que fala, intercalando na conversa oportunos e pitorescos provérbios populares. Seu tom de voz é incisivo e forte, agressivo às vezes, especialmente com estranhos que, de passagem pela cidade, querem conhecê-lo, entrevistá-lo ou adquirir uma carranca sua, ignorando que o prazo para atendimento de uma encomenda – e só aceitava as provenientes de antigos amigos e clientes – era superior a seis meses.

Edyla Mangabeira Unger diz que foi "visitar aquele artista que muitos consideram o maior artista popular brasileiro (...). Arredio e casmurro recusava-se, teimoso, a ensinar seu ofício aos meninos e jovens da vizinhança. – Ninguém me ensinou nada. Aprendi tudo sozinho. Eles que façam o mesmo"[33]. Em seu rude linguajar, Guarany expressou

---
33 *O sertão do velho Chico*, p. 34.

o que foi explanado: o artesanato não se ensina; aprende-se praticando. Prova é que vários meninos de Santa Maria da Vitória esculpem e comercializam pequenas carrancas, de boa qualidade, dentre eles Gilberto e Isaías, merecendo este citação em poesia de Carlos Drummond de Andrade (ver p. 253).

Guarany, figura respeitada e querida por todos em Santa Maria, é muito ligado à esposa, d. Benvinda, e aos filhos e netos, que periodicamente se deslocam de onde residem (Juazeiro, São Paulo e Estados Unidos) para visitá-lo.

De seu primeiro matrimônio teve três filhos, já falecidos, dos quais um era marceneiro e músico da Força Pública. De seus nove filhos do segundo matrimônio, seis estão vivos. Ubaldino foi várias vezes presidente da Câmara Municipal de Santa Maria, onde é inspetor escolar da Prefeitura; marceneiro nas horas vagas, em 1972 começou a esculpir carrancas. Ultanor é professor secundário em ginásio de Juazeiro. Para ele Guarany escreveu, em 1963, a página, adiante, intitulada *A minha história*. Francisco é marceneiro em Santa Maria. De suas filhas, Regina é auxiliar de enfermagem, Radina é casada com um funcionário da Empresa Brasileira de Correios e Telégrafos (ambas moram em São Paulo) e Marcelina vive nos Estados Unidos, onde trabalha, com o marido, numa empresa.

A vida pacata do interior proporcionou a Guarany boa saúde e raciocínio ágil até cerca de 90 anos, quando a viu agravada por reumatismos e deficiências próprias da idade[34], continuando porém a esculpir suas carrancas até fins de 1979. Em 1980 seu estado geral caiu bastante, não lhe permitindo produzir mais que duas carrancas, e seus familiares, em 1981, julgam impossível que ele volte a esculpir. Almejemos, porém, que seu desejo se concretize: "Vou viver até 100 anos, se Deus quiser (...). Até o fim da vida faço carrancas."

* * *

---

34 "(...) eu moito gripado e o reumatismo atentando", escreveu-me em uma de suas cartas.

A MINHA HISTÓRIA

Para meu filho Ultanor Biquiba Guarany.
Meu filho, a paz de Jesus Cristo seje com o seu lar.

Meu filho, no dia 2 de abril deste ano de 1963, completei 79 anos de idade, já peguei nas barbas dos 80, e no dia 7 do mesmo mêz de abril tive uma grande surpresa... advinha? vou diser: estava na porta do senhor Rolando Laranjeira esperando a Filarmonica 6 de Outubro para leva-lo, o dito Rolando para tomar posse de Prefeito Municipal, quando chegou a mim o senhor Leonidas Borba e me deu um papel dobrado; este papel, era sujo, marrotado e velho; sem dar importância recebi e coloquei no bolço; depois de terminar as solenidades, retirei-me para casa; imagine a minha surpresa quando examinei o velho papel... era o meu primeiro *Título de Eleitor* de quando eu tinha 20 anos de idade, assinado pelo Dr. Juiz de Direito João Sepulveda da Cunha, quando aqui era Vila do Porto de Santa Maria da Vitória, no ano de 1904.

Revolvendo o arquivo da memória, tive que dar graças a Deus, "Sou feliz e muito feliz." Porque neste período de 79 anos de idade, nunca fui preso, nunca andei escarrerado, nunca dei trabalho a Polícia, nunca passei fome, sempre tendo uma roupa para me comparecer que é preciso; tive duas mulheres, por que fui casado duas vezes. Todas duas me deram o meu valor, respeito, amor, e carinho; a primeira morreu deixando-me três filhos: fui viuvo sete anos e cinco meses: tive onze noivas, enterou doze com Dona Benvina com quem casei segunda vez. Tive doze filhos, criei oito, todos aprenderam a ler, uns mais e outros menos; e todos aprenderam o meio de ganhar o pão com onestidade; já fui Juiz de Paz quatro vezes e três vezes com a função de preparador; nesta função, tenho trabalhado muito em arrolamentos, inventários, processos crime, consiliações e sem ter a menor recompença do Estado, nem de um só cruzeiro; gostava da farra, tocava violão, cantava modinhas,

Foto 163 – *Guarany, aos 93 anos, com o boné que usa habitualmente.* (PP)

marcava quadrilha; não gostava de beber bebidas alcoolicas; tinha orror ao jougo; fumava fumo forte; tudo deixei. Na arte de marceneiro fiz todas as obras de madeira que fazem aqui; na arte tanoeiro tenho feito todas as obras desta arte, na escultura já fiz 390 carrancas (sic), até na Alemanha tem carrancas feitas por mim. Tenho idéia de deichar uma coleção de obras de escultura em miniatura no meu inventário.

Posso me queixar da sorte? Não. Repito sou feliz e muito feliz. Tenho um ideal de ser homem honrado, seguidor do Evangelho de Jesus Cristo.

Santa Maria da Vitória, 20 de Maio de 1963.

Francisco Biquiba Lafuente Guarany[35].

---

35 A assinatura que Guarany mais comumente utiliza é Francisco Biquiba Guarany. Às vezes acrescenta "Lafuente" – como na carta acima – ou "de Lafuente", embora o correto seja *Dy Lafuente*. Um seu sobrinho, de mesmos ancestrais, assinava Oswaldo Biquiba Dy La-Fuente e é possível que Guarany já tenha também utilizado essa grafia para seu sobrenome espanhol.

APÊNDICE

A CARRANCA NAS ARTES

Entre os pintores que têm se valido das carrancas como motivo de suas telas, apresento exemplos da realista Lully de Carvalho, das surrealistas Wilma Lacerda e Ediria Peralva, de Sante Scaldaferri, pintor de formação que aqui comparece com um tema popular, e do primitivista Josinaldo Barbosa.

Foto 164 – A carranca da foto 150 vista, estilisticamente, por Lully de Carvalho. (PP)

Foto 165 – *A carranca da foto 58 interpretada por Wilma Lacerda.* (WL)

Foto 166 – *A fusão, por Ediria Peralva, das carrancas das fotos 42 e 43.* (EP)

Foto 167 – Tela de Sante Scaldaferri. (SS)

Foto 168 – A carranca da foto 62 inspirou a tela de Josinaldo Barbosa. (JB)

Lamento a impossibilidade de apresentar as gravuras e pinturas de Conceição Piló e de localizar outros bons pintores que exaltaram as carrancas – como Edelweiss e Roberto Mendes – a fim de obter reproduções de seus quadros. Excetuados os numerosos artesãos, o único escultor que abordou, e escassamente, o tema carranca foi Agnaldo Manuel dos Santos, autodidata, com raízes na escultura africana, mas que a transcendeu. A peça da foto 7 foi intitulada *Estudo de carranca* por seu autor e faz parte do conjunto de quatro esculturas que mereceu o primeiro Prêmio Internacional do 1º Festival Mundial de Artes e Culturas Negras – Festac – realizado em Dacar, Senegal, 1966.

A CARRANCA NA LITERATURA

Neruda e as carrancas

Entre as poesias de Neruda cujo tema são as carrancas, reproduzo abaixo a tradução de "Mascarón de proa"[1].

FIGURA DE PROA

A nina de madeira não chegou caminhando:
de repente ela surgiu sentada nos ladrilhos,
velhas flores marinhas cobriam-lhe a cabeça,
e seu olhar tinha uma tristeza de raízes.

Ali ficou mirando nossas vidas expostas,
o ir e vir e rodar e voltar pela terra,
o dia a clarear suas pétalas graduais,
e velava sem ver-nos a nina de madeira.

A nina coroada pelas ondas antigas,
contemplando-nos ali com seu olhar sem norte,
sabia que vivemos numa rede remota →

---
1 NERUDA, P., *Tarde*.

feita de tempo e de água e onda e som e chuva,
sem saber se existimos ou se somos seu sonho.
É esta toda a história da nina de madeira.

Em 1947 Neruda escreveu esta belíssima poesia, publicada em *Canto general* e traduzida por Thiago de Mello, no *Antologia poética de Pablo Neruda*:

A UMA ESTÁTUA DE PROA

Nas areias de Magalhães te recolhemos cansada
navegante, imóvel
sob a tempestade que tantas vezes teu peito doce e duplo
desafiou dividindo por seus bicos.

Te levantamos outra vez sobre os mares do Sul, mas agora
foste a passageira do obscuro, dos cantos, igual
ao trigo e ao metal que custodiaste
em alto-mar, envolta pela noite marinha.

Hoje és minha, deusa que o albatroz gigante
roçou com sua estatura estendida no vôo,
como um manto de música dirigida na chuva
por tuas cegas e errantes pálpebras de madeira.

Rosa do mar, abelha mais pura que os sonhos,
amendoada mulher que das raízes
de um carvalho povoado pelos cantos
te fizeste forma, força de folhagem com ninhos,
boca de tempestade, doçura delicada
que iria conquistando a luz com seus quadris.

Quando anjos e rainhas que nasceram contigo
se encheram de musgo, dormiram destinados →

à imobilidade com uma honra de mortos,
tu subiste à proa delgada do navio
e anjo e rainha e onda, tremor do mundo foste.
O estremecimento dos homens subia
à tua nobre túnica com peitos de maçã,
enquanto teus lábios eram, ó doçura, umedecidos
por outros beijos dignos de tua boca selvagem.
Sob a noite estranha tua cintura deixava
cair o peso puro do navio sobre as ondas,
cortando na sombria magnitude um caminho,
o de fogo derrubado, de mel fosforescente.
O vento abriu em teus rizes sua caixa tempestuosa,
o desencadeado metal de seu gemido,
e na alvorada a luz te recebeu ansiosa
nos portos, beijando teu diadema molhado.

Às vezes detiveste sobre o mar teu caminho
e o barco sacudido desceu pelo seu dorso,
como uma fruta espessa que se desprende e cai,
um marinheiro morto que acolheram a espuma
e o movimento puro do tempo e do navio.
E tu somente entre todos os rostos abrumados
pela ameaça, afundados numa dor estéril,
recebeste o sal salpicado em tua máscara,
e teus olhos guardaram as lágrimas salgadas.
Mais de uma pobre vida resvalou por teus braços
para a eternidade das águas mortuárias,
e a roçadura que te deram os mortos e os vivos
gastou teu coração de madeira marinha.

Hoje recolhemos da areia tua forma.
Afinal, a meus olhos estavas destinada. →

Dormes talvez, dormida, talvez morreste, morta:
teu movimento, enfim, esqueceu o sussurro
e o esplendor errante cerrou sua travessia.
Iras do mar, golpes do céu coroaram
tua altaneira cabeça com gretas e rupturas,
e teu rosto como um caracol repousa
com feridas que marcam tua fronte embalada.

Para mim tua beleza guarda todo o perfume,
todo o ácido errante, toda sua noite escura.
E em teu empinado peito de lâmpada ou de deusa,
túrgida torre, amor imóvel, vive a vida.
Tu navegas comigo, recolhida, até o dia
em que deixem cair o que eu sou na espuma.

Trecho autobiográfico[2]

Pablo Neruda era um colecionador nato: "Em minha casa fui reunindo brinquedos pequenos e grandes, sem os quais não podia viver. A criança que não brinca não é criança. Mas o homem que não brinca perdeu para sempre a criança que vivia nele e que lhe fará muita falta. Edifiquei minha casa também como um brinquedo e brinco nela da manhã à noite."

Tinha Neruda uma coleção de garrafas com modelos de embarcações: "É uma verdadeira frota, com seus nomes escritos, seus mastros, suas velas, suas proas e suas âncoras." Mas diz o poeta em sua autobiografia: "Meus brinquedos maiores são as carrancas de proa (...). São figuras com busto, estátuas marinhas, efígies do oceano perdido. O homem, ao construir suas naves, quis elevar suas proas com um sentido superior. Colocou antigamente nos navios figuras de aves, pássaros totêmicos, animais míticos talhados em madeira. Depois, no século XIX,

---
2 NERUDA, P., *Confesso que vivi*, pp. 272-4.

os barcos baleeiros esculpiram figuras de caráter simbólico: deusas seminuas ou matronas republicanas de gorro frígio. Tenho carrancas e mais carrancas. A menor e mais deliciosa, que muitas vezes Salvador Allende tentou me arrebatar, chama-se *Maria Celeste*. Pertenceu a um navio francês, de tamanho menor, e provavelmente não navegou senão nas águas do Sena. De cor escura, esculpida em madeira de azinheira, com tantos anos e viagens virou morena para sempre. É uma mulher pequena que parece voar com os sinais do vento talhando suas belas vestes do Segundo Império. Acima das covinhas das faces, os olhos de louça olham o horizonte. E, ainda que pareça estranho, estes olhos choram durante o inverno, todos os anos. Não há explicação para isso. A madeira tostada terá talvez alguma impregnação que recolhe a umidade. Mas o certo é que esses olhos franceses choram no inverno e que eu vejo todos os anos as preciosas lágrimas descerem pelo pequeno rosto de Maria Celeste.

    Talvez seja religioso o sentimento despertado no ser humano diante das imagens, sejam cristãs ou pagãs. Outra de minhas carrancas de proa esteve alguns anos onde lhe convinha: diante do mar, em sua posição oblíqua, tal como navegava no navio. Mas Matilde e eu descobrimos certa tarde que, saltando a cerca como costumam fazer os jornalistas que querem me entrevistar, algumas senhoras beatas de Isla Negra tinham se ajoelhado no jardim diante da carranca de proa iluminada por não poucas velas que tinham acendido para ela. Possivelmente havia nascido uma nova religião. Mas ainda que a carranca alta e solene parecesse muito com Gabriela Mistral, tivemos que desiludir as crentes para que não continuassem adorando com tanta inocência uma imagem de mulher marinha que tinha viajado pelos mares mais pecaminosos de nosso pecaminoso planeta.

    Desde então a tirei do jardim, estando agora mais perto de mim, junto da lareira."

DRUMMOND E AS CARRANCAS

As carrancas do São Francisco não poderiam passar despercebidas à sensibilidade de Carlos Drummond de Andrade, que a elas dedicou um poema[3] em que mostra sua aguda observação, destacando a essência da problemática atual das velhas carrancas: inúteis, navegando no asfalto, com sua gravidade nostálgica, condenadas à limitação física das exposições e museus.

EXPOSIÇÃO DE CARRANCAS

As carrancas do rio São Francisco
largaram suas proas e vieram
para um banco da Rua do Ouvidor.
O leão, o cavalo, o bicho estranho
deixam-se contemplar no rio seco,
entre cheques, recibos, duplicatas.
Já não defendem do caboclo-d'água
o barqueiro e seu barco. Porventura
vêm proteger-nos de perigos outros
que não sabemos, ou contra assaltos
desfecham seus poderes ancestrais
o leão, o cavalo, o bicho estranho
postados no salão, longe das águas?
Interrogo, prescruto, sem resposta,
as rudes caras, os lanhados lenhos
que tanta coisa viram, navegando
no leito cor de barro. O velho Chico
fartou-se deles, já não crê nos mitos
que a figura de proa conjurava,
ou contra os mitos já não há defesa
nos mascarões zoomórficos enormes?

---
3 *O poder ultrajovem*, p. 161.

Quisera ouvi-los, muito contariam
de peixes e de homens, na difícil
aventura da vida dos remeiros.
O rio, esse caminho de canções,
de esperanças, de trocas, de naufrágios,
deixou nas carrancudas cataduras
um traço fluvial de nostalgia,
e vejo, pela Rua do Ouvidor,
singrando o asfalto, graves, silenciosos,
o leão, o cavalo, o bicho estranho...

A ALMA DO NAVIO[4]

Quantas pessoas no Brasil saberão que existe na França um organismo internacional, de caráter privado, para estudo das figuras de proa? E que esse órgão promove exposições das peças mais belas selecionadas, no mundo, com exibição de filmes documentais, sendo que dois desses filmes foram feitos no Brasil? (...)

O Comité International pour l'Étude des Figures de Proue, instalado em Neully-sur-Seine, teve origem no espírito de aventura de uma mulher, Liliane Bedel, que por motivos de saúde ofereceu umas férias marítimas na Bretanha. Inspirada em literatura de viagens, e dando ao seu barco o nome de *Figura de Proa*, começou a descobrir os homens que "pelo tempo afora e sob todas as latitudes, souberam materializar tão magnificamente o seu sonho". Pois a figura simbólica surgindo da proa dos barcos, no passado, é mais do que enfeite ou signo protetor: é a "alma do navio", como lhe chama a fundadora-presidente do Comité. Alma, sonho, realidade.

A organização pretende sensibilizar a opinião francesa, poderes públicos nacionais e entidades internacionais, em torno do interesse cultural que oferece a pesquisa desse elemento de navegação ligado historicamente à aventura humana e ao desenvolvimento da

---
4 Crônica de Carlos Drummond de Andrade, *Jornal do Brasil*, 6/4/1978.

civilização. Na Europa, na África e na América a iniciativa despertou ressonância. Na Tailândia como no Chile, na Polônia como no Brasil ou no Peru, estudiosos interessados em questões de arte e etnologia inscreveram-se como sócios do Comitê e promovem iniciativas destinadas a alcançar os seus objetivos. Entre nós, Paulo Pardal é o homem com que pode contar a associação para um trabalho efetivo e produtivo, neste leque de atividades:

a) pesquisar e estudar as figuras de proa através dos tempos, nos cinco continentes;

b) aprofundar o exame de sua simbólica e das motivações que inspiraram a sua realização;

c) promover exposições, conferências e toda sorte de manifestações culturais com o propósito de ativar o interesse público, tornando mais conhecidas as figuras de proa, nos planos estético, histórico, econômico e social;

d) recolher, centralizar e divulgar por todos os meios hábeis os resultados das pesquisas efetuadas;

e) integrar, no quadro de preservação das obras nacionais, o conhecimento das identidades culturais observadas nas figuras de proa.

Na execução do seu programa, o Comitê se propõe a editar um catálogo sistemático trilíngüe e obras científicas, artísticas e mesmo poéticas (que tal um concurso brasileiro de poesia sobre carrancas do São Francisco, ou de caráter mais abrangente? lembra Paulo Pardal). Cogita ainda de divulgar seus propósitos por meio de cunhagem de medalhas e emissão de selos. Finalmente – e não será o ponto de menor interesse – pensa em solicitar aos artistas contemporâneos a criação de "uma forma nova e duradoura, que não se atenha à simples decoração", mas que, como no passado, volte a ser "a alma do navio". Para isto se fará um concurso mundial que será desafio à imaginação do nosso tempo. Ela anda mesmo precisada de uma sacudidela para se exercer fora da abstração e do ludismo gratuito. Vamos restabelecer o espírito encantado de nossos barcos, retirando de tradição milenar o princípio de aliança entre navegação e poesia viva?

Na elaboração de seus projetos, os artistas sem dúvida terão oportunidade de meditar no que Jean Chapon, Secretário-Geral da Marinha Mercante francesa, lembrou há pouco: Os antigos arquitetos navais sabiam enlaçar o senso da funcionalidade ao senso decorativo. O estudo da fixação da figura de proa no navio, e do papel funcional que ela exercia na estruturação naval antiga, documenta a utilidade intrínseca da obra de arte a serviço do trabalho. Eis uma bela lição que convém distribuir largamente para os que não sabem associar o enlevo da criação estética a uma rigorosa proposta de serviço prático.
Pois é. Quem diria que as carrancas antropomórficas de Francisco Guarany, saltassem das águas do médio São Francisco para a contemplação européia e fossem hoje o motivo de interesse mundial? Nada de surpreendente, no entanto. Ele soube captar não só a alma do navio como também e principalmente a alma da gente que vive à beira das águas do velho Chico, já agora despojado de seus símbolos míticos e religiosos, mas conservando no coração uma semente de magia que lhe dá força para viver. Ou sobreviver.[5]

A crônica anterior provocou o envio ao seu autor de uma das miniaturas de carranca de Isaías, o que foi regiamente recompensado com a poesia abaixo, que fecha, com chave de ouro, este apêndice.

> Lembrança do São Francisco
> por mão de Paulo Pardal,
> a carranca de Isaías
> me livra de todo risco
> e vai remando meus dias
> com sua força fluvial.
>
> 13.V.78   Carlos Drummond de Andrade

---
5 O grifo neste trecho é de responsabilidade do autor do livro.

O COMITÊ INTERNACIONAL PARA O ESTUDO DAS FIGURAS DE PROA

Em 1977 foi fundado em Paris o Comité International pour l'Étude des Figures de Proue, graças ao entusiasmo de sua presidente-fundadora Liliane Bedel, que em janeiro de 1976 organizara exposição de uma dezena de figuras de proa dos séculos XVIII e XIX, no Salon de Navigation de Plaisance, em Paris, a fim de sensibilizar a opinião pública.

O Comité se propõe a patrocinar eventos – exposições, conferências, concursos etc. – a fim de divulgar as figuras de proa nos planos estético, histórico, econômico e social; realizar pesquisas sobre esse assunto e divulgá-las por impressos, livros, fotografias e filmes, além de outras atividades, abordadas por Carlos Drummond de Andrade na crônica "A alma do navio".

Em 1980 o Comité adquiriu uma *péniche* – embarcação para o transporte fluvial de cargas em vários países europeus – de 39 m de comprimento, para ser transformada em museu-oficina itinerante de figuras de proa, a *Otago III*, que terá à sua disposição 6 mil km de rios e canais navegáveis na Europa. Pretende a presidente do Comité inaugurar essa *péniche* com uma exposição de carrancas.

O referido órgão tem o patrocínio da Unesco, e de sua Comissão de Honra participam três ministérios, vários organismos nacionais franceses e museus – como o Victoria and Albert, de Londres –, além de personalidades, como o ex-embaixador do Brasil na Unesco Paulo Berredo Carneiro.

Tenho recebido numerosos recortes de imprensa sobre o Comité; em vários são citadas nossas carrancas, acompanhadas de fotos.

Os interessados em informações suplementares e/ou na filiação ao Comité – e seria interessante que o Brasil tivesse nele uma participação proporcional à importância de suas carrancas – poderão escrever à sede do Comité International pour l'Étude des Figures de Proue.

É oportuno assinalar as experiências recentes para o uso da vela em grandes navios mercantes, devido à escassez de combustível, assunto abordado, entre outros, por Arthur Gillette, no número de abril de 1981 de *O Correio da Unesco*, na matéria "O retorno à vela", em que verificamos que "grandes cargueiros a vela, sulcavam as rotas marítimas de todo o mundo até época relativamente recente (II Guerra Mundial), às vezes até com grande rapidez. (...) Mesmo que as rotas marítimas tivessem sido dominadas quase que exclusivamente pelos navios a motor nas décadas de 50 e de 60, a propulsão a vela continuou sendo utilizada em várias partes do mundo, principalmente nos países do chamado Terceiro Mundo". Testemunham isso as faluas do Nilo, as escunas do Pacífico Sul e as das Antilhas, os daus do Índico, as galeotas de Macassar, na Indonésia, os nossos saveiros da Bahia etc.

O autor prossegue citando o crescente número de "empresas e governos que estão estudando seriamente as possibilidades do veleiro mercante", campo em que se destaca o Japão, onde foi lançado em agosto de 1980 o petroleiro *Shin Aitoku Maru*, de 66 m de comprimento, equipado com um motor diesel e duas grandes velas retangulares rígidas, responsáveis por 10% de economia de combustível, outros 40% decorrentes de melhorias do projeto.

Realmente, quando têm que ser exploradas todas as fontes alternativas de energia, é muito provável que a eólia volte a ser utilizada, dando um novo aspecto aos navios e, talvez, favorecendo o retorno da figura de proa, certamente renovada, conceitual e estilisticamente, não mera decoração. Que seja ela a "alma do navio", como quer Liliane Bedel, e que restabeleça "o espírito encantado de nossos barcos, retirando de tradição milenar o princípio de aliança entre navegação e poesia viva", como bem escreveu Carlos Drummond de Andrade em sua crônica.

* * *

ABREVIAÇÕES DAS LEGENDAS DE ILUSTRAÇÕES

AC — Desenho da obra de Alves Câmara.
AS — Foto de Alcindo de Souza (Recife).
B — Foto cedida por Balkis Canedo Macedo (Petrolina).
C — Fotos cedidas por Cícero Simões dos Reis (Aracaju).
CR — Fotos de *O Cruzeiro*, de 31/1/1973.
CV — Foto cedida por Clarival Valladares (Rio de Janeiro).
EB — Fotos cedidas por Esmeraldo de Oliveira Brito (Juazeiro, BA).
EM — Fotos do livro de Elpídio de Mesquita.
EP — Foto cedida por Ediria Peralva (Rio de Janeiro).
I — Fotos da SPHAN: Secretaria do Patrimônio Histórico e Artístico Nacional (antigo IPHAN-MEC).
IK — Oriundas do seu arquivo, provavelmente feitas por Hermann Kruse, que percorreu o médio São Francisco, comissionado pelo IPHAN, pouco após 1940.
IR — Solicitada pelo autor a Ayrton Carvalho, chefe do 1º Distrito da SPHAN (Recife).
IS — Solicitadas pelo autor a Luís Saia, chefe do 4º Distrito da SPHAN (São Paulo).
JA — Foto de José Ferreira Alves (Teresina).
JB — Foto cedida por Josivaldo Barbosa.
JJ — Foto cedida por Antonio Joaquim de Almeida (Belo Horizonte).
L — Fotos cedidas por Leo Guimarães Alves (Belo Horizonte).
MA — Foto do Museu Aleijadinho (Ouro Preto).
MC — Foto do Museu Histórico e Antropológico do Ceará (Fortaleza).
ME — Foto cedida por Maria Eston (São Paulo).
MG — Fotos realizadas por Marcel Gautherot (Rio de Janeiro).
MI — Foto do Museu da Inconfidência (Ouro Preto).
MO — Fotos cedidas por Deocleciano Martins de Oliveira Filho (Rio de Janeiro).
NM — Fotos do National Maritime Museum (Londres).

PL	– Foto de Paulo Emílio Lemos (Belo Horizonte).
PP	– Fotos realizadas pelo autor.
RL	– Foto cedida por Raymundo Laranjeira (Ilhéus).
RS	– Foto realizada por Régulo G. B. Sampaio (Rio de Janeiro).
SD	– Material preparado especialmente pelo SDGM (Serviço de Documentação Geral da Marinha). Os desenhos o foram a partir de material do arquivo do SDGM.
SS	– Foto cedida por Sante Scaldaferri (Salvador).
TS	– Fotos realizadas por T. Selling Jr. (Rio de Janeiro).
TS-SD	– Desenhos originais de T. Selling Jr., reforçados no SDGM.
W	– Foto cedida por Walter Batista (Aracaju).
WL	– Foto cedida por Wilma Lacerda.

BIBLIOGRAFIA

AGUIAR, Durval Vieira. *Descrições práticas da província da Bahia*. Salvador, Diário da Bahia, 1888. 319 pp.
ALMEIDA, Renato. *Vivência e projeção do folclore*. Rio de Janeiro, Agir, s.d.
ALPHONSUS, João. *Totônio Pacheco*. São Paulo, Nacional, 1935.
ANAIS DO MUSEU HISTÓRICO NACIONAL. Rio de Janeiro, 1941, v. 2.
ANDRADE, Carlos Drummond de. *O poder ultrajovem*. Rio de Janeiro, José Olympio, 1972.
——. A alma do navio. *Jornal do Brasil*, Rio de Janeiro, 6 abr. 1978, Caderno B.
ANDRADE, Teóphilo de & GAUTHEROT, Marcel. Carrancas de proa do São Francisco. *O Cruzeiro*, Rio de Janeiro, 19(45): 52-8, 66, ago. 1974.
ANJOS, Alfredo dos. *O rio São Francisco*. Rio de Janeiro, F. Borgonovo, 1918, 62 pp.
ARAÚJO, Alceu Maynard. *Brasil – histórias, costumes e lendas*. São Paulo, Editora Três, 1972, n? 1, 15 pp.
ARS MEDIA. Belo Horizonte, 30 out. 1977. Reportagem de Lourdes Barroso.
ARTESANATO brasileiro. Rio de Janeiro, Funarte, 1978. 165 pp.
ASSIM navega o brasileiro. In: ENCICLOPÉDIA BLOCH. Rio de Janeiro, Bloch, 1969, v. 2, n? 26, pp. 28-35.
ATHAÍDE, Othon de Lima. História das carrancas do rio São Francisco. *Monitor Campista*, Campos, 31 nov. 1939.
AZEVEDO, Marinho de. Os leões do São Francisco. *Jornal do Brasil*, Rio de Janeiro, 11 jun. 1978, Revista de Domingo, n? 112, pp. 20-1.
BANCO DO NORDESTE DO BRASIL. *Santa Maria da Vitória*. s.n.t. 43 pp.
BARATA, Frederico et alii. *Artes plásticas no Brasil*. Rio de Janeiro, Grupo Sul-América, 1952, v. 1.
BARJOT, Alain & SAVANT, J. *Histoire mondiale de la Marine*. Paris, Hachette, s.d.
BARROS JÚNIOR, Francisco de. *Planalto mineiro, o São Francisco, Bahia*. São Paulo, Melhoramentos, s.d. 289 pp. (Caçando e pescando, por todo o Brasil. 3ª série)

BARROSO, Gustavo. O livro dos enforcados. Rio de Janeiro, G. M. Costa, 1943. 183 pp.
BASTIDE, Roger. Arte e sociedade. Rio de Janeiro, Nacional, 1971, 216 pp.
BATHE, B. W. Ship Models. Londres, Her Majesty's Stationary Office, s.d.
BAUDRILLARD, J. Le système des objets. s.l., Gallimard, s.d.
BAUGEAN. Recueil des petites marines. Paris, s.ed., 1817.
BAZIN, G. Histoire de l'art. Paris, Garamond, 1954. 462 pp.
BENTO, Antonio. Abstração na arte dos índios brasileiros. Rio de Janeiro, Spala, 1979. 176 pp.
BIHALJI-MERIN, Oto. Modern primitives. Londres, Thames and Hudson, 1971. 304 pp.
BOAS, Franz. Arte primitiva. México, Fondo de Cultura Económica, 1947. 364 pp.
BORBA FILHO, Hermilo & RODRIGUES, Abelardo. Cerâmica popular do Nordeste. Rio de Janeiro, Campanha da Defesa do Folclore Brasileiro, 1969. 214 pp.
BRETAS, Rodrigo José Ferreira. Traços biográficos relativos ao finado Antonio Francisco Lisboa. Revista do Archivo Publico Mineiro, 1:173, 1896.
BURTON, Richard Francis. Highlands of the Brasil. Londres, Tinsley Brothers, s.d. 2 v.
———. Viagem de canoa, de Sabará ao oceano Atlântico. Trad. David Jardim Júnior. Belo Horizonte, Itatiaia, 1977. 360 pp.
CABEÇA-DE-PROA. In: GRANDE ENCICLOPÉDIA DELTA-LAROUSSE. Rio de Janeiro, Delta, 1970, v. 2, p. 1159.
CÂMARA, Antonio Alves. Ensaio sobre as construções navais indígenas do Brasil. Rio de Janeiro, G. Leuzinger, 1888. 209 pp.
CANBY, Courtlandt. Histoire de la Marine. Suíça, Rencontre, s.d. 118 pp.
CARRANCA. In: GRANDE ENCICLOPÉDIA DELTA-LAROUSSE. Rio de Janeiro, Delta, 1970, v. 3, p. 1382.
CARRANCAS; a proteção mágica dos barqueiros do São Francisco. O Globo, Rio de Janeiro, 25 jun. 1974, p. 29.
CARVAJAL, Gaspar de et alii. Descobrimento do rio das Amazonas. Trad. C. de Melo Leitão. Rio de Janeiro, Nacional, 1941 (Col. Brasiliana, 203).
CARVALHO, Orlando Magalhães. O rio da unidade nacional, o São Francisco. São Paulo, Nacional, 1937. 158 pp. (Col. Brasiliana).
CASAIS, José. El rio San Francisco. Revista Geográfica Americana. Buenos Aires, (94/95) jul./ago. 1941.
CASCUDO, Luís da Câmara. Dicionário do folclore brasileiro. 4ª ed. São Paulo, Melhoramentos; Brasília, INL, 1979. 811 pp.
———. Ensaios de etnografia brasileira. Rio de Janeiro, INL, 1971. 194 pp.
———. O recado jovem da velha guarda. Manchete, Rio de Janeiro, 20(1.087): 116, fev. 1973.
CASTRO, Osório Alves de. Porto calendário. Rio de Janeiro, Francisco Alves, 1961. 320 pp.
CATÁLOGO da Coleção de Abelardo Rodrigues. Brasília, MRE, 1972.
CHRISTENSE, E. O. Arte popular e folclore. Rio de Janeiro, Lidador, 1965. 105 pp.

COIMBRA, Silvia Rodrigues et alii. *O reinado da lua; escultores populares do Nordeste*. Rio de Janeiro, Salamandra, 1980. 305 pp.

COSTA PEREIRA, José Veríssimo da. Tipos e aspectos do Brasil; barqueiros do São Francisco. *Revista Brasileira de Geografia*, Rio de Janeiro, 5(4): 137-45, out./dez. 1943.

CRUZ, Antonio et alii. *Arte popular em Portugal*. Lisboa, Verbo, 1970. 3 v.

DANTAS, Audálio. O país de São Francisco. *Realidade*, São Paulo, 6(72): 34-102, mar. 1972.

DIAS, Diamantino. *Moliceiros*. Aveiro, Comissão Municipal de Turismo, 1971. 45 pp.

DOCUMENTOS para a história do açúcar. Rio do Janeiro, Instituto do Açúcar e do Álcool, 1956, v. 2.

DURAND, L'Abbé. Le rio San Francisco du Brésil. *Bulletin de la Societé de Géographie*. Paris, (7/8), 1874.

ELLIOT, A. *Mitos*. Barcelona, Labor, s.d. 318 pp. Tradução de original de McGraw Hill Bask Co.

ELSEN, Albert. *Los propósitos del arte*. Madri, Aguilar, s.d.

ENCICLOPÉDIA GENERAL DEL MAR. Barcelona, Garriga, 1958, v. 4, p. 501.

ETZEL, Eduardo. *Imagens religiosas de São Paulo*. São Paulo, Melhoramentos, 1971. 304 pp.

EVANIS, M. W. *Medieval Drawings*. s.l., P. Hamlyn, s.d.

FERNANDES, Francisco. *Dicionário da língua portuguesa*. Rio de Janeiro, Globo, 1958. 3 v.

FERREIRA, Alexandre Rodrigues. *Viagem filosófica às capitanias do Grão-Pará, Rio Negro, Mato Grosso e Cuiabá*; 1783-1792. Rio de Janeiro, Conselho Federal de Cultura, 1971. 2 v.

FERREIRA, Aurélio Buarque de Holanda. *Novo dicionário da língua portuguesa*. Rio de Janeiro, Nova Fronteira, s.d. 1.517 pp.

FIGUREHEADS, Ships. In: ENCYCLOPAEDIA BRITANNICA. Chicago, W. Benton, 1972, v. 9, pp. 256-7.

FILGUEIRAS, Octávio Lixa. *A propósito da proteção mágica dos barcos*. Lisboa, Instituto Hidrográfico, 1978. 78 pp., 82 il.

FREITAS, Vítor Figueira de. *Na bacia do São Francisco*. Belo Horizonte, Santa Maria, 1960. 204 pp.

FRERE-COOK, Gervis (ed.). *The Decorative Arts of the Mariner*. Boston, Brown, 1966. 296 pp.

GALTER, J. Subias. *El arte popular en España*. Barcelona, S. Barral, 1948. 628 pp.

GAMA, José Bernardes Fernandes. *Memórias históricas da província de Pernambuco*. Recife, M. F. de Faria, 1844-1848. 4 v.

GOLDSMITH-CARTER, G. *Voiliers de tous les temps*. Paris, Larousse, 1970. 159 pp. (Collection Larousse Poche Couleurs).

GREENHALGH, Juvenal. *O arsenal de Marinha do Rio de Janeiro na história*; 1763-1822. Rio de Janeiro, A Noite, 1951. 2 v.

GROSSO, E. Dick Ibarra & GROSSO, Julio A. *Historia de la navegación primitiva*. Buenos Aires, F. Livelari, 1949. 463 pp.
GUERRA, Flávio. *Os caminhos do São Francisco*. Recife, Secretaria de Estado de Educação e Cultura, 1974. 109 pp.
HALFELD, Henrique Guilherme Fernando. *Atlas e relatório concernentes à exploração do Rio São Francisco, desde a cachoeira de Pirapora até o oceano Atlântico*. Rio de Janeiro, s.l., 1860. 57 pp. 46 mapas.
HAMLYN, Paul (ed.). *Ships*. Londres, 1966. 152 pp.
HANSEN, Hans Jurgem. *L'art dans la Marine*; art et artesanat des gens de mer. Paris, Pont Royal, 1966.
HAUSER, Arnold. *Introduction a la historia del arte*. Madri, Guadarrama, s.d.
HOHENTHAL JUNIOR, W. D. As tribos indígenas do médio e baixo São Francisco. *Revista do Museu Paulista*, São Paulo, (12): 37-87, dez. 1960.
JOBÉ, Joseph, dir. *Les grands voiliers du XVᵉ au XXᵉ siècle*. Suíça, Lausanne, 1967. 273 pp.
KRUSE, Hermann. Carrancas de proa do rio São Francisco. *Módulo*, Rio de Janeiro, 1(3): 2, 1955.
LACERDA, Carlos. *Desafio e promessa*; o rio São Francisco. Rio de Janeiro, Record, 1964. 151 pp.
LANDSTROM, Bjorn. *O navio*; um estudo da história do navio desde a primitiva jangada ao submarino nuclear. [Holanda] Europa-América, 1961. 318 pp.
———. *Ships of the Pharaohs*. s.l., G. Allen & Unwin, s.d.
LARANJEIRA, A. Raymundo V. As carrancas do São Francisco. *Revista dos Bancos*. Salvador, 2(15/21), jul./jan. 1968-1969.
LAROUSSE, Pierre (ed.). *La mer*. Paris, s.d.
LIMA, Hildebrando de & BARROSO, Gustavo. *Pequeno dicionário brasileiro de língua portuguesa*. Rio de Janeiro, Civilização Brasileira, 1951. 1.310 pp.
LINS, Wilson. *O médio São Francisco*. 2ª ed. s.l. Progresso, 1960.
LURÇAT, J. *Le bestiaire de la tapisserie du moyen age*. Suíça, P. Cailler, 1947. 64 pp.
MARTINS, Saul. *Contribuição ao estudo científico do artesanato*. Belo Horizonte, Impr. Oficial, 1973. 263 pp.
MASSON, Nonnato. Assim navega o brasileiro. *Revista Mensal de Cultura Enciclopédica Bloch*, Rio de Janeiro, 2(26): 27-34, jun. 1969.
MAUDUIT, J. A. *Quarenta mil anos de arte moderna*. Belo Horizonte, Itatiaia, s.d.
MAZARS, P. Ex-votos de tous genres. *Jardin des arts*. Paris, (172): 58-60, mar. 1969.
MEGGERS, Betty G. *A ilusão de um paraíso*. Rio de Janeiro, Civilização Brasileira, 1977. 207 pp.
MELLO, Thiago de. *Antologia poética de Pablo Neruda*. Rio de Janeiro, Letras e Artes, 1964.
MENEZES, Roberto. Carrancas, viagens de um velho rio. *Jornal do Brasil*, Rio de Janeiro, 16 jan. 1973, Caderno B, p. 5.

MERCEDES-BENZ DO BRASIL. *São Francisco, o rio da unidade*. Brasília, Cia. do Desenvolvimento do Vale do São Francisco, 1978. 173 pp.

MESQUITA, Elpídio de. *Aspectos de um problema econômico*. Rio de Janeiro, Leuzinger, 1909. 237 pp.

MIRANDA, Agenor A. de. *O rio São Francisco*. São Paulo, Nacional, 1936. 149 pp. (Coleção Brasiliana).

MONTENEGRO, Thomás Paranhos. *A província e a navegação do rio São Francisco*. Salvador, Impr. Econômica, 1875. 40 pp.

MONTERADO, Lucas. *História da arte*. São Paulo, 1968. 431 pp.

MOURA, Carlos Francisco. Figuras de proa do Tocantins e carrancas do São Francisco. *Navigator*, Rio de Janeiro, *10*: 71-89, dez. 1974.

——. Figuras de proa portuguesas e brasileiras. *Navigator*, Rio de Janeiro, *11*: 45-64, jun. 1975.

——. *O cavalo como figura de proa no Brasil*. Recife, Instituto Joaquim Nabuco de Pesquisas Sociais, 1980. 7 pp. (Micromonografia n° 94, jan.).

NASCIMENTO, Bráulio do. *Bibliografia do folclore brasileiro*. Rio de Janeiro, Biblioteca Nacional, 1971 (Coleção Rodolfo Garcia).

NAVEGAÇÃO no São Francisco caiu por falta de condições. *Jornal do Brasil*, Rio de Janeiro, 9 jun. 1974. 1 c.

NERUDA, Pablo. *Confesso que vivi*. 4ª ed. São Paulo, Difel, 1977. 358 pp.

NORTON, Peter. *Ship's Figureheads*. Londres, D. Charles, 1976. 145 pp.

OLIVEIRA, D. Martins de. Carrancas do rio São Francisco. *Revista Shell*, Rio de Janeiro, (80): 1-4, jul./set. 1957.

PARDAL, Paulo. Carrancas do São Francisco e figuras de proa de outros rios. *Navigator*, Rio de Janeiro, *11*: 25-30, jun. 1975.

——. Carrancas, os mistérios descobertos. *O Cruzeiro*, Rio de Janeiro, *45*(5): 60-3, jan. 1973.

PARIS, Edmon François. *Souvenirs de Marine conservés ou collection de plans de navires de guerre et de commerce et de bateaux divers de tous les pays*. Paris, A. Bertrand, 1879. 2 fasc.

PATERNOSTRO, Júlio. *Viagem ao Tocantins*. São Paulo, Nacional, 1945. 348 pp.

PAULME, D. *Les sculptures de l'Afrique noire*. Paris, Presses Universitaires de France, 1956. 162 pp.

PEREIRA, C. J. da Costa. *Cerâmica popular da Bahia*. Salvador, Progresso, 1957. 137 pp.

PEREIRA, Demosthenes Guanaes. *Carnaubal nos barrancos do Rio São Francisco*. Birigüi, Cupolo, 1949. 210 pp.

PEREIRA, Gilvandro Simas. Expedição ao sudoeste da Bahia. *Revista Brasileira de Geografia*, Rio de Janeiro, 7(4): 3-14, out./dez. 1946.

PIERSON, Donald. *O homem no Vale do São Francisco*. Trad. Ruy Jungmann. Rio de Janeiro, Superintendência do Vale do São Francisco (Suvale), 1972. 2 t.

PONTUAL, Roberto. Festival de Lagos. *Jornal do Brasil*, Rio de Janeiro, 15 jan. 1970, Caderno B, p. 2.
PORTUGAL, Afonso Henrique Furtado. *O rio São Francisco como via de navegação*. Rio de Janeiro, Impr. Nacional, 1952. 53 pp.
PROENÇA, M. Cavalcante. *Ribeira do São Francisco*. Rio de Janeiro, Biblioteca Militar, s.d. 190 pp.
RAMOS, Arthur. *A aculturação negra do Brasil*. São Paulo, Nacional, 1942. 376 pp. (Col. Brasiliana, v. 224).
READ, Herbert. *O significado da arte*. 2ª ed. Trad. A. Neves Pedro. Lisboa, Ulisséia, 1969. 195 pp. (Livros Pelicano). Traduzido da 12ª edição inglesa de 1967.
REGO, Luiz F. de Moraes. *O Vale do São Francisco*. s.l., Sociedade Capistrano de Abreu, 1963. 218 pp.
REIS, D. P. Aarão. Não há mais carrancas no São Francisco. *A Cigarra*, Rio de Janeiro, jun. 1956, pp. 8-15.
RHEIMS, M. *La vie ètrange des objets*. Paris, Union Générale d'Editions, 1959. 378 pp.
RIBEIRO, Joaquim. *Folclore de Januária*. Rio de Janeiro, Camp. de Defesa do Folclore Brasileiro, 1970. 194 pp.
RIBEIRO, René. *Vitalino*. Recife, Instituto Joaquim Nabuco de Pesquisas Sociais, 1972. 72 pp.
RIOS, José Arthur et alii. *Artesanato*. s.l., CNI/SESI, s.d. (mimeógrafo).
ROCHA, Geraldo. *O rio São Francisco*. 3ª ed. São Paulo, Nacional, 1946. 310 pp.
SAIA, Luís. *Escultura popular brasileira*. São Paulo, Ed. Gaveta, 1944. 62 pp.
SAMPAIO, Theodoro. *O rio São Francisco*; trechos de um diário de viagem. s.n.t. 471 pp.
SANTOS, José Cruz. Alguns aspectos da navegação no rio São Francisco. *Revista do Clube de Engenharia*, Rio de Janeiro, 15(123): 361-4, nov. 1946.
SANTOS, Ruy. *Água barrenta*. Rio de Janeiro, José Olympio, 1953. 318 pp.
SCHARFF, Robert. *Navios*. São Paulo, Flamboyant, 1967. 48 pp.
SELLING JÚNIOR, Theodor. *A Bahia e sèus veleiros*; uma tradição que desapareceu. Rio de Janeiro, Serviço de Documentação Geral da Marinha, 1976. 116 pp.
SETE brasileiros e seu universo. Brasília, MEC, 1974. 215 pp.
SILVA, Antonio de Moraes. *Dicionário da língua portuguesa*. 6ª ed. Lisboa, A. J. da Horta, 1858. 2 t.
———. *Grande dicionário da língua portuguesa*. 10ª ed. rev. aum. Lisboa, Confluência, 1949. 9 v.
SILVA, F. Altenfelder. *Xiquexique e Marrecas*: duas comunidades do médio São Francisco. Rio de Janeiro, Comissão do Vale do São Francisco, 1961.
SILVA, Ignácio Accioli de Cerqueira e. *Informação ou descrição topográfica e política do rio São Francisco*. Rio de Janeiro, Typ. Francesa, 1860. 134 pp.
SILVA, Maria Augusta Machado da. Carrancas do velho Chico. *Cultura*, Brasília, 4(16): 20-30, jan./mar. 1975.

SOUZA, Oswaldo. O remeiro do rio São Francisco. Natal, Inst. de Antropologia, 1964. Separata dos *Arquivos do Instituto de Antropologia de Natal*, 1(2): 115-23, 1964.

——. Romaria dos penitentes. Natal, Inst. de Antropologia "Câmara Cascudo", 1966. Separata dos *Arquivos do Instituto de Antropologia de Natal*, 2(1-2): 225-7.

SOUZA BANDEIRA. *O rio de São Francisco*. Rio de Janeiro, Alba, 1923. 97 pp.

SOUZA BARROS. *Arte, folclore, subdesenvolvimento*. Rio de Janeiro, Paralelo, 1971.

SPIX, J. B. von & MARTIUS, C. F. P. *Viagem pelo Brasil*. Trad. Lúcia Furquim Lahmeyer. Rio de Janeiro, Impr. Nacional, 1938. 4 v.

TAINE, Hippolyte. *Philosophie de l'art*. 23ª ed. Paris, Hachette, 1933/1934.

TIBERGHIEN, Adolfo. *Dicionário de Marinha*. Rio de Janeiro, Ed. Dupont, 1872. 425 pp.

TITIEV, M. *Introdução à antropologia cultural*. Portugal, Fundação Calouste Gulbenkian, s.d.

TORÍBIO, Alderico et alii. Carrancas e lendas nas águas do rio São Francisco. *Informativo Souza Cruz*, Rio de Janeiro, 6(53): 7, jul. 1973.

TRE TRYCKARE. *Les vikings*. Paris, Hatier, s.d.

——. *The Lore of Ships*. Suécia, s.ed., 1967.

TRIGUEIROS, Edilberto. *A língua e o folclore da bacia do São Francisco*. Rio de Janeiro, Camp. de Defesa do Folclore Brasileiro, 1978.

UNGER, Edyla Mangabeira. *O sertão do velho Chico*. Rio de Janeiro, Civilização Brasileira, 1978. 119 pp.

VALLADARES, Clarival. Arte de formação e arte de informação. *Revista Brasileira de Cultura*, Rio de Janeiro, 2(4): 9-26, abr./jun. 1970.

——. As carrancas que o São Francisco esqueceu. *Jornal do Brasil*, Rio de Janeiro, 17 jul. 1971, Caderno B, p. 5.

——. *O impacto da cultura africana no Brasil*. s.l., MRE e MEC, 1977. 295 pp.

——. *Paisagem rediviva*. Salvador, Impr. Oficial, 1962, pp. 69-74.

——. São Francisco, de carrancas transfiguradas. *Jornal do Brasil*, Rio de Janeiro, 2 dez. 1972, Caderno B, p. 4.

VASCONCELOS MAIA. Carrancas de proa do São Francisco. *Diário de Notícias*, Salvador, 22 fev. 1959.

VIEIRA, Guaipuan. Carrancas do Parnaíba. *Almanaque da Parnaíba*. Parnaíba, 56: 5-10, 1979.

VILLAS BÔAS, Orlando & VILLAS BÔAS, Cláudio. *Xingu: os índios, seus mitos*. Rio de Janeiro, Zahar, 1972. 211 pp.

VIVES, Vera de. *O homem fluminense*. Rio de Janeiro, FEMURJ, 1977.

WELLS, James W. *Exploring and Travelling Three Thousand Miles Through Brazil from Rio de Janeiro to Maranhão*. Londres, Sampson Low, 1886. 2 v.

XAVIER, Nélson. *Nêgo d'água*. Salvador, Progresso, 1958. 112 pp.

ZARUR, J. *A bacia do médio São Francisco*. Rio de Janeiro, IBGE, 1946. 187 pp.

ÍNDICE ONOMÁSTICO

A
AFONSO, Paulo (padre). 98
AFRÂNIO. 9, 110, 130, 142, 143, 144, 147, 188
AGUIAR, Durval Vieira de. 58, 61, 74, 97, 103, 105, 106, 173, 204
AGUIAR, Gastão Prati de. 64
ALEIJADINHO (Antonio Francisco Lisboa). XXV, 96, 184
ALLENDE, Salvador. 249
ALMEIDA, Conrado Correia de. 206
ALMEIDA, Joaquim. 118, 124, 147
ALMEIDA, Joaquim de (coronel). 198
ALMEIDA, Otacílio Martins de. 117
ALMEIDA, Renato. XXXI, 227
ALPHONSUS, João. 95
ALVES, Yves Ferreira. XXVIII
AMADO, Antônio Frutuoso. 180
AMARAL, Renaze Pinto do. 168,169
ANDRADE, Carlos Drummond de. XXVIII, 95, 114, 210, 235, 250, 251, 253, 256
ANDRADE, Rodrigo de Mello Franco de. 171
ANDRADE, Theóphilo de. 103, 113
ANJOS, Alfredo dos. 89
ANTÃO. 208
ARGAN, Giulio Carlo. XXXI
ATHAYDE, José da Costa. 208
AZAMBUJA, Lielzo. 149
AZEVEDO, Marinho de. 178

B
BARBOSA FILHO, H. 185
BARBOSA, Josinaldo. 241, 243
BARBOSA, Raimundo. 160
BARROS JÚNIOR, Francisco de. 13, 101
BARROS, Souza. 120, 228
BARROSO, Gustavo. 35, 102
BARROZO, Lourdes. 155
BASTIDE, Roger. 233
BAÚ, José do. 164
BAUDRILLARD, Jean. XXIII, XXIV
BAYLE, Luc Marie. XXI
BAZIN, G. 3, 13, 132, 184
BEDEL, Liliane. 251, 254, 255
BENTO, Antonio. XXVII, XXXII, 111, 112
BERNHEIMER, Richard. 116
BIQUIBA, Maria. 204
BITTENCOURT, Gean Maria. 31
BOAS, Franz. 122, 132, 134, 225
BORBA FILHO, Hermilo. 185
BORGES, Mariano. 147
BRANCO, Sebastião. 143
BRETAS, Rodrigo José Ferreira. 96
BRITO, Esmeraldo de Oliveira. 156
BUARQUE DE HOLANDA, Aurélio. 95
BURTON, Richard. 45, 46, 47, 51, 69, 71, 85, 104, 198

C
CÂMARA, Antônio Alves. 41, 47, 97, 105, 106, 121, 172, 173, 196
CAMPOS FILHO, Aristides Pereira. 149
CARIBÉ, 148
CARNEIRO, Joaquim Heliodoro. 117
CARVAJAL, Gaspar de. 111, 112
CARVALHO, Gondiberto Teixeira de. 117

CARVALHO, José. 9, 110, 113, 144, 183
CARVALHO, Lully de. 241
CARVALHO, Orlando M. 82, 98, 113, 190
CASAIS, José. 70, 101
CASCUDO, Câmara. 130, 167, 216
CASTRO, Osório Alves de. 104, 117, 121, 201, 204, 208
CAVALCANTE, Cirillo. 204
CAVALCANTE, Cláudio Alves. 164
CHAPON, Jean. 253
COELHO, Olavo Dantas Itapicuru. 106
COOK, James. 28, 29, 128
COSTA, Manuel Ignácio da. 147
CRAVO JÚNIOR, Mário. 7
CUNHA, José Paulino da. 163
CUSTÓDIO, José. 208

D
DA SILVA. 157
DANTAS, Manuel Pinto de Souza. 73
D'ÁVILA, Marcos Herminios Viriato Saavedra e. 108
DIAS, Diamantino. 62
DINIZ, Domingos. 117
DUARTE, Josefina Miranda de Souza. 208
DUMONT, Alberto Santos. 71
DUMONT, Henrique. 71, 72
DURÃES, Natalina. 163
DURAND (abade). 38

E
EDELWEISS. 244
ELLIOT, A. 129
ELSEN, Albert. 131, 140
ESPÍNOLA, Antônio Severino de. 164
ESTON, Maria. 7
EUCLIDES. 156
ETZEL, Eduardo. 184

F
FARIAS, Bartolomeu de. 164
FAURON. XXIII
FERNANDES, Francisco. 93
FERNANDES, Manuel. 128
FERREIRA, Alexandre Rodrigues. 33
FERREIRA, Tutu. 161
FILGUEIRAS, Octávio Lixa. XXVIII, 15, 28 30, 124, 134
FORRER, R. 5
FRANCINER. 156

FREITAS, Vítor Figueira de. 47, 69
FROTA, Lélia Coelho. XXXII, 6, 8, 126

G
GAMA, José Bernardes Fernandes. 70
GATO, Ewaldo. 137
GAUTHEROT, Marcel. XXV, 76, 103, 138, 168, 171, 175, 177, 178
GÓES, Claudemiro. 160
GOLDSMITH-CARTER, G. 15, 25
GOMES, Elias. 164
GREENHALGH, Juvenal. 31
GRINGO, Wilson Alves. 117
GROSSO, Dick E. Ibarra. 28, 29
GROSSO, Julio A. Ibarra. 28, 29
GUÁLTER, Subias. 35, 108
GUARANY, Francisco Biquiba Dy Lafuente. XXV, 8, 81, 95, 96, 106, 116, 117, 121, 122, 124, 129, 130, 131, 132, 134, 137, 143, 144, 145, 147, 149, 159, 160, 161, 164, 168, 172, 173, 175, 177, 179, 180, 183, 187, 188 e cap. IV, p. 203 em diante. Não foram assinaladas as referências em legendas de fotos.
GUARANY, Ubaldino. 8, 149, 161, 164, 165, 166, 206, 209, 235
GUARANY, Ultanor. 117, 232, 236
GUEDES, Max Justo. XXV, XXVIII

H
HALFELD, H. 43, 46, 47, 63, 65, 86, 87, 88, 104, 200
HANSEN, H. J. 20
HAUSER, Arnold. XXI, 5, 35, 36, 37, 125, 129
HOHENTAL JÚNIOR, W. D. 188

K
KRUSE, Hermann. 171

L
LACERDA, Carlos. 74, 82, 88, 104, 113, 175, 194
LACERDA, Wilma. 241, 242
LA-FUENTE, Oswaldo Biquiba Dy. 209, 237
LAFUENTE, Cornélio Biquiba Dy. 204, 206
LAFUENTE, José Dy. 203
LAFUENTE, Plácido Biquiba Dy. 204

LAFUENTE, Terêncio Dy. 143
LAGE, Antônio. 179, 209
LARANJEIRA, Raymundo. XXVII, 108, 188
LEONARDOS, Othon. 84
LIAIS. 72, 73
LIBAMBO, José Luiz. 208
LIMA, Noraldino. 98
LINS, Wilson. 83, 84, 103, 106, 120, 121, 186
LISBOA, Félix Antônio. 96
LOPES, Domingos da Trindade. 157, 158, 159, 160
LOUCO (Boaventura da Silva Filho). 167

M
MAIA, Carlos Vasconcelos. 113, 179, 180, 183, 209, 219
MALRAUX, André. 28
MALUCO (Clóvis Cardoso da Silva). 167
MARANHÃO, Gomes. 7
MARIANO, Manoel. 143
MARINHO, Joaquim Saldanha. 71
MARTINS, Saul. XXVIII, 114, 115, 131, 152, 206
MARTIUS. 70
MAUDUIT, J. A. 11
MAZARS, P. 184
MEGGERS, Betty. 111, 112
MEIRELES, Cecília. 81
MELO, José Merquides de. 163
MELLO, Thiago de. 246
MENDES, Roberto. 244
MERCEDES-BENZ do Brasil. XXVII
MESQUITA, Elpídio de. 172, 173
MESQUITA, João Bosco Alves de. 156
MIRANDA, Agenor. 74
MIRANDA FILHO, Davi José de. 81, 149, 151, 152, 154, 155
MIRANDA, Luís Antônio. 208
MISTRAL, Gabriela. 249
MONTENEGRO, T. Paranhos. 47, 69, 70, 71, 104, 105
MONTERADO, Lucas de. 184
MOTTA, Flávio. 153, 157
MOURA, Carlos Francisco. XXVII, 96, 98, 128, 136, 190, 196

N
NASCIMENTO, Bráulio. XXII
NERUDA, Pablo. XXIV, XXVIII, 245, 246, 248

NEVES, João. 117, 147
NEVES, José. 147
NÓBREGA, José Claudino da. 35, 179, 180, 181, 188, 195

O
OLIVEIRA, Adelino de. 163
OLIVEIRA, Aliana Martins de. XXVII
OLIVEIRA FILHO, Deocleciano Martins de. XXIV, XXVII, 113, 144, 181, 233
OLIVEIRA, Geraldo Milton de. 49
OLIVEIRA, Manuel Messias.156
OLIVEIRA, Severino Borges de. 156
OTT, Carlos. 108

P
PARDAL, Paulo. 252, 253
PARROT, André. 28
PATERNOSTRO, Júlio. 196
PAULA, José Augusto de. 117
PAULINO SOBRINHO, Pedro. 153, 161, 162, 163, 166
PAULME, D. 132
PERALVA, Ediria. 241, 242
PEREIRA, C. J. da Costa. 184, 228
PEREIRA, Demósthenes Guanaes. 83, 102
PEREIRA, J. V. da Costa. 83, 103, 113
PILÓ, Conceição. 244
PINTO, Odorico Pires. 188
PINTO, Paulo Lafayette. XXV
PRADO, Moreira do. 136, 143, 144, 145, 218
PROENÇA, Cavalcanti. 102, 113, 194

R
RAMOS, Arthur. 102, 112
RATZEL, Federico. 28
READ, Herbert. 5, 185, 224
REGO, Luiz F. de Moraes. 39, 74, 98, 122
REIS, Cicero Simoes dos. 79, 208
REIS, D. P. Aarão. 183
REIS, Wilson Lago. 161
REVEZ, Maria Lúcia L. P. XXV
RHEIMS, Maurice. XXIV, 213
RIBEIRO, João. 38
RIBEIRO, Joaquim. 45, 68, 83, 87, 113, 120
RIBEIRO, René. 210, 217, 233
RIEGEL, Alois. 130
ROCHA (*carranqueiro*). 159

ROCHA, Geraldo. 47, 75, 76, 83
ROCHA, José Barbosa da. 208
ROCHA, Manuel Vieira da. 77, 79
RODRIGUES, Abelardo. 185
RUGENDAS. 173

S
SAIA, Luís. 184
SANTANA, Daniel Bispo de. 124, 147
SANTO, Marcelina do Espírito, 204
SANTOS, Ademar Inácio dos. 162, 163
SANTOS, Agnaldo Manuel dos. 8, 167, 180, 183, 187, 209, 214, 244
SANTOS, Ana Leopoldina dos. 159, 168, 169
SANTOS, José Arcanjo dos. 153, 156
SANTOS, Otaviano. 161
SANTOS, Ruy. 104
SCALDAFERRI, Sante. 241, 243
SELLING JÚNIOR, T. 61, 62, 65, 69
SEVERINO FILHO, José. 163
SEVERINO, João. 163
SILVA, Antônio de Morais. 93
SILVA, Cícero Soares da. 80
SILVA, Egnaldo Medeiros da. 153, 157
SILVA, F. Altenfelder. 186
SILVA, Francisco Ayres da. 196
SILVA, Ignácio Accioli de Cerqueira e. 71, 86, 88
SILVA, Maria Augusta Machado da. XXVII, XXVIII
SILVA, Messias Borges da. 156
SILVA, Severo Vieira da. 164
SMITH, Robert. 184
SOUSA CARNEIRO. 98
SOUSA, João Batista de. 164
SOUZA, João Alves de. 206
SOUZA, João de (João da Bomba). 161, 165
SOUZA, Luís Antônio de. 119
SOUZA, Oswaldo de. 62, 192
SOUZA, Pedro Ferreira de. 163
SPIX. 70
SUASSUNA, Ariano. XXXI
SYRO. 168

T
TAINE, H. 37
TERRANOVA, Franco. 183
TIBERGHIEN, A. 95
TOMÉ, Antônio. 153, 164
TORNAGHI, Newton. 27
TRIGUEIROS, Edilberto. 69, 95, 117, 124

U
UNGER, Edyla Mangabeira. 234

V
VALLADARES, Clarival do Prado. XXII, XXVIII, XXXI, 6, 109, 115, 116, 130, 133, 144, 192, 201, 210, 214, 215
VAVÁ (Florisvaldo Azevedo de Carvalho). 160
VIEIRA, Guaipuan. 111, 197
VIEIRA, Manuel Messias (Manuelito). 156
VILLAS BÔAS, O. e C. 16
VITALINO. 123, 210, 228
VIVES, Vera de. 164, 206

W
WANDERLEY, João Maurício (Barão de Cotegipe). 200
WELLS, James. 69, 104, 105

X
XAVIER, Adelécio Francisco. 164
XAVIER, Nélson. 172

Z
ZARUR, Jorge. 74

TRADUÇÃO DAS CITAÇÕES

XIX: "Há males que vêm para bem."

XXI: "não encontramos nenhum traço, no resto do mundo, das figuras de proa mesclando a representação humana e a animal. Temos documentos de figuras de proas de arte popular representando homens ou animais: nenhum apresenta característica zooantropomórfica"
"para conter absoluta qualidade artística, uma obra de arte deve abrir as portas para uma visão de mundo nova e particular"

XXIV: "o indivíduo que não coleciona alguma coisa não passa de um cretino e de um pobre destroço humano"
"para o amador, o curioso, o colecionador, o objeto é sua única paixão, seu único objetivo"
"em nossa época os químicos fornecem aos farmacêuticos pílulas tranqüilizantes; parece que há muito tempo o gosto de colecionar preenche essa função"

XXXI: "O que conhecemos da arte popular? Na realidade, muito pouco (...) creio que o problema da arte popular moderna seja na verdade um dos grandes problemas, talvez o maior, que a crítica contemporânea deve se propor (...)"

6: "a arte do povo foi, na maioria das vezes, um reflexo da arte superior (...)"
"Uma arte do povo consciente, ou seja, feita com intenção, nunca existiu"

13: "a força animal pareceu ao homem primitivo um atributo do poder divino; o leão, a águia, o touro e a serpente representaram um papel da maior importância nas mitologias primitivas" "enfim, aconteceu também que, sem influência possível, circunstâncias análogas tivessem produzido formas semelhantes com distâncias consideráveis no tempo e no espaço. Esse fenômeno, em sociologia, denomina-se *convergência*"

28-9: "na proa, colocam-se adornos esculpidos..."

29: "as embarcações de guerra das ilhas do Oeste são prodigamente adornadas com molduras"
"compostas de tábuas talhadas"
"O entalhe dos adornos da popa e da proa das pequenas pirogas, que parecem destinadas unicamente à pesca, consiste em uma figura de homem cujo rosto é dos mais feios que se possa imaginar; da sua boca sai uma língua monstruosa e os olhos são feitos de conchas brancas."
"popas adornadas com delicadas pinturas e ornamentos que representam figuras humanas, flores, plumas e, em alguns casos, até quadros..."

30: "os rios do Brasil são também percorridos por embarcações com a proa ornada de cabeças humanas e animais fantásticas, que os indígenas esculpem na madeira"

35: "predominantemente urbano, semiletrado e com tendência à massificação"
"estratos sociais carentes de ilustração e que não pertencem à população industrial e urbana"
"o motivo decorativo da águia perde a elegância de formas e se transforma num lamentável *pardal*..."

36: "A arte, para nos determos nela, foi, no princípio, um instrumento da magia, um meio para assegurar a subsistência das hordas primitivas de caçadores. Mais adiante se converteu em um instrumento do culto animista, destinado a influenciar os espíritos bons e maus no interesse da comunidade. Lentamente transformou-se num meio de glorificação dos deuses onipotentes e de seus representantes na Terra: em imagens dos deuses e dos reis, em hinos e panegíricos. Finalmente, e como propaganda mais ou menos manifesta, colocou-se a serviço dos interesses de uma liga, de uma assembléia, de um partido político ou de determinada classe social.
Somente aqui e ali, em períodos de relativa segurança ou de neutralização do artista, a arte retirou-se do mundo e nos foi apresentada como se existisse apenas por si mesma e em razão da beleza, independentemente de todo tipo de fins práticos. Mesmo assim, no entanto, a arte continuou cumprindo importantes funções sociais ao converter-se em expressão do poder e do ócio ostensivo."

37: "Hoje somos testemunhos de uma época voltada à interpretação sociológica das criações culturais."

"O vale do São Francisco é um dos pontos mais populosos do Brasil: encerra um sexto da população do império (avaliado em 1,5 milhões de almas)."

"a atmosfera material, moral e intelectual na qual o homem vive e morre"

53: "ao beber, sinto grande prazer / carne fresca e nova, / quando me servem à mesa, / meu espírito se renova"

57: "*eles já não falam; cantam*"

101-2: "barcas típicas do rio São Francisco com a infalível figura de proa que dá à embarcação um aspecto vistoso de carruagem aquática arrastada por um vigoroso cavalinho"
"(...) curiosa figura de proa (...)"

105: "arredondadas e salientes como uma colher"

108: "devem ter como base a marinha do século XIX"

122-3: "a explicação psicológica de um costume e o seu desenvolvimento histórico não são de maneira alguma análogos; ao contrário, devido a interpretações secundárias que se estabelecem ao longo do tempo e cujo caráter geral depende do interesse cultural do povo, é muito mais provável que a explicação psicológica seja totalmente independente dos acontecimentos históricos ocorridos"

125: "A arte do povo foi, na maioria das vezes, reflexo da arte superior (...)"

128: "O leão foi tão generalizado, que, segundo conta o capitão Cook, até os neozelandeses, sem nunca terem visto um animal dessa espécie, o esculpiram nas proas de suas canoas de guerra (...)"

128-9: "Do ponto de vista meramente formal dos estilos, nunca será possível explicar por que determinado desenvolvimento artístico se deteve em um momento concreto e experimentou uma transformação estilística, em vez de prosseguir e continuar se ampliando; por que, em suma, ocorreu uma mudança naquele momento histórico."

129: "espíritos do mar eram representados como seus intermediários entre o homem e o animal"

130: "*o diabo encarando o diabo*"

132: "a perfeição técnica das esculturas e pinturas, a exatidão e a ousadia da composição e as linhas mostram que as representações realistas não estão fora do alcance do artista"

"as estátuas humanas com proporções corretas são exceção, não porque o artista seja incapaz de reproduzi-las, mas porque ele não se sente obrigado a fazê-lo"
"pois o primitivo vive cotidianamente impregnado pelo além"

134: "a obra é projetada na mente do autor antes que ele a inicie e é a execução direta da imagem mental. Acontece, entretanto, que no processo de execução desse plano surgem dificuldades técnicas que o obrigam a modificar suas intenções. Exemplos como esse podem ser constatados na obra acabada e são muito instrutivos já que esclarecem em muito os processos mentais do operário"

140: "Duvido muito que algum dia seja possível dar uma explicação satisfatória da origem desses estilos; seria tão difícil quanto descobrir todas as circunstâncias psicológicas e históricas que determinam o desenvolvimento da linguagem, a estrutura social, a mitologia ou a religião. Todas essas coisas são tão extremamente complicadas em seu crescimento, tanto que no melhor dos casos podemos apenas esperar conseguir desembaraçar alguns fios que formam a tela atual e determinar algumas das linhas de conduta que podem nos ajudar a compreender o que passa pela mente das pessoas."
"Hoje não há explicação racional ou analogias com a vida moderna que permitam ao observador *ler* o significado do inferno de Bosch, e daí a inferência de que esta era uma obra de pura fantasia ou algum sonho experimentado pelo artista."

184: "(...) os ex-votos esculpidos no Brasil são intensamente expressionistas. Não estão muito distantes, embora separados por centenas de anos, das esculturas arcaicas das Cíclades"

224: "A estreita relação entre o virtuosismo técnico e a plenitude do desenvolvimento artístico pode ser facilmente demonstrada..."

225: "dependerá sempre da presença de um elemento formal que não é idêntico à forma que se encontra na natureza"